말씀묵상기도

당신이 하나님을 더 깊이 알아 가고 더 널리 알리는 사람이 되는 것, 이 책에 담긴 예수전도단의 마음입니다. 말씀을 통해 저자가 깨닫고, 원고를 통해 저희가 누릴 수 있었던 그 감동이 책을 통해 당신에게도 전해지기 원합니다. 그리고 당신을 통해 그 기쁨과 은혜가 더 많은 이들에게 계속해서 흘러가기를 기도하겠습니다. 이 책을 통해 당신이 받은 은혜를 다른 분들에게도 나눠 주십시오. 사랑하고 축복합니다.

ⓒ 이경용 2010

본 저작물의 한국어판 저작권은 도서출판 예수전도단에 있습니다.
저작권법에 의해 보호받는 저작물이므로 무단 전재와 복제를 금합니다.

현대인을 위한 렉시오 디비나 LECTIO DIVINA

말씀묵상기도

이경용 지음

예수전도단

추천사

종교는 크게 '보는 종교'와 '듣는 종교'로 나눌 수 있다. 이러한 연결고리 속에서 보면 기독교는 분명 듣는 종교다. 하나님은 말씀하시고 우리는 듣는다. 말씀에 대한 우리의 바른 응답은 듣는 것이며, 이것이 곧 참된 경건이다. 역사적 사건을 통해 말씀을 증거하시는 하나님은 우리가 그 말씀을 성령으로 믿고 듣고 깨닫고 받아들일 때 생명의 역사를 일으키신다.

그런데 보이는 것이 많아지면 듣는 기능이 사라지고, 듣는 소리가 너무 커지면 생각하는 기능이 마비된다. 숙고하지 못하면 묵상을 할 수 없고, 묵상이 없으면 하나님과의 만남인 예배가 없어진다.

사도 바울은 인간의 인격적 기능을 성전에 빗대어 설명했다. 그는 육체를 성전 뜰에, 이성과 지혜를 성소에, 인간의 영을 지성소에 비유했다. 이처럼 인간은 하나님의 성전이며, 지성소에서 그분을 만난다.

오늘날 예배 없는 종교 행사를 신학적 차원에서는 에로스적 현상이라고 분석한다. 니그렌의 신학 이론에 따르면, 아가페적 신앙과 에로스적 신앙이 있다. 인간이 하나님께 나아가는 행위는 대개 에로스다.

그러나 하나님이 인간에게 계시하실 때, 이를 믿음으로 받고 순종하는 것은 아가페다. 한국교회가 에로스적 신앙을 버리고 아가페적 신앙으로 회귀해야 할 중요한 시점에 귀한 책이 나왔다. 이 책이 한국교회의 영적 성장에 크게 기여하리라 기대하며 기쁘게 추천한다.

곽선희 소망교회 원로목사

기도는 하나님과 나누는 대화이며 영혼의 호흡이다. 이 책은 분주한 현대를 사는 그리스도인이 고요하고 깊은 영적 세계로 들어가 그 가운데 머물 수 있는 관상 체험의 길을 제시한다.

믿음의 조상 중 한 명인 야곱은 두려움과 죽음의 위기 앞에서 드렸던 얍복강 기도를 통해 사다리 위에 계신 주님을 만났다. 그리고 그는 담대한 능력의 사람으로 변화되었다. 말씀묵상기도는 우리가 매일 하나님께 나아가 복되신 그분의 얼굴을 뵙도록 인도하는 영적 사다리다.

늘 영혼의 깊은 목마름을 느끼며 하나님을 갈망하는 우리에게 이 책은 눈에 덮인 비늘을 떼고 사도 바울이 경험한 삼층천의 세계를 경험하게 한다. 우리 영혼이 하나님께로 높이 올라가 영혼의 감미로움을 맛보며 하나님과 영적인 합일을 통해 그분의 깊은 사랑과 신비를 체험하고 또 그러한 영적인 체험을 통해 삶이 근본적으로 변하도록 인도하는 책이다.

이 책은 실제적이고 실천적이다. 저자 자신이 삶과 목회 현장에서 몸소 체험한 하나님과의 친밀한 관계를 바탕으로 이 책을 썼기 때문이다. 누구나 자신이 처한 삶의 현장에서 실천할 수 있는 내용이기 때문에 이 책을 읽는 독자는 말씀묵상기도를 생활화하여 하나님과 동행하는 가운데 능력 있는 삶을 살게 될 것이다.

영적으로 메마른 한국교회와 갈급한 성도에게 시원한 샘물을 흡족히 공급받는 원천을 제공해 주신 이경용 목사님의 노고에 진심으로 감사드리며, 이 책이 한국교회와 성도들에게 영적인 보석처럼 사랑받기를 기도한다.

김지철 소망교회 담임목사

오늘날 한국교회가 괄목할 만한 성장을 보이게 된 큰 이유는 열심 있는 기도 생활 때문이라고 해도 과언이 아니다. 그러나 역설적이게도, 그 어느 때보다 성도의 영적인 갈증은 심화되었다. 그 갈증 요인은 저자가 피력했듯, 성숙한 기도 생활에 대한 열망 때문이다. 그동안 한국교회의 기도는 주로 문제해결 위주의 청원적 성격에 집중되어 있었다. 그러나 좀 더 깊은 영적생활을 원하는 성도는 하나님과의 친밀한 사귐이 있는 기도, 그분과 하나 되는 기도를 갈망한다.

저자는 목회 현장에서 실제적으로 기도의 갈증을 호소하는 성도를 돌보는 목회자다. 저자는 단순히 대중적인 지도 방식뿐만 아니라 영적 지도라는 매우 섬세한 개별적 목양을 통해 성도의 깊은 갈망을 채울 대안을 찾아냈다. 그것이 바로 말씀묵상기도다.

또한 저자는 신학대학교에서 학생들을 가르치며 좀 더 체계적인 이론을 세웠고 영성에 대한 학문적 훈련을 경험했기에, 말씀묵상기도의 효용성을 잘 파악하고 있다. 이러한 다양한 여정을 거쳐 탄생한 이 책은 이론과 실제가 잘 어우러져 균형을 이룬다. 그러므로 이 책은 영적 갈망을 지닌 평신도뿐만 아니라, 기도신학의 더 깊은 곳으로 나아가기 원하는 신학생이나 목회자에게도 새로운 도전을 주는 좋은 길잡이가 될 것이다.

유해룡 장로회신학대학교 영성신학 교수

현대인은 수많은 소리를 들으며, 그 소리 가운데 살아간다. 어느덧 교회에도 '소리'가 가득 채워져 있음을 느낄 수 있다. 그러나 곰곰이 생각해 보면, 그러한 소리에는 우리에게 필요한 것보다는 필요하지 않은 것이 더 많다는 것을 깨닫는다.

그리스도인이라면 누구나 주님의 임재 안에서 그분과의 친밀함을 누리며 살기를 소망할 것이다. 이 소망을 이루는 방법의 하나가 바로 말씀묵상기도, 즉 렉시오 디비나(Lectio Divina)다. 우리는 이를 통해 하나님이 주신 오감으로 성경을 읽으며, 좀 더 생생한 말씀을 깊이 깨닫고 그분의 임재를 경험하게 된다.

이 책은 소리에서 침묵으로, 집단에서 개인으로, 머리에서 가슴으로, 필요 중심에서 묵상 중심으로 기도해야 할 이유와 목적을 깨닫게 한다.

이 책을 읽는 동안 독자는 새로운 기도의 더 깊은 세계로 안내받을 것이며, 그 과정을 통해 깊은 하나님의 임재를 경험하고, 새로운 사명을 발견하는 기쁨과 감동을 맛보게 될 것이다.

최일도 목사, 다일공동체 대표

추천사 4
머리말 11

1부
입술에서 영으로 이어지는 기도가 있다

1장 지금 우리에게 필요한 기도는 21
- 영혼의 무게
- 염치가 없어서 기도 못 하겠어요
- 지금 우리에게 필요한 기도는
- 기도의 네 가지 의미
- 야곱의 사다리 꿈과 얍복강 기도

2장 말씀묵상기도란 무엇인가 52
- 렉시오 디비나의 의미
- 성경에 나타난 말씀묵상기도
- 교회사에 나타난 말씀묵상기도
- 말씀묵상기도와 귀고 2세

2부
하늘에 맞닿은 사다리에 오르다

3장 하늘사다리의 첫 번째 계단, 읽기 79
- 에스프레소 한 잔처럼
- 오감(五感)으로 성경 읽기
- 독서백편의자현(讀書百遍意自現)
- 어떻게 읽을 것인가?

4장 하늘사다리의 두 번째 계단, 묵상 97
- 콩나물 그리스도인과 콩나무 그리스도인
- 영혼의 압점
- 되새김질(반추, 反芻)
- 어떻게 묵상할 것인가
- 좋은 묵상을 위한 제언

CONTENTS

5장 하늘사다리의 세 번째 계단, 기도　130
영혼의 공명
단순한 기도: 정감기도
능동적인 기도에서 수동적인 기도로

6장 하늘사다리의 네 번째 계단, 관상　150
관상기도란 무엇인가?
하늘사다리 꼭대기에서
여기가 좋사오니: 변화산의 제자들
관상의 다양한 현상
관상 그 이후, 다시 산 아래로
읽기, 묵상, 기도, 그리고 관상

3부
우리 서로 나눈 그 기쁨은

7장 묵상을 통해 주님을 만나다　181
말씀묵상기도를 하기 위한 준비
묵상을 통해 만나는 주님

8장 하나님을 경험하는 기도의 조건　196
말씀묵상기도를 하려면
큐티(Q.T)와의 차이점

맺는말　*207*
부　록　말씀묵상기도를 가르치려면　*213*
　　　　귀고 2세의 관상생활에 관한 편지　*225*
주　*245*

머리말

얼마 전 중국을 여행할 때 재미있는 한자를 보았다. 바로 카드 '카'(卡) 자였다. 카드를 위에서 아래로 긁기 때문에 위 '상'(上)자와 아래 '하'(下)자가 합쳐진 이 글자에 '카드'라는 뜻을 보탰다고 한다. 참 중국인다운 기발한 발상이 아닐 수 없다.

나는 때로 카드 결제를 하면서, 카드가 기계를 읽는 것인지 기계가 카드를 읽는 것인지 헷갈린다. 물론 기계가 카드를 읽는 것이겠지만, 어쩌면 서로 읽히고 읽는 관계가 아닐까 하는 의구심이 든다. 그렇다면 성경을 읽을 때에는 내가 성경을 읽는 것일까, 아니면 성경이 나를 읽는 것일까? 카드와 기계의 관계를 성경과 그리스도인의 관계에 빗대는 것은 지나친 비약일지도 모르겠지만, 이는 매우 중요한 질문이다. 나는 종종 이런 의문을 품고 성경을 읽으며 묵상한다.

한 해를 시작하면서 대부분 그리스도인이 성경 일독의 목표를 세운다. 그리고 평생 수십 번씩 성경을 읽는다. 그럼에도 말씀에 대한 목마름이 사라지지 않는 까닭은 무엇일까? 성경이 나를 읽지 못하기 때문은 아닐까? 성경을 읽었다고 해서 성경을 다 읽은 것이 아니다. 성경이 나를 읽어야 한다. 만일 성경이 나를 읽지 못한다면, 나는 그저 성경에 쓰인 글자를 읽은 것에 불과하다.

성경을 읽을 때 두 가지 문제를 생각해 봐야 한다. 첫 번째는 내가 성경을 읽는 것이고, 두 번째는 성경이 나를 읽는 것이다. 어쩌면 후자가 진정한 성경 읽기인지도 모른다. 내가 성경을 쪼개는 것이 아니라 성경이 나를 쪼개야 한다.

진정한 성경 읽기의 의미를 잘 나타내 주는 예화가 있다. 한 랍비와 제자의 대화다. 랍비가 "그래, 그동안 너는 무엇을 배웠느냐?"라고 묻자, 제자가 "저는 탈무드를 세 번에 걸쳐 통과했습니다"라고 대답했다. 랍비가 다시 물었다. "그렇다면 탈무드도 너를 통과했느냐?"

랍비의 이 질문은 바로 우리에게 해당하는 문제 아닐까? 내가 탈무드를 읽는 것보다 탈무드가 나를 읽는 게 중요하듯, 내가 성경을 읽는 것보다 성경이 나를 관통하는 것이 더 중요하다.

시대 흐름을 연구하는 것을 일컬어 트렌드(Trend)라고 한다. 트렌드를 잘 읽지 못하면 시대에 뒤떨어지기 때문에 많은 사람이 트렌드에 관심을 갖는다. 서점에 가 보면, 트렌드를 주제로 한 서적을 많이 발견할 수 있다. 그것만 보더라도 트렌드에 대한 관심이 얼마나 뜨거운지 알 수 있다.

세상에 트렌드가 있듯, 영적 세계에도 영성의 흐름이 있다. 2000년 기독교 역사의 면면을 살펴보면, 각 시대의 영적 요구와 강조점이 다름을 알 수 있는데, 이는 지극히 당연한 일이다. 왜냐하면 시대가 바뀜에 따라 사람도 변하기 때문이다.

영적 흐름을 가장 잘 보여 주는 것은 바로 기도다. 기도는 사람들의 필요와 갈망을 드러내는 내면의 소리이기 때문이다. 기도는 개인의 내면세계이며, 나아가 그 시대의 갈망이자 영적 기상도다. 따라서 그 시대에 쏟아지는 기도를 통해 그 시대의 영적 흐름을 파악할 수 있다.

그렇다면, 현시대 한국교회의 기도 흐름은 어떤가? 한국교회의 대표적인 기도는 통성기도다. 1907년의 평양대부흥운동 이후, 통성기도는 한국교회를 대표하는 기도로 자리 잡았다. 통성기도는 한국교회에서 역사적인 의미가 있고, 한국인의 기질에도 잘 맞는다. 한국의 성도 대부분 언제 어디서나 통성으로 기도한다. 설문 조사 결과, 열 명 중 아홉 명은 주로 통성기도를 한다고 응답했다.

그런데 기도에 대한 설문 조사에서 주목할 만한 응답이 있었다. 제시한 15가지의 기도 유형 중에서 더 알고 싶거나 배우고 싶은 것을 선택하라는 질문에, 통성기도보다 침묵기도를 선택한 그리스도인이 더 많았다. 많은 사람이 큐티기도와 렉시오 디비나, 관상기도 같은 침묵기도와 묵상기도를 알고 싶어 했다.

언제부터인가 '고요'를 찾는 사람들이 늘었다. 집단과 군중이었던 그리스도인이 이제는 개인으로 서고 싶어 한다. 많은 성도와 더불어 소리치며 기도할 때에는 충만함을 느끼다가도 홀로 있게 되면 외로움과 공허를 느끼기 때문이다. 그래서 현시대 그리스도인은 하나님 앞에 단독자로 설 수 있는, 혼자만의 고요한 시간을 원한다. 이것은 외로움이나 고독을 즐기려는 마음이 아니라, 하나님과 나 사이의 일대일 관계를 견고하게 쌓고 싶은 마음에서 비롯된 것이다.

신앙의 핵심인 기도에서도 마찬가지다. 드럼과 일렉트릭 기타 등 현대적인 화려한 악기 연주와 더불어 수백 수천 명이 화끈하게 부르짖는 통성기도를 한 판하는 것도 필요하지만, 가끔은 홀로 그분 앞에 조용히 머무는 것도 중요하다.

물론 한국교회가 존재하는 한 통성기도는 지속될 것이다. 통성기도는 한국교회의 영적 DNA다. 그러나 통성기도로는 채울 수 없는 2%가 있다. 이러한 시대의 필요를 외면할 수만은 없다.

조용하지만 거대한 흐름이 기도에서 일어나고 있다. 이 기도는 소리에서 침묵으로, 집단에서 개인으로, 머리에서 가슴으로, 필요 중심에서 묵상 중심으로 나아간다. 이러한 현상은 기도 세미나뿐만 아니라, 목회 현장에서 다양한 양상으로 나타난다. 큐티기도, 렉시오 디비나, 관상기도에 대한 관심의 고조가 이 사실을 증명한다. 고전적인 기도 방법, 침묵과 고요함, 내면 성찰, 군중이 아닌 개인, 머리가 아닌 가슴으로 드리는 기도가 이 시대의 영적인 필요로 서서히 자리 잡아가고 있다.

이러한 시대의 요청에 부응할 수 있는 기도는 다양하겠지만, 나는 그중에서도 말씀묵상기도(본서에서는 렉시오 디비나[Lectio Divina]를 '말씀묵상기도'로 표현했다. 말씀묵상기도는 '말씀과 묵상, 그리고 기도'를 모두 더한 것으로, 렉시오 디비나의 본래 의미를 가장 잘 설명하는 표현이라 본다)가 가장 적절하다고 생각한다.

이 책에서 나는 말씀묵상기도의 근거가 성경에 있음을 밝히고, 이 기도가 교회 역사 속에서 용해되어 발전한 과정을 살피려고 한다. 또한 말씀묵상기도를 잘 정리한 귀고 2세의 '수도승의 사다리'를 설명하고, 이를 이 시대 교회와 그리스도인이 어떻게 적용할 수 있을지 살펴볼 것이다.

말씀묵상기도는 말씀 묵상과 내면 성찰, 고요함을 고르게 갖춘 기도다. 무엇보다 말씀과 더불어 하는 기도다. 따라서 이 기도를 통해 시대의 영적인 요청에 응답해 보려고 한다. 말씀묵상기도는 새로운 기도 이론이 아니라, 기도의 본질로 돌아가기를 촉구하는 도전이다. 더 나은 기도에 대한 노력과 갈망은 늘 있었지만, 이러한 노력과 갈망의 답은 새로운 이론이나 기교의 개발이 아닌 본질로 돌아가는 것에 있다. 종교개혁이 새로운 성경 해석학을 만들지 않고 성경 자체로 돌아갔듯 말이다.

기도란 하나님과의 대화이자 영혼의 호흡이다. 더 나아가 하나님을 아는 것이다. 우리는 하나님을 아는 만큼 기도할 수 있다. 또 하나님을 경험한 만큼, 사랑하는 만큼, 믿는 만큼 기도할 수 있다. 더 나은 기도를 위해 새로운 이론을 찾기보다, 기도의 본질이신 하나님을 더 잘 알고 사랑해야 한다. 말씀묵상기도는 그런 요구를 담는 좋은 그릇이다.

말씀묵상기도는 초대교회에서도 행했던, 성경적이고 전통적인 기도다. 단지 그동안 그 가치가 잘 드러나지 않았을 뿐이다. 오랜 역사와 다른 문화의 전통이라는 먼지만 살짝 털어 내면, 그 안에 숨은 귀중한 보물을 발견할 수 있을 것이다.

필자는 이 책을 읽는 독자들이 간청하고 청원하는 것이 기도의 전부가 아님을 알기 원한다. 기도는 우리의 생각보다 훨씬 더 깊고 높으며 넓다. 좀 더 넓은 기도의 지경으로 나아가려면, 좁은 생각을 깨고 나와 말씀 속으로 들어가야 한다.

이제 성경을 덮어 놓고 기도하지 말고 성경을 펴고 말씀과 함께 기도하자. 말씀과 더불어 묵상하며 기도하는 것이 가장 좋은 기도다.

큐티에 익숙한 분들은 이 책을 통해 관상적 큐티로 나아가게 되기를 기대한다. 큐티가 주는 여러 유익에 하나 더 보태어 좀 더 깊은 기도, 즉 하나님의 임재에 머무는 관상기도를 경험하는 계기가 되기를 바란다. 또한 큐티와 비슷한 듯하나 훨씬 더 깊이 있는 말씀묵상기도를 맛보기를 기대한다.

사실 그리스도인이라면 누구나 더 나은 기도를 갈망한다. 나 역시 마찬가지다. 오죽하면 예수님의 제자들도 주님께 "우리에게도 가르쳐 주옵소서"(눅 11:1)라고 요청했겠는가. 더 나은 기도를 하고 싶은 마음의 본질은 그 표현 방식이나 양상이 다를 뿐, 예나 지금이나 같다.

그러므로 이 책을 통해, 기독교 역사에서 기도에 대해 고민한 많은 믿음의 선배가 흘린 땀과 그 수고를 느껴보기 바란다. 더 나은 기도를 놓고 고민했던 그들의 열정과 마음이 독자에게 조금이나마 전달되어, 기도에 대한 마음의 불을 다시 한 번 지필 수만 있다면 더 바랄 것이 없겠다.

이 책이 출간되기까지 도움의 손길을 아끼지 않은 분이 많다. 무엇보다 지금의 내가 있도록 인도하신 하나님께 감사드린다. 그리고 목회의 큰 스승이신 곽선희 목사님께 감사드린다. 또 신학과 목회에 늘 가르침을 주시는 김지철 목사님과 영성이라는 주제로 함께 대화하며 많은 지혜를 주신 유해룡 교수님께 감사드린다. 또 귀한 추천사를 기꺼이 써 주신 최일도 목사님께 감사드린다. 그리고 "귀고 2세의 관상생활에 관한 편지"를 부록에 싣도록 도와주신 박노권 교수님께도 감사드린다.

처음에 작게 시작했던 강의가 더 깊은 내용을 담아내도록 도와 준 여러 성도와 소망수양관 관계자 여러분, 영성나무 친우 여러분께도 감사드린다.

무엇보다 부족한 아들을 위해 새벽마다 노구(老軀)를 이끌고 기도하시는 아버지 이병목 장로님과 어머니 최현일 권사님, 강창희 권사님께 깊이 감사드린다. 그리고 기다림과 사랑으로 격려해 준 한선희, 이재훈,

이하은, 이하나에게 고마움을 표한다.

  이 원고가 책으로 출간되어 세상에 나오게 된 것은 예수전도단 출판사 이창기 목사님의 배려와 사랑 덕분이다. 더불어 이 책이 아름답게 출간되게 도와주신 홍지욱 목사님과 출판사 형제자매에게 감사한다.

1부

입술에서 영으로 이어지는 기도가 있다

be careful in the ...
neither shall cease from yield-
ing fruit

1
지금 우리에게 필요한 기도는

영혼의 무게

'사람에게 영혼이 있다면 그 무게를 잴 수 있을까?'라는 의문을 품고 실험을 시도한 사람이 있었다. 그는 바로 20세기 초, 미국 매사추세츠 주 헤이브릴에 살던 의사 덩컨 맥두걸(Duncan MacDougall)이다. 독실한 기독교 신자였던 그는 영혼의 존재를 믿었다. 당시의 상식에 따르면, 모든 실체는 무게가 있었다. 따라서 만약 사람이 죽어 영혼이 떠난다면 사망 후의 무게가 생존 시의 무게보다 줄어들 것이라고 생각했다.

 그는 자신의 이론을 입증하기 위해, 죽어 가는 사람의 무게를 초정밀저울로 재 보는 실험을 시도했다. 그 사람이 마지막 숨을 내쉬는 순간, 저울의 바늘이 미세하게 움직였다. 바늘은 21g 아래로 내려가 멈추어

섰다.[1] 그리고 다시 올라오지 않았다. 개에게도 똑같은 실험을 해보았는데, 개의 무게에는 아무런 변화가 없었다.

21g에 대한 다양한 견해가 있다. 맥두걸은 그것이 영혼의 무게라고 주장했지만, 어떤 이들은 수증기나 호흡의 무게라고 말한다.

이 실험을 너무 진지하게 받아들일 필요는 없지만, 영혼의 무게가 21g이라는 가설은 참으로 흥미롭다. 그 이후 지금까지, 반쯤은 신비주의적이고 반쯤은 유물론적인 이 표현은 인간 영혼의 가치를 묻는 커다란 상징이 되었다.

현대인의 생활필수품 중 하나는 바로 체중계다. 현대인은 수시로 체중계에 올라가 자기 몸무게를 잰다. 바늘이 한 칸이라도 떨어지면 안심하지만, 바늘이 한 칸이라도 올라가면 덩달아 마음도 한없이 무거워진다. 이리저리 움직이는 체중계 바늘에 따라 음식의 양이나 종류도 달라진다.

어째서 현대인은 몸무게의 변화에 목숨을 거는가? 여러 이유가 있겠지만, 그중 하나는 체중이 곧 몸의 상태를 측정하는 일차적인 척도이기 때문이다. 아무런 이유 없이 한두 달 사이에 몸무게가 10-20kg 이상 빠졌다면, 암에 걸리진 않았는지 의심해 보는 것처럼 말이다. 이처럼 보이는 것은 보이지 않는 것을 잘 나타내 준다. 종합 검진을 하면 혈압, 간, 당 수치 등을 통해 건강 지수를 파악할 수 있다. 우리는 자신의 건강 상태를 스스로 대충 파악할 수 있지만, 병원에서 하는 종합 검진은 과학적인 데이터이므로 신뢰할 만하다고 여긴다.

하지만 믿음의 세계는 숫자로 파악할 수 없다. 이는 영적인 것이기 때문이다. 그래서 때로는 막연하고 희미하게 느껴진다. 이 때문에 숫자에 익숙한 사람들은 아예 믿음도 수치로 나타내면 어떨까 생각한다. 사람들은 마음과 믿음을 측정할 수 있는 마법 엑스레이를 원한다. 그래서 이에 대한 시도가 부분적으로 교회에서 이미 있었고, 미국의 윌로우크릭 교회에서도 이러한 연구가 있었다.[2] 과연 정말 마음의 무게를 잴 수 있을까?

다니엘 5장에는 이와 관련해 생각할 거리를 주는 사건이 기록되어 있다. 벨사살 왕이 귀족들을 위해 큰 잔치를 베풀고 술을 마시려고 그의 부친 느부갓네살이 과거에 예루살렘 성전에서 탈취한 금그릇과 은그릇을 가져오라고 명했다. 잔치가 한창 무르익었을 때, 갑자기 손가락이 나타나 왕궁 촛대 맞은편 석회 벽에 글자를 썼다. 벨사살 왕은 움직이는 손가락을 직접 보았다. 두려움에 휩싸인 왕의 얼굴은 흙빛으로 변했다. 수많은 유명 점성가, 주술사, 점쟁이를 불렀지만, 아무도 그 뜻을 해석하지 못했다. 그러나 다니엘은 그 손가락이 쓴 글자를 곧바로 해석했다. 그 글자 '메네 메네 데겔 우바르신'의 뜻은, 왕을 저울에 달아 보니 부족하다는 것이었다. 즉, 하나님 보시기에 벨사살은 함량 미달이라는 뜻이었다. 하나님은 이처럼 우리 마음의 무게를 재어 보실 수 있는 분이다.

자신의 기도 생활을 살펴보면, 누구나 자기 믿음의 온도를 가늠할 수 있다. 자신의 기도 생활에 스스로 얼마나 만족하는가? 만약 100점을 만점으로 기도에 점수를 부여한다면, 스스로 몇 점 줄 수 있겠는가? 기도의 수치화(계량화)는 쉬운 일이 아니지만, 한 번쯤 자신의 기도 만족도를 가늠해 보는 좋은 기회가 될 수 있다.

실제로 서울을 비롯한 서울 근교 도시의 사십여 교회 성도를 대상으

로 기도 만족도를 조사했다. 100점을 기준으로 했을 때, 평균 54점이 나왔다.[3]

54점이라면 그리 높지 않은 점수다. 많은 성도가 자신의 기도에 만족하지 못한다는 의미다. 이 점수에는 자신을 기도 낙제생이라고 보기에는 자존심이 허락하지 않고, 그렇다고 기도를 잘한다고 자신 있게 말하기에는 석연치 않은 심리가 실린 듯하다. 그래서 미묘한 감정을 절충한 끝에 54점이 나온 것으로 보인다. 즉, 많은 그리스도인이 자신의 기도에 대해 만족하기보다는 아쉬움과 갈증을 지니고 있는 듯하다. 이 점수는 기도를 더 잘하고 싶은 마음의 간절한 표현이다. 스스로 만족할 수 없고 그렇다고 포기할 수도 없는 목마름이 깃든 숫자라고 여겨진다.

염치가 없어서 기도 못 하겠어요

"목사님, 요즘 염치가 없어서 기도 못 하겠어요."

얼마 전 권사님 몇 분과 식사할 때, 육십 중반의 한 권사님이 자신의 기도 생활에 대해 나누다가 툭 내던진 말이다. 요즘 기도가 통 안 된다는 말이었다. 아니, 안 된다기보다 기도할 '염치'가 없어서 기도를 못 하겠다는 말이었다.

권사님은 어느 날 기도하던 중에 문득, 지금까지 자신이 수십 년 동안 해 온 기도가 파노라마처럼 한눈에 보였다고 한다. 그렇게 자신의 기도를 돌아보며 깨달은 것을, 그분은 한마디로 이렇게 요약했다.

"그동안 해 온 모든 기도가 마치 다람쥐 쳇바퀴를 도는 것 같았어요."

이 땅의 모든 어머니가 그렇듯이 권사님도 30여 년 동안 자녀를 위해 다음과 같이 열심히 기도한 분이었다.

"우리 아무개에게 솔로몬의 지혜를 더해 주셔서 좋은 대학 가게 해 주세요."

"졸업하면 좋은 직장 얻게 해주세요."

"신앙 좋은 짝 만나서 믿음의 가정 이루게 해주세요."

이는 자녀를 둔 그리스도인 부모라면 누구나 하는 지극히 당연한 기도다. 권사님은 감사하게도 대부분 응답받았다. 참으로 감사한 일이었다. 그러던 어느 날 권사님은 기도를 하다가 깜짝 놀랄 만한 사실을 깨닫게 되었다. 자기가 30년 전에 하던 기도와 지금 하는 기도의 내용이 똑같다는 사실을 발견한 것이다. 세월은 30여 년이나 흘렀는데 기도의 내용은 변하지 않았다. 단지 그 대상이 아들에서 손자로 바뀌었을 뿐이었다.

권사님은 레코드판처럼 똑같은 레퍼토리로 항상 하나님께 "해주세요"라고 되뇌는 자신을 발견했다. 그 순간 얼굴이 화끈 달아올랐고, 이제 하나님께 염치가 없어서 기도하기 부끄럽다고 고백했다. 그러나 염치가 없어서 기도하지 못하겠다는 그 말이 나에게는 위대한 자기 성찰의 고백으로 들렸다.

권사님을 만나고 돌아오는데, "염치없어 기도 못 하겠다"라는 말이 귓가에서 떠나지 않았다. 곰곰이 생각해 보았다. 이게 그 권사님만의 고민일까? 어느 정도 차이는 있겠지만, 우리가 하는 기도가 대부분 그렇지 않은가? 멀리 갈 것도 없이 나 자신만 보아도 크게 다르지 않다.

사실 이 문제로 끙끙거리는 사람이 한두 명이 아니다. 단지 대놓고 말하지 않을 뿐이다. 목회 현장에서 다양한 사람을 만나 대화하고 심방하며 기도 제목을 나누면, 그 주제는 대개 네댓 가지로 요약이 된다. 첫째는 건강으로, "건강하게 해주세요. 병 낫게 해주세요"라는 내용이다. 둘째는 돈으로, "빚 해결해 주세요. 사업 잘 되게 해주세요"라는 기도다. 교양 있게 말해 경제 문제, 직장 문제라고 하지만 결국 요지는 "돈 많이 벌게 해주세요"라는 것이다. 빚에 시달려 울부짖으며 기도하는 이들이 얼마나 많은가.

셋째는 가정이다. "자녀의 사춘기가 잠잠히 지나가게 해주세요. 우리 아들딸 공부 잘하게 해주세요. 좋은 대학 가게 해주세요. 신실한 사람 만나 결혼하게 해주세요"라는 기도다. 어쩌면 이 기도는 주님 오실 때까지 모든 부모가 계속할 수밖에 없는 기도일지도 모른다.

조금 더 열심히 기도하는 사람은 자신이 맡은 직분과 사명을 놓고 기도한다. 그러나 안타깝게도 나라와 열방, 민족을 위한 중보기도를 하는 사람은 극소수다.

"하나님, …해주세요"라는 청원기도가 잘못이라거나 나쁘다는 얘기가 결코 아니다. 오히려 기도해야 할 때 기도하지 않는 것이 더 나쁘다. 발등에 뜨거운 불이 떨어졌는데도 기도하지 않는 사람이 의외로 많다. 그런 사람들은 배짱이 두둑한 사람들이다. 발등에 떨어진 불을 끄려고 열심히 기도하는 것은 매우 중요하고 아름다운 일이다. 그러나 이것이 기도의 전부는 아니다.

그렇다면 전능하신 하나님을 믿는 우리의 기도는 어떠해야 하며, 어떻게 기도하는 것이 바람직할까? 나는 무엇을, 어떻게 기도하는 것이 성경적이고 건강한 기도인지 고민에 고민을 거듭하며 여러 성도를 만나 대화하고 기도 학교도 수차례 진행했다. 또 다양한 교회를 대상으로 설문 조사도 해보았다. 이러한 시도를 통해 내린 결론은 지금까지와는 다른 기도가 필요하다는 것이었다.

지금 우리에게 필요한 기도는

현시대의 많은 교회와 그리스도인에게 기도의 영역에서 네 가지의 변화가 요청된다.

부르짖음에서 잠잠함으로

기도의 흐름이 통성기도에서 침묵기도로 바뀌고 있다. 통성으로 부르짖는 기도는 매우 강력해서 하늘 보좌를 움직인다. 그러나 때로 내 소리가 너무 커서 세미한 하나님의 음성을 듣지 못한다. 우리는 기도할 때 하늘로 솟구치는 뜨거움과 더불어 고요하게 머무는 훈련을 해야 한다. 목이 터져라 부르짖어 기도한 후 하나님 앞에 머물 때, 고요 속에 들리는 그분의 세미한 음성을 들어본 적이 있을 것이다. 사실 통성기도와 침묵기도가 외적으로는 상반된 것처럼 보이지만, 내적으로는 서로 보완 관계에 있다.

현안 중심의 기도에서 말씀묵상기도로

우리는 발등에 떨어진 불을 끄는 긴급한 기도를 할 때가 많다. 대부분

현재 닥친 시급한 문제 해결에 급급하다.

그러나 이것이 우리 기도의 전부는 아니다. 시급한 현안만 쫓아 기도한다면, 평생 그러한 기도만 하다가 끝날 것이다. 그러다 보면 중요하고 본질적인 기도를 놓치게 된다. 이것을 보완하려면 기도의 무게 중심을 현안에서 말씀 묵상으로 옮겨야 한다. 우리는 일용할 양식을 위해 늘 기도해야 하지만, 성경을 펴 놓고 먼저 그의 나라와 의를 구해야 한다.

머리에서 가슴으로

대부분 그리스도인이 머리로 생각하며 기도한다. 중언부언하는 것보다 논리 정연한 것이 훨씬 낫지만, 기도는 단순한 논리 배열이나 설득 이상이다. 기도할 때 우리는 논리적으로 하나님을 설득하려 든다. 논리적인 기도는 매끄럽긴 하지만, 메마른 느낌을 주며 감동이 없다. 그래서 많은 사람이 열심히 기도하면서도 공허를 느낀다.

어떻게 해야 마음이 충만한 기도를 드릴 수 있을까? 충만한 기도를 드리려면 기도의 무게 중심을 머리에서 가슴으로 끌어내려야 한다. 김수환 추기경은 사랑이 머리에서 가슴으로 내려오기까지 무려 70년이나 걸렸다고 말했다. 우리는 지성적인 기도에서 영적이고 정감 있는 기도로 나아가야 한다.

탁월한 청교도 목회자인 리처드 벡스터(Richard Baxter)도 "이해력을 사용하여 감정을 따뜻하게 하고, 머리의 도움으로 마음에 불을 지펴야 한다. 머리에서 가슴까지 가장 빨리 통과시키는 사람이 최고의 그리스도인이다"라고 말했다.[4]

좋은 기도는 논리정연한 말보다 정감적인 가슴의 언어를 쓴다. 거창하게 '전지전능하고 무소부재하신 하나님 아버지'라고 하기보다는 단순하지만 마음에서 우러나오는 '사랑의 하나님', '아빠 아버지'라는 호칭으로 하나님을 부른다. 많은 말을 하지 않아도 가슴으로 그분을 느끼고 사랑할 수 있다면, 그것이 좋은 기도다.

능동적인 기도에서 수동적인 기도로
우리는 힘쓰고 애써서 기도할 때가 많다. 강한 의지적 결단 없이는 새벽기도를 하기가 쉽지 않다. 우리는 대개 힘쓰고 애쓰며 의지의 결단을 곧추세워 능동적으로 기도한다. 이런 기도는 어느새 몸에 배어 고유의 독특한 기도 습관을 만들어 준다. 의지적으로 형성한, 자신만의 기도 습관은 매우 소중한 것이다.

그러나 능동적인 기도가 기도의 전부는 아니다. 좀 더 깊은 기도를 하려면 수동적인 기도도 필요하다. 수동적인 기도란 기도의 주도권을 하나님께 드리는 것이다. 이는 내가 정한 목표를 향해 밀고 나가는 기도가 아니라, 하나님의 인도하심에 나를 맡기는 기도다. 내가 기도를 하는 것이 아니라, 하나님이 내 안에서 직접 하시는 기도다. 내 생각과 의지를 뛰어넘어, 성령의 이끄심을 받는 기도다(롬 8:26). 우리는 수동적인 기도를 통해 좀 더 깊은 기도의 세계로 나아가, 하나님의 임재와 관상적인 기도를 경험할 수 있다.

기도의 네 가지 의미

기도에 대해 말할 때 빼 놓을 수 없는 사람이 단연 '야곱'이다. 야곱의 대표적인 기도는 창세기 28장의 사다리 꿈과 32장의 얍복강 기도다. 야곱의 사다리 꿈은 영성 훈련에서 매우 중요한 의미를 지닌다. 땅에서 하늘까지 닿은 사다리는 우리가 하나님 나라에 어떻게 다다를 수 있는지 보여 주는 좋은 본이 된다.

그래서 초대교회 때부터 많은 신앙인이 야곱의 꿈과 그가 본 사다리를 영적 성숙의 본으로 삼아 영적 사다리를 만들었다. 그중 대표적인 것을 두 가지 꼽으라면, 요한 클리마쿠스(John Climacus)의 '거룩한 등정의 사다리'(The Ladder of Divine Ascent)[5]와 12세기 귀고 2세(Guigo 2)의 '수도승의 사다리'(The Ladder of Monks)가 있다. 이에 대해서는 뒤에서 자세히 살펴볼 것이다.

야곱의 얍복강 기도는 끈질기게 해서 응답받은 기도의 가장 대표적인 예다. 그러나 얍복강 기도에서 주목해야 할 것은 응답이 아닌 기도의 본질이다. 그 이유는 응답이 기도의 전부가 아니기 때문이다. 응답 못지않게 중요한 것이 있다. 그것은 바로 자기 발견과 사명 발견, 그리고 하나님과의 만남이다.

기도 응답을 많이 받았음에도 영적 갈증을 호소하는 이들이 많다. 그 이유는 지금까지 주로 응답 지향적인 기도를 해 왔기 때문이다. 우리는 지금까지 해 온 기도를 돌아보며 '내가 진정 원하는 것은 무엇인가?', '나는 무엇을 얻기 원하는가?', '나는 누구인가?', '기도가 나라는 존재를 어떻게 바꾸었는가?' 하는 질문을 자신에게 던져 보아야 한다.

우리는 이러한 질문에 대한 답을 성경의 한 사건에서 찾을 수 있다. 바로 창세기 32장에 나타나는 야곱의 얍복강 기도다. 얍복강에서 드린 야곱의 기도에는 우리가 알고 배워야 할 기도의 중요한 네 요소가 있다. 그것은 응답, 자기 발견, 사명 발견하기, 브니엘(하나님의 얼굴을 뵘, 혹은 관상)이다.

응답

우리는 응답을 기대하며 기도한다. 응답받지 못한다면 뭐하러 힘들게 기도하겠는가? 응답을 바라지 않고 무턱대고 기도하는 사람은 없다. 만일 응답을 기대하지 않는 기도라면, 서낭당에 돌 하나 던지고 지나가는 것과 무엇이 다르겠는가? 우리는 간구하는 것이 이루어지리라 믿는다. 기도가 아무리 힘들고 어려워도 쉬지 않고 기도할 수 있는 이유는 응답에 대한 기대가 있기 때문이다. 기도는 영적 여행이다. 아무리 힘들고 긴 여정이라도 언젠가 목적지에 도착할 것을 믿는다면 길을 떠날 수 있다. 기도는 소원의 항구를 향해 노를 저어 가는 것이다.

얍복강에서 기도할 때, 야곱의 상황은 절박했다. 앞에는 형 에서가 400명의 군사와 더불어 진치고 있었다. 뒤에서는 외삼촌 라반이 달려오고 있었다. 야곱에게 재산을 빼앗겼다고 생각한 이들은 이를 갈며 야곱을 기다렸다. 진퇴양난이었다. 야곱은 형과 20년만의 아름다운 해후를 기대했지만, 현실은 전혀 그렇지 않았다. 에서는 20년 전 사기를 치고 달아난 얄미운 동생을 향해 복수의 칼을 갈아 왔다. 형과 외삼촌을 속여 가며 20년 동안 악착같이 모은 재물은 물론 가족과 자기 목숨이 경각에 달려 있음을 알게 된 야곱은 두려움에 떨었다. 바로 이 절박한 순간에 야곱은 하나님께 기도를 드렸다.

기도란 한마디로 매달리기다. 사실 기도는 근본적으로 하나님께 무엇인가 해 달라고 매달리는 것이다. 종교개혁자 마르틴 루터(Martin Luther)는 사망하기 이틀 전 이런 말을 남겼다. "우리는 모두 거지다. 그것은 사실이다."[6] 하나님께 응답을 구하며 울부짖는 것, 그것이 기도다.

예수님은 한밤중에 친구의 방문을 받은 사람과 막무가내로 매달리는 과부를 만난 매우 불의한 재판관의 예화를 통해 기도를 가르쳐 주셨다. 불의한 그들도 간절한 부탁을 거절하지 못하는데, 하물며 선하신 하늘 아버지께서 우리의 기도에 응답하시지 않겠느냐고 말씀하셨다(눅 11:5-8, 18:1-8).

이처럼 기도에는 간청이라는 특징이 있다. 성경은 야곱의 매달리는 간절한 기도를 씨름으로 표현했다. 씨름에서 샅바를 놓치는 것은 곧 패배를 뜻하기 때문에, 샅바를 놓치지 않으려고 안간힘을 써야 한다. 야곱은 씨름하듯 끈질기게 기도했다. 끈질긴 기도는 단순한 인내심의 문제가 아니다. 우리가 끈질기게 기도할 수 있는 근거는 다음 세 가지의 사실에 있다. 첫째는 하나님이 우리의 아버지라는 것이다. 둘째는 하나님이 기도 응답에 대해 수많은 약속을 하셨다는 것이다. 셋째는 우리의 순수한 믿음과 절박한 필요다. 우리는 절박할수록 더 간절히 기도한다. 그래서 바울은 우리와 하나님의 관계를 이렇게 말했다.

너희는 다시 무서워하는 종의 영을 받지 아니하고 양자의 영을 받았으므로 우리가 아빠 아버지라고 부르짖느니라(롬 8:15).

하나님은 우리 아버지시다. 루터는 종교란 기본적으로 '인칭 대명사'의 문제라고 했다. 맞는 말이다. 관계가 잘 형성되면, 그 외의 일은 저절로 해결된다. 기도 역시 그렇다. 무조건 부르짖는 것이 기도의 능사는 아니다. 하나님과의 친밀한 사귐이 우선이다. 우리는 하나님이 우리 아버지라는 사실에 의지해 기도한다. 또한 아버지가 해주신 수많은 약속을 기억하며 기도한다. 이 약속들을 기억할 때, 기도할 수 있는 용기와 믿음이 생긴다. 다음의 약속을 상기해 보자.

일을 행하시는 여호와, 그것을 만들며 성취하시는 여호와, 그의 이름을 여호와라 하는 이가 이와 같이 이르시도다 너는 내게 부르짖으라 내가 네게 응답하겠고 네가 알지 못하는 크고 은밀한 일을 네게 보이리라(렘 33:2-3).

너희가 내 안에 거하고 내 말이 너희 안에 거하면 무엇이든지 원하는 대로 구하라 그리하면 이루리라(요 15:7).

구하라 그리하면 너희에게 주실 것이요 찾으라 그리하면 찾아낼 것이요 문을 두드리라 그리하면 너희에게 열릴 것이니 구하는 이마다 받을 것이요 찾는 이는 찾아낼 것이요 두드리는 이에게는 열릴 것이니라 너희 중에 누가 아들이 떡을 달라 하는데 돌을 주며 생선을 달라 하는데 뱀을 줄 사람이 있겠느냐 너희가 악한 자라도 좋은 것으로 자식에게 줄 줄 알거든 하물며 하늘에 계신 너희 아버지께서 구하는 자에게 좋은 것으로 주시지 않겠느냐 (마 7:7-11).

이 약속의 말씀만 들어도 기도할 용기가 나지 않는가? 하나님은 반드시 우리의 기도에 응답하신다. 기도 응답은 하나님이 그분의 거룩함과 신실함을 두고 스스로 맹세하신 것이다.

하나님은 사람이 아니시니 거짓말을 하지 않으시고 인생이 아니시니 후회가 없으시도다 어찌 그 말씀하신 바를 행하지 않으시며 하신 말씀을 실행하지 않으시랴(민 23:19).

하나님은 기도에 분명히 응답하신다. 게다가 우리의 기대보다 더 좋은 것으로 응답하신다. 그러나 응답이 무조건 내 뜻대로 되는 것은 아니다. 우리가 한 가지 알아야 할 것은 소원 성취와 응답은 다르다는 것이다. 우리는 흔히 소원 성취를 응답으로 생각한다. 그러나 응답은 소원 성취보다 더 큰 그림이다. 하나님은 다음의 네 가지 방식으로 응답하신다. 시행하리라(Yes), 아니다(No), 기다려라(Wait), 다른 것을 허락하노라(Other).

우리의 기도가 때로는 그대로 이루어지기도 하고, 때로는 이루어지지 않기도 한다. 때로는 더 기다려야 하고, 때로는 다른 방법으로 이루어진다. 그러나 우리는 내 뜻대로 되지 않으면 응답받지 못했다고 생각한다. 사실 하나님이 내 뜻대로 응답하지 않으시는 것이 은혜이고 축복이다. 한번 돌이켜 생각해 보자. 그동안 내가 철없이 구한 것들이 모두 응답되었다면, 지금의 나는 어떤 모습일까?

한때 없으면 죽을 것처럼 구했던 일이나 사람이 전부 내 뜻대로 얻어지지 않은 것이 천만다행은 아닌지 생각해 보라. 기도한 것이 다 내 뜻대로 되었다면, 내 인생은 아마도 엉망진창이 되었을 것이다. 찬찬히 헤아려 보면, 하나님이 이루어 주신 것뿐만 아니라 이루어 주지 않으신 것에도 감사할 수 있다. 하나님은 모든 것이 합력하여 선을 이루게 하시는 분이다.

야곱은 머리털 하나 상하지 않고 기도 응답받기를 원했을 것이다. 사실 누구라도 그럴 것이다. 그러나 야곱에게 주어진 응답은 아픔을 동반했다. 환도뼈가 위골되어 다리를 절며 평생을 불구로 살아야 했다. 이른바 곱게 응답받지 못하고 험하게 응답받은 것이다.

그러나 야곱은 그 상처 때문에 더 소중한 생명을 구할 수 있었다. 작은 것을 잃고 큰 것을 얻었다. 육신을 잃고 생명을 얻었다. 여기에 기도 응답의 역설이 있다. 야곱의 상처는 아픔이라기보다 영광이었다. 때로 기도 응답은 이렇게 온다. 야곱의 끈질긴 기도는 응답을 받았다. 목숨을 구했고 형 에서의 용서를 받았다. 그 응답의 결과 야곱은 솟아오르는 아침 해를 보며 앞으로 나아갈 수 있었다.

자기 발견하기

고대 그리스 델포이의 아폴론 신전 기둥에는 '너 자신을 알라'는 말이 새겨져 있었다고 전해진다. 이 말은 7현인 가운데 한 사람인 스파르타의 킬론이 했다고 한다. 이 말이 널리 알려진 것은 소크라테스를 통해서였다. 누가 말했건 상관없이, 이 금언에는 모든 사람의 마음을 건드리는 힘이 있다. 왜냐하면 우리는 자신이 누구인지 잘 모르기 때문이다.

요즘 인기 있는 여행이 있다. 바로 '나를 찾아 떠나는 여행'이다. 이 여행은 성격 유형 검사인 MBTI를 통한 자아 찾기, 동안거나 하안거를 통한 참선, 템플 스테이, 혹은 피정이나 침묵기도 등 다양한 방법으로 떠날 수 있다. 많은 사람이 다양한 방법으로 자신을 찾고 싶어 한다. 달리 말해, 자신이 누구인지 스스로 잘 알지 못한다는 것이다. 어쩌면 어릴 때 뜻도 모르고 부르던 "당신은 누구십니까? 나는 아무개. 그 이름 아름답구나"라는 노래가 우리의 평생에 걸친 주제곡일지도 모른다.

헨리 나우웬(Henri Nouwen)은 고독과 침묵, 그리고 기도는 자기 자신을 알게 하는 가장 좋은 방법이라고 했다. 고독, 침묵, 기도는 인생의 복잡한 문제에 실질적인 해결책을 제공하지 않는다. 그 대신 우리를 하나님이 계신 곳으로 인도한다. 하나님이 계신 지성소는 사람의 힘으로는 헤아릴 수 없는 곳이다. 그러나 누구든 그곳에 머물면 자신을 있는 그대로 보게 된다. 이 지성소 체험은 '하나님의 임재', '하나님과의 대면', '관상'과 같이 다양하게 표현할 수 있다.

야곱은 하나님께 매달려 기도했다. 그의 끈질긴 기도가 막바지에 이르렀을 때, 하나님은 야곱에게 이러한 질문을 던지셨다. "네 이름이 무엇이냐?"

하나님 앞에서 이름을 말하는 순간, 야곱은 자신이 누구인지 깨닫게 되었다. 야곱, 그는 바로 사기꾼이었다. 지금까지 야곱 자신이나 사람들은 그를 자수성가한 부자로 알았다. 그러나 하나님 앞에서 이름을 말하는 순간, 야곱은 자기 실상을 보았다. 야곱이라는 이름 속에는 그의 생애가 고스란히 담겨 있었다. 아버지와 형을 속여 장자의 권리를 빼앗은 일, 외삼촌 집에서 악착같이 일하여 재산을 대부분 가로챈 일, 이제 무엇인가 이루었다고 생각한 순간 형이 세운 칼날이 자신의 목을 노리는 현실…. 이 모든 일이 주마등처럼 눈앞을 스쳐 갔다. 하나님 앞에서 이름을 말하는 순간, 야곱은 비로소 사기꾼인 자신을 발견했다.

김춘수 시인은 "꽃"이라는 시에서 이렇게 노래한다.

내가 그의 이름을 불러 주기 전에는
그는 다만
하나의 몸짓에 지나지 않았다.

내가 그의 이름을 불러 주었을 때
그는 나에게로 와서
꽃이 되었다.

내가 그의 이름을 불러 준 것처럼
나의 이 빛깔과 향기에 알맞는
누가 나의 이름을 불러다오.
그에게로 가서 나도
그의 꽃이 되고 싶다.

우리들은 모두
무엇이 되고 싶다.
너는 나에게 나는 너에게
잊혀지지 않는 하나의 눈짓이 되고 싶다.[7]

누군가가 이름을 부를 때, 우리는 스스로 존재를 확인한다. 이처럼 하나님이 우리의 이름을 부르실 때 우리는 자신을 알게 된다. 정상에 올랐다고 생각한 순간 느닷없이 찾아온 위기를 만난 야곱은 하나님의 질문에 답하며 자신의 모습과 직면했다. 사기꾼, 욕망의 사람, 성공을 위해 누구든 짓밟고 올라온 사람, 자기 야망을 채우려고 다른 사람의 피눈물에도 아랑곳하지 않은 매정한 사람…. 세월과 함께 야망으로 똘똘 뭉쳐진 야곱의 단단한 자아가 하나님 앞에서 자기 이름을 말하는 순간 깨져 버렸다. 난생처음 자기 실상을 보게 되었다. 그전까지 야곱은 자신이 자수성가한 부자인 줄 알았고, 남들도 그를 그렇게 평가했다. 그런데 하나님 앞에 서니, 자신의 실체가 '사기꾼' 이상도 이하도 아님을 자각하게 되었다.

자신의 이름을 스스로 불러 본 적 있는가? 그때 당신의 마음은 어떠했는가?

한번 마음을 가다듬고 하나님의 눈길을 의식하며 야곱처럼 자기 이름을 불러 보라. "하나님 아버지! 저 아무개예요." 그러면 자신이 누구인지 조금 더 선명하게 보일 것이다.

자기 자신이 누구인지 아는 것을 '개성화' 혹은 '자기실현'이라고 한다. 자신이 누구인지 알려면 창조주 하나님 앞에 서야 한다. 그러면 얼굴과 얼굴을 보듯, 자기 자신을 보게 된다. 우리가 기도를 통해 얻는 진정한 선물은 자기를 발견하는 것이다. 많은 현대인의 고뇌는 돈이나 지식의 부재에서 오지 않는다. 근본적 고뇌는 자신이 누구인지 모른다는 데서 온다. 그래서 물질적으로는 풍요롭지만, 정서적으로는 빈곤에 시달린다. 겉은 화려하지만 속은 비어 있기 때문이다.

기도할 때 우리는 자신을 발견한다. "있는 그대로의 네가 되어라",

"타고난 성품으로 살아라", "하나님 안에서 너 자신이 되어라", "그리스도 안에서 너답게 살아라"와 같은 말은 표현은 달라도 기도를 통해 자신을 발견하면 자기답게 살 수 있다는 뜻이다. '자기다움'은 세상적인 성공이나 물질의 잣대로 평가할 수 있는 게 아니다. 하나님의 형상대로 빚어진, 오직 이 세상에 하나뿐인 고유한 존재로서의 독특성을 지니고 사는 자유로운 사람이 되는 것을 의미한다.

사명 발견하기

빌리라는 애칭을 가진 윌리엄 프랭클린은 날품팔이 농부의 맏아들로 태어났다. 그의 아버지는 해가 뜨면 곧바로 그를 침대에서 끌어 내 허드렛일을 시켰다. 같은 아버지에게서 태어났지만 두 아들의 성향은 딴판이어서, 동생 멜빈은 일에 흥미를 느끼며 아버지 뒤를 졸졸 따라다녔지만, 빌리는 그렇지 않았다. 그는 짬이 날 때마다 '타잔'이나 '마르코 폴로' 같은 책을 들고 헛간에 들어갔다. 열네 살 때부터 '로마제국쇠망사'를 베껴 쓰기 시작했는데, 곧 이국에서 충성스럽게 일하는 하나님의 종인 선교사들의 이야기에 매료되었다.

훗날, 플로리다 성경학교에 입학한 빌리는 복음 전도자들을 찾아가 식사 시중을 들거나 구두를 닦아 주고 짐을 대신 들어 주면서, 그들과 함께 사진 찍기를 좋아했다. 빌리의 가장 큰 장점은 '지칠 줄 모르는 에너지'였다. 종일 뛰어다니며 무언가를 들쑤시고, 끊임없이 질문을 던졌다. 어찌나 활동적이었는지 부모가 그를 병원에 데려가 상담받을 정도였다.

에너지가 끊임없이 솟아나고 책에 담긴 이야기에 쉽게 빠져들며, 선교사와 이국에 관심이 많았던 빌리는 어떤 인물이 되었을까?

성령님이 죄를 깨닫게 하시고 구원의 확신을 주시고 나서, 복음 전도자로의 부르심을 확인한 빌리는 자신의 이름에서 중간 이름인 프랭클린(Franklin)을 빼고 성만 사용하기로 결심했다. 복음 전도자는 대중에게 친근하게 다가설 수 있어야 하는데, 대중은 이 이름을 진지하게 받아들였기 때문이다.[8] 그가 바로 유명한 빌리 그레이엄(Billy Graham)이다. 일하기를 싫어하고 엉뚱한 상상에 빠지던 그 사람의 이름을 우리는 지금 어떻게 기억하는가?

야곱의 이름도 마찬가지였다. 속이는 자, 비겁한 자로 여겨지던 야곱의 이름은 하나님과의 만남을 통해 이스라엘로 바뀐다.

> 그가 이르되 네 이름을 다시는 야곱이라 부를 것이 아니요 이스라엘이라 부를 것이니 이는 네가 하나님과 및 사람들과 겨루어 이겼음이니라(창 32:28).

"이스라엘"은 야곱의 새 이름이다. 야곱이 자기 자신의 더럽고 누추한 실상 앞에서 절망할 때, "네 이름을 다시는 야곱이라 부를 것이 아니요 이스라엘이라 부를 것이니"라고 말씀하시는 하나님의 음성이 들려왔다.

하나님의 지성소 앞에서 야곱은 이스라엘이 되었다. 지성소는 인간의 더러움과 추함이 불타는 곳이다. 야곱의 이름이 이스라엘로 바뀐 것은 그에게 하나님의 새로운 사명이 부여되었음을 의미한다.

버러지 같은 너 야곱아, 너희 이스라엘 사람들아 두려워하지 말라 나 여호와가 말하노니 내가 너를 도울 것이라 네 구속자는 이스라엘의 거룩한 이이니라 (사 41:14).

성경 인물 중에는 사명을 새로 부여받고 이름이 바뀐 사람이 매우 많다. 믿음의 조상이 될 사명을 받은 아브람의 이름은 '열국의 아비'라는 뜻의 '아브라함'으로 바뀌었다. 애굽 총리가 된 요셉도 '사브낫바네아'로 바뀌었다. 총리가 된 다니엘도 '벨드사살'이라는 새 이름을 받는다. 사울은 다메섹 도상에서의 회심 이후, '바울'이 되었다. 이와 같이 인생의 방향과 사명이 새로워질 때 이름이 바뀌는 경우가 종종 있다.

하란으로 도망치던 야곱은 꿈에서 사다리 환상을 보았다. 이 꿈에서 하나님이 야곱에게 다음과 같이 말씀하셨다.

나는 여호와니 너의 조부 아브라함의 하나님이요 이삭의 하나님이라 네가 누워 있는 땅을 내가 너와 네 자손에게 주리니 네 자손이 땅의 티끌같이 되어 네가 서쪽과 동쪽과 북쪽과 남쪽으로 퍼져 나갈지며 땅의 모든 족속이 너와 네 자손으로 말미암아 복을 받으리라(창 28:13-14).

하나님이 야곱에게 주신 사명은 이스라엘 건설이었다. 하나님의 축복이 이스라엘을 통해 세상 모든 족속에게 흘러가리라는 약속을 성취하는 것이었다. 이 놀라운 부르심 앞에서 야곱은 이렇게 응답했다.

하나님이 나와 함께 계셔서 내가 가는 이 길에서 나를 지키시고 먹을 떡과 입을 옷을 주시어 내가 평안히 아버지 집으로 돌아가게 하시오면 여호와께서 나의 하나님이 되실 것이요 내가 기둥으로 세운 이 돌이 하나님의 집이 될 것이요 하나님께서 내게 주신 모든 것에서 십분의 일을 내가 반드시 하나님께 드리겠나이다(창 28:20-22).

얍복강에서 하나님이 야곱에게 이스라엘이라는 이름을 주신 데는 야곱에게 주신 본래의 비전과 소명을 확인하려는 의도가 담겨 있다. 야곱은 하나님의 비전, 즉 자신을 통해 이스라엘을 세우시고 이스라엘을 통해 열방의 모든 족속을 축복하시겠다는 하나님의 뜻과 사명을 깨달았다. 이러한 사명의 재인식은 이름을 바꾸는 것에서 일어났다.

이처럼 기도는 새로운 사명을 깨닫고 경험하게 한다. 하나님이 우리에게 주신 비전과 사명을 인식하는 순간 우리는 전적으로 새로운 존재가 되며, 그 상징으로 이름이 달라진다.

유대인 신학자 로렌스 쿠스너(Lawrence Kushner)는 야곱이 얍복강에서 드린 기도를, 유대인의 독특한 관점을 염두에 두면서 보아야 한다고 주장했다. 성경구절을 개인의 상황에 적용하여 해석하는 유대교의 성경 해석 방법인 미드라시(Midrash)에 따르면, 아브라함이 이삭을 바친 모리아산과 야곱이 돌베개를 베고 자던 벧엘, 그리고 야곱이 하나님과 밤새 씨름한 얍복강은 모두 같은 장소라고 한다. 이는 영적으로나 신학적으로 동일한 장소로써, 이 장소들이 지닌 의미가 같다는 것이다. 그리고 바로 이 자리에 솔로몬 성전이 세워졌다고 추측한다. 창세기 28장을 보면, 꿈에서 사다리를 보고 깨어난 야곱은 17절에서 "두렵도다 이곳이여"(How awesome is this place)라고 말하며 깊이 탄식했다.

그런데 이 'awesome'은 히브리어로 'norah'인데, 아브라함이 이삭을 바쳤던 모리아(Moriah)와 비슷하다. 실제로 모리아에는 '경이로움'이라는 뜻이 있다.

유대인 전통에 비추어 보면 모리아, 벧엘, 얍복강은 하나님의 경이로움이 흘러 들어오는 장소다. 이 장소는 사람이 하나님을 경험하는 자리이기도 하다. 결국 이 모든 장소는 하늘과 땅이 만나고 거룩하신 하나님이 계시되며, 하나님을 깊이 만나는 자리인 것이다.[9]

기도 속에서 하나님을 만난 사람은 새로운 피조물이 된다. 그와 동시에 새로운 사명을 부여받고 인식하게 된다. 곧 야곱이 이스라엘로 바뀌는 것이다. 이름이 바뀐 야곱은 하나님 나라를 세우는 새 사명을 부여받고 인식하게 되었다.

우리도 하나님을 만날 때 새로운 이름을 부여받는다. 그 이름은 바로 '그리스도인'이다. 이전에는 그저 주어진 대로, 자연인으로 살았지만, 그리스도인이 되면 하나님이 주시는 사명을 인식하고 그것을 이루어 내는 삶을 살게 된다. 이 땅에 사는 우리의 삶의 목적과 이유는 그저 부자가 되고 소원을 성취하는 것에 있지 않다. 그리스도인은 더 높은 하나님의 뜻을 이루며 살아간다. 우리는 기도를 통해 그 새로운 꿈과 사명을 깨닫고 확인한다. 결국 기도란 인생의 의미를 새롭게 하는 새 사명을 부여받는, 하나님과의 만남이다.

브니엘, 하나님의 얼굴을 뵙다

헬렌 켈러는 "내게 유일한 소원이 있다면, 죽기 전에 꼭 사흘 동안만 눈을 뜨는 것이다. 그러면 나는 눈을 뜨는 순간, 나를 가르쳐 주고 돌

봐 준 앤 설리번 선생님을 찾아가겠다. 지금까지 손끝으로 만져 보기만 했던 선생님의 인자한 얼굴을 몇 시간이고 물끄러미 바라보며 선생님의 모습을 내 마음에 깊이 간직해 두겠다"라고 말했다.

헬렌 켈러는 눈을 뜨면 처음으로 앤 설리번의 얼굴을 보고 싶다고 했다. 왜일까? 얼굴이 그의 본질이기 때문이다. 사람들은 모두 그리운 이의 얼굴을 보고 싶어 한다. 특히 어머니의 얼굴을 보고 싶어 하는 본성이 있다.

그러나 아무리 어머니의 얼굴을 많이 바라보고 있어도 영혼 깊은 곳의 공허함을 메울 수는 없다. 사람은 본질적인 존재를 그리워한다. 그 본질적인 존재는 바로 하나님이시다. 사람은 모두 하나님의 얼굴 보기를 갈망한다. 왜냐하면 그분이 우리 존재의 근원이시기 때문이다.

기도를 통해 경험하는 은혜 중 하나는 바로 하나님의 얼굴을 뵙는 것이다. 일찍이 하나님은 '아론의 축도'를 통해 이렇게 약속하셨다.

여호와는 네게 복을 주시고 너를 지키시기를 원하며 여호와는 그의 얼굴을 네게 비추사 은혜 베푸시기를 원하며 여호와는 그 얼굴을 네게로 향하여 드사 평강 주시기를 원하노라 할지니라 하라(민 6:24-26).

모세는 "원하건대 주의 영광을 내게 보이소서"(출 33:18)라고 요청했다. 그러자 하나님은 "내 얼굴을 보지 못하리니 나를 보고 살 자가 없음이니라"(출 33:20)고 말씀하셨다. 그리고 하나님은 모세를 반석 틈에 두시고 그분의 손으로 덮었다가 그분의 등을 볼 수 있는 특별한 은총을 허락하셨다. 모세는 하나님의 영광스런 얼굴을 뵙고 싶어 했지만,

하나님은 얼굴이 아닌 등을 보여 주셨다. 왜냐하면 하나님의 얼굴을 보고 살 수 있는 자는 없기 때문이다.

그러나 하나님은 모세를 회막에서 만나 주셨고, 그를 친구처럼 대해 주셨다(출 33:11). 하나님과 깊은 교제를 나눈 모세의 얼굴은 찬란하게 빛을 발했다. 성경은 하나님의 얼굴을 사모한 모세가 지상에서 가장 온유한 자라고 말한다(민 12:3). 즉 하나님의 얼굴을 사모하면 성품도 변하게 되는 것이다.

모세만 하나님의 얼굴을 구한 것이 아니다. 빌립은 요한복음 14장에서 예수님께 하나님을 보여 달라고 요청한다. 요한복음 14장은 예수님의 고별 말씀 중 하나다. 예수님이 제자들에게 이제 더는 자신을 볼 수 없을 것이라고 말씀하시자, 빌립이 평소 품었던 이야기를 꺼냈다.

> 주여 아버지를 우리에게 보여 주옵소서 그리하면 족하겠나이다(요 14:8).

그러자 주님은 이렇게 반문하신다.

> 예수께서 이르시되 빌립아 내가 이렇게 오래 너희와 함께 있으되 네가 나를 알지 못하느냐 나를 본 자는 아버지를 보았거늘 어찌하여 아버지를 보이라 하느냐(요 14:9).

하나님의 얼굴을 뵙고 싶어 한 사람이 어디 빌립뿐이겠는가? 다윗 역시 하나님의 얼굴 뵙기를 간절히 사모했다.

너희는 내 얼굴을 찾으라 하실 때에 내가 마음으로 주께 말하되 여호와여 내가 주의 얼굴을 찾으리이다 하였나이다 주의 얼굴을 내게서 숨기지 마시고 주의 종을 노하여 버리지 마소서 주는 나의 도움이 되셨나이다 나의 구원의 하나님이시여 나를 버리지 마시고 떠나지 마소서(시 27:8-9).

성전 음악을 담당했던 고라 자손도 하나님의 얼굴을 뵙고 싶어 했다 (대상 6:22; 대하 20:19).

하나님이여 사슴이 시냇물을 찾기에 갈급함 같이 내 영혼이 주를 찾기에 갈급하니이다 내 영혼이 하나님 곧 살아 계시는 하나님을 갈망하나니 내가 어느 때에 나아가서 하나님의 얼굴을 뵈올까(시 42:1-2).

목마른 사슴이 물을 갈망하듯 모든 사람은 하나님의 얼굴 뵙기를 갈망한다. 그렇다면 하나님의 얼굴을 뵙는다는 게 무엇일까? 하나님의 얼굴을 뵙는다는 것은 하나님의 임재 경험, 하나님의 영광을 봄, 관상, 하나님의 사랑에 사로잡힘, 불 체험 등으로 다양하게 표현된다. 그러나 본질은 하나다. 즉 하나님을 만나고 경험하며 하나님의 얼굴을 뵙는 것이다.

하나님의 얼굴은 내가 원한다고 뵐 수 있는 게 아니다. 이는 철저히 수동적인 일이다. 이는 전적으로 하나님의 은혜다. 태양을 보고 싶다고 해서 태양이 있는 곳까지 걸어갈 수 있는 사람은 없다. 그러나 태양을 향해 얼굴을 돌리면, 어느새 따스한 햇볕이 비취며 나를 맞아 준다. 하나님의 얼굴을 뵙는 것도 이와 비슷하다. 우리는 하나님 앞까지 나갈 수는 없지만, 하나님 얼굴 뵙기를 사모하며 그분을 향해 우리 얼굴을 돌릴 수 있다. 그러면 어느새 하나님이 우리를 바라보시고 은총의 빛을 비춰 주신다.

야곱은 하나님을 만난 곳을 브니엘이라고 칭했다.

> 그러므로 야곱이 그곳 이름을 브니엘이라 하였으니 그가 이르기를 내가 하나님과 대면하여 보았으나 내 생명이 보전되었다 함이더라(창 32:30).

브니엘은 '하나님의 얼굴'이라는 뜻이다. 야곱은 얍복강에서 드린 기도의 응답을 받았다. 야곱은 자신의 이름을 묻는 그분의 질문 앞에서 자신이 누구인지도 깨달았다. 그러나 기도는 거기서 끝나지 않고, 곧 하나님의 얼굴을 뵙는 데까지 나아갔다. 진정한 기도에는 적어도 네 가지 요소가 있다. 응답, 자기 발견, 사명 발견, 그리고 하나님의 얼굴을 뵙는 것이다.

야곱은 하나님의 얼굴을 본 후에야 비로소 영혼의 평안을 얻을 수 있었다. 마치 갓난아기가 엄마의 얼굴을 보고 안심하여 새근새근 마음 놓고 잠을 자듯, 야곱도 하나님의 얼굴을 뵙고 난 후에야 안심하고 형 에서를 향해 나아갈 수 있었다. 그 전까지는 발이 떨어지지 않았다. 그러나 하나님의 얼굴을 본 이후부터는 달라졌다. 두려움이 변하여 담대함이 되었고, 전날의 한숨이 변하여 노래가 되었다. 이는 당연한 일이다. 사람이 하나님의 얼굴을 뵙고도 살아 났다면, 그 누구의 얼굴인들 마주하지 못하겠는가.

하나님의 얼굴을 뵙고 난 야곱은 형을 향해 나아갔다. 비록 절뚝거리며 걷느라 매우 힘들었지만, 그의 마음엔 아침 햇살이 밝게 비치고 있었다.

> 그가 브니엘을 지날 때에 해가 돋았고 그의 허벅다리로 말미암아 절었더라 (창 32:31).

친히 하나님의 얼굴을 본 야곱은 에서를 담대히 대면할 수 있었다. 그리고 담대히 "형님의 얼굴을 뵈니 하나님의 얼굴을 뵈는 것 같습니다"라고 말할 수 있었다. 하나님의 얼굴을 본 사람은 누구든 상대의 얼굴에서 하나님의 형상을 발견한다. 그가 원수든, 친구든 그 얼굴에서 하나님의 영광을 볼 수 있다. 눈과 마음, 그리고 영혼이 변했기 때문이다. 하나님을 본 사람은 모든 것을 하나님의 눈으로 본다. 이것이 바로 관상 체험의 특징이다.

우리가 기도할 때 궁극적으로 지향해야 할 것이 바로 브니엘이다. 즉 하나님의 얼굴을 뵙는 것이다. 필요를 응답받는 것이 기도의 전부가 아니다. 응답을 넘어서서 자기 발견과 하나님의 얼굴을 뵙는 관상의 자리에까지 나아가야 한다. 기도는 땅속의 지하수와 비슷하다. 지하수는 여러 층으로 흐른다. 땅을 깊이 파는 만큼 더 좋은 물을 마실 수 있다.

한때 판매 실적이 늘 2위이던 맥주 회사가 '지하 150m 천연 암반수로 만든 맥주'라는 카피를 내세워, 판매 실적 1위의 맥주 회사를 넘어선 적이 있었다. 지하 150m 천연 암반수, 이것은 기도에서도 가능하다. 기도의 우물도 파는 만큼 더 좋은 물을 마실 수 있다. 우물을 깊이 파면 일차적으로 응답의 생수를 마신다. 더 깊이 파면, 자기 발견이라는 생수를 마신다. 더 깊이 파면, 사명 발견과 하나님의 얼굴을 뵙는 '관상'이라는 암반수를 마시게 된다.

야곱의 사다리 꿈과 얍복강 기도

사다리 꿈과 얍복강의 기도 사이에는 약 20년의 세월이 있다. 외삼촌의 집으로 도주할 때 야곱은 자유로운 몸이었고 젊음도 있었다. 몸은 고단했지만 장자권을 손에 쥐었고 미래에 대한 꿈도 있었다. 그러나 20년이 지난 후 얍복강에 선 야곱은 달랐다. 전에는 잃을 것이 없었다. 기껏해야 자기 한 몸이었지만, 지금은 딸린 식구도 많고 가진 재물도 아주 많았다. 한번 잃으면 모든 게 끝이었다.

   20년 전에는 거친 들판의 꿈속에서 사다리 위로 멀리 하나님의 보좌를 뵈었다. 하지만 20년 후, 야곱은 얍복강에서 기도하는 중에 다시 하나님을 만난다. 여기에 역설이 있다. 하나님은 멀리 사다리 위와 같은 하늘에도 계시지만, 땅에도 계신다. 밝은 빛 가운데도 계시지만, 깜깜한 어둠 속에도 계신다. 형통할 때도 함께하시지만, 곤고할 때도 함께하신다.

   그런 점에서 야곱의 사다리 꿈과 얍복강 기도는 일맥상통한다. 사다리를 통해서는 위에 계신 하나님을 뵈었지만, 얍복강에서는 땅에 계신 하나님을 뵈었다. 꿈에서 초월하시는 하나님을 뵈었고, 이제 내재하시는 하나님을 만난 것이다. 사다리 꿈에서는 멀리 계신 하나님을 뵈었지만, 얍복강에서는 몸을 부딪치며 친히 얼굴을 뵈었다. 그런 점에서 볼 때, 얍복강 기도가 하나님과 더 가깝고 진실한 기도다.

우리는 환상 중에도 하나님을 만나지만, 고난 중에 하나님을 더 가깝게 만난다. 사다리 꿈이 올라가는 기도라면, 얍복강 기도는 내려오는 기도다. 사다리를 통해 우리는 하늘로 올라간다. 그러나 고난을 통해 땅으로 내려온다. 상승과 하강의 구조다. 우리는 상승과 하강이라는 두 가지 방법으로 하나님을 만날 수 있다. 때로는 저 높은 곳을 향하여 한 걸음씩 나아가며 하나님을 뵙고, 때로는 낮은 곳으로 임하시는 하나님을 만난다. 환상으로만 알았던 하나님을 체험으로 알게 된다. 이런 점에서 두 기도는 서로 보완적인 관계다.

그렇다면 이 책에서 다루는 말씀묵상기도는 둘 중 어디에 속하는 기도일까? 바로 사다리를 타고 위로 올라가는 상승의 기도다. 하늘까지 닿아 있는 사다리를 타고 올라가다 보면, 하늘 위에 계신 하나님을 뵐 수 있다. 이것을 끊임없이 추구해 온 사람들이 있었다. 그중 하나가 귀고 2세다.

12세기 사람인 귀고 2세는 지금도 존속하는 카르투지오회 수도원의 수도사였다.[10] 그는 어떻게 하면 사람이 하나님의 보좌에 올라가 그분의 얼굴을 뵐 수 있을지 기도하며 고민했다. 그러던 어느 날 그에게 갑자기 은총이 임해, 한 가지 깨달음을 얻게 되었다. 그것은 바로 성경 읽기, 묵상, 기도, 관상이라는 영적 사다리 모형이다. 세월이 지나면서 이것은 말씀묵상기도의 대표적인 모델이 되었다.

이제 우리 함께 영적 사다리에 올라가 보자. 이 사다리는 일찍이 야곱이 들판에서 돌베개를 베고 자다가 환상 중에 보았던 것이다. 또한 야곱을 따라 믿음의 조상들이 시도했던 영적 유산이다. 이 사다리는 사람이 만든 것이 아니라, 하나님이 친히 야곱에게 보여 주신 것이다. 귀고 2세의 사다리를 타고 오르다 보면, 그 옛날 믿음의 조상들이 사다리 꼭대기에서 하나님을 뵈었던 것처럼 우리도 하나님의 얼굴을 뵐 수 있게 될 것이다.

2
말씀묵상기도란
무엇인가

열심 있는 그리스도인이라면 성경을 많이 읽고 싶어 한다. 1907년 평양대부흥의 주역이었던 길선주 목사는 성경을 많이 읽기로 유명했다. 그는 성경을 날마다 한 시간씩 읽고 암송하려고 애썼으며, 하루 세 시간씩 성경을 연구했다. 평생 구약 전권을 30독했으며, 창세기, 에스더, 이사야서는 540독을 했다. 신약 전권은 100독을 했고 요한계시록은 10,000독, 요한서신은 500독을 했다. 보통 사람은 감히 흉내 내기 어려울 정도의 열심을 지닌 분이었다.

그러나 길선주 목사가 성경을 많이 읽었다는 사실보다 더 눈여겨볼 점이 있다. 성경을 읽으면서 마음에 다가온 중요한 구절을 외우고 묵상하려 애썼다는 사실이다. 그는 특별히 신구약을 막론하고 메시아 예수에 대한 중요 구절은 거의 다 외우다시피 했다. 그는 성경을 연구할 때는 시간을 잊을 정도로 몰두했고, 새벽 5시와 밤 10시에 시간을 정해 기도하며 말씀을 묵상했다. 길선주 목사의 성경 독서에 담긴 의미는 단순히 독서량이 많다는 데 있지 않다. 그는 중요한 말씀을 암송하고 묵상하여, 양과 질의 문제를 조화롭게 해결했다. 그래서 그의 설교는 늘 성령충만했고 능력이 나타났다.

렉시오 디비나의 의미

성경과 교회 역사가 보여 주는 기도의 형태는 수없이 많다. 그 모든 기도에는 나름의 성경적 근거, 역사적 배경과 의미가 있다. 그러나 본질적인 기도에 관심을 보이는 그리스도인들에게 가장 합당한 기도는 바로 렉시오 디비나다.

아직은 한국교회에서 이 용어를 널리 쓰지는 않지만, 이미 많은 사람이 그 내용을 알고 있다. 앞으로 설명하는 내용을 읽는 독자 중에도 '아! 나도 이미 이런 식으로 기도하고 있었는데…'라고 생각하는 사람이 있을 것이다.

굳이 렉시오 디비나라는 용어를 사용하는 이유는, 이것이 초대교회 때부터 지금까지 면면히 내려오는, 성경적이고 전통적인 기도이기 때문이다. 하나의 고유명사에는 오랜 역사와 깊은 의미가 담겼다. 각 이름에는 고유한 색깔과 향이 있다.

초대교회 때부터 믿음의 조상은 다양한 방법으로 성경을 읽었다. 그중 하나가 렉시오 디비나, 즉 말씀묵상기도다. 라틴어인 렉시오 디비나는 '필요한 것을 선택하다, 눈으로 모아들이다'라는 뜻의 렉시오(Lectio)와 '신성한, 신적인'이라는 뜻의 디비나(Divina)가 합쳐진 말이다.[1] 우리말로는 영적 독서, 혹은 성독(聖讀)이라 한다. 이는 하나님의 말씀을 경건히 읽고 묵상하며, 그 묵상한 내용으로 기도하는 것을 뜻한다. 앞에서 밝힌 것처럼, 이 책에서는 렉시오 디비나라는 어려운 용어 대신, 렉시오 디비나의 의미를 잘 담아 낸 '말씀묵상기도'라는 용어를 사용했다.

말씀묵상기도는 성경을 진정한 '하나님 말씀'으로 받아들여, 그 속에서 하나님이 자신에게 주시는 말씀을 듣고 그 말씀을 묵상하며 기도하는 것이다. 이처럼 말씀과 더불어 기도한다는 의미에서, 일반적인 청원기도와는 다르다.

말씀묵상기도의 기반은 성경이다. 하나님은 이스라엘 백성이 하나님 말씀을 귀 기울여 듣기 원하셨다. 하나님은 모세를 통해 이렇게 말씀하셨다.

이스라엘아 들으라 우리 하나님 여호와는 오직 유일한 여호와이시니 너는 마음을 다하고 뜻을 다하고 힘을 다하여 네 하나님 여호와를 사랑하라 오늘 내가 네게 명하는 이 말씀을 너는 마음에 새기고 네 자녀에게 부지런히 가르치며 집에 앉았을 때에든지 길을 갈 때에든지 누워 있을 때에든지 일어날 때에든지 이 말씀을 강론할 것이며 너는 또 그것을 네 손목에 매어 기호를 삼으며 네 미간에 붙여 표로 삼고 또 네 집 문설주와 바깥문에 기록할지니라 (신 6:4-9).

이 말씀은 '쉐마'라고 하는 유대교 믿음의 표어다. 쉐마는 하나님이 이스라엘 백성에게 특별히 주신 말씀으로, 수천 년이 지난 지금도 경건한 유대인들은 이 말씀을 문자 그대로 지킨다. 유대인들은 이 말씀을 경문이라는 조그만 용기에 담아 손목이나 이마에 부착하는데, 여기에는 말씀을 가까이 하려는 피나는 노력이 담겨 있다. 또 신명기 6장 4-9절의 말씀을 적은 '메주자'라는 양피지 조각을 나무나 금속 용기에 넣어 문설주에 붙여 두고 출입할 때마다 입을 맞추거나 손으로 만진다. 이는 말씀을 귀로만 듣지 않고 온몸으로 들으려는 자세다.

영화 〈벤허〉의 마지막 부분에는 주인공이 메주자를 만지는 모습이 잠시 등장한다. 실종된 어머니와 여동생을 찾다 지친 주인공은 자신의 한계를 뼈저리게 느끼며 말씀으로 위로받으려 한다. 행방을 알 수 없는 어머니와 여동생을 생각하며 근심어린 표정으로 집 문설주에 붙은 메주자를 어루만지는 모습이 잠시 스쳐 지나간다. 말씀을 의지하고 하나님의 도우심을 갈망하는 주인공의 모습을 진지하게 묘사한 장면이다.

모세가 살았던 시대뿐 아니라 그 후대에도 오랫동안, 지금과 같은 모습의 성경책이 없었다. 돌 판에 새겨진 말씀과 두루마리 성경, 그리고 모세를 통해 들려주시는 말씀뿐이었다. 따라서 사람들은 개인적으로 성경을 접할 수 없었다. 하나님 말씀을 접하는 유일한 방법은 말씀을 들려주는 이를 통해 귀로 듣는 것이었다. 그럴 때 귀 기울이지 않으면 남는 것이 없었으므로, 하나님의 말씀을 잘 듣고 마음에 새겨 넣어야 했다. 말씀을 담아 저장할 수 있는 가장 확실하고 안전한 방법은 기억과 마음이었다.

성경에 나타난 말씀묵상기도

에스라와 느헤미야

유대인들은 경건하게 성경을 읽는다. 유대인 여성은 임신하게 되면, 즉시 성경을 사서 읽는다. 읽은 횟수를 성경 앞면에 표시하고, 자녀가 태어나면 성경을 소리 내어 읽어 준다. 자녀가 글을 읽을 수 있는 나이가 되면 그 성경을 주면서, 너는 이제까지 성경을 몇 번 읽었으니 이제는 직접 읽으라고 한다. 이렇듯 유대인은 성경을 귀하게 여긴다.

느헤미야 8장에는 진지하게 성경을 읽고 귀 기울이며 묵상하는 유대인의 모습이 한 폭의 그림처럼 등장한다. 바벨론 포로로 잡혀간 유대인들이 예루살렘으로 귀환했다. 이때 함께 귀환한 에스라와 느헤미야는 예루살렘 성벽 재건이라는 역사적 사명을 이루려고 동역했다. 이들은 안팎에서 일어나는 모든 어려움을 이겨 내고 52일 만에 성벽을 재건한다. 그리고 그날, 유대인들은 수문 앞에 모여 하나님 말씀을 듣는다. 느헤미야 8장은 유대주의의 탄생과 말씀의 낭독(렉시오 디비나)을 선명하게 보여 준다.

이스라엘 자손이 자기들의 성읍에 거주하였더니 일곱째 달에 이르러 모든 백성이 일제히 수문 앞 광장에 모여 학사 에스라에게 여호와께서 이스라엘에게 명령하신 모세의 율법책을 가져오기를 청하매 일곱째 달 초하루에 제사장 에스라가 율법책을 가지고 회중 앞 곧 남자나 여자나 알아들을 만한 모든 사람 앞에 이르러 수문 앞 광장에서 새벽부터 정오까지 남자나 여자나 알아들을 만한 모든 사람 앞에서 읽으매 뭇 백성이 그 율법책에 귀를 기울였는데 그때에 학사 에스라가 특별히 지은 나무 강단에 서고 그의 곁 오른쪽에 선 자는 맛디댜와 스마와 아나야와 우리야와 힐기야와 마아세야요 그의 왼쪽에 선 자는 브다야와 미사엘과 말기야와 하숨과 하스밧다나와 스가랴와 므술람이라 에스라가 모든 백성 위에 서서 그들 목전에 책을 펴니 책을 펼 때에 모든 백성이 일어서니라 에스라가 위대하신 하나님 여호와를 송축하매 모든 백성이 손을 들고 아멘 아멘 하고 응답하고 몸을 굽혀 얼굴을 땅에 대고 여호와께 경배하니라 예수아와 바니와 세레뱌와 야민과 악굽과 사브대와 호디야와 마아세야와 그리다와 아사랴와 요사밧과 하난과 블라야와 레위 사람들은 백성이 제자리에 서 있는 동안 그들에게 율법을 깨닫게 하였는데 하나님의 율법책을 낭독하고 그 뜻을 해석하여 백성에게 그 낭독하는 것을 다 깨닫게 하니 백성이 율법의 말씀을 듣고 다 우는지라 총독 느헤미야와 제사장 겸 학사 에스라와 백성을 가르치는 레위 사람들이 모든 백성에게 이르기를 오늘은 너희 하나님 여호와의 성일이니 슬퍼하지 말며 울지 말라 하고 느헤미야가 또 그들에게 이르기를 너희는 가서 살진 것을 먹고 단 것을 마시되 준비하지 못한 자에게는 나누어 주라 이 날은 우리 주의 성일이니 근심하지 말라 여호와로 인하여 기뻐하는 것이 너희의 힘이니라 하고 레위 사람들도 모든 백성을 정숙하게 하여 이르기를 오늘은 성일이니 마땅히 조용하고 근심하지 말라 하니 모든 백성이 곧 가서 먹고 마시며 나누어 주고 크게 즐거워하니 이는 그들이 그 읽어 들려준 말을 밝히 앎이라(1-12절).

흔히 이 말씀을 수문 앞 광장의 사경회 또는 부흥회라고 한다. 예루살렘 성벽을 재건한 유대인은 일제히 수문 앞에 모여 하나님 말씀을 들었다. 이때 에스라는 특별히 제작한 나무 강단에 서서 말씀을 낭독했다. 여기에는 아주 중요한 의미가 있다. 이전에 유대인들은 나무 단에 희생 제물을 불태우며 하나님 앞에 나아갔지만, 이때부터는 하나님 말씀만으로 의식이 거행되었다. 희생 제물을 불태우던 나뭇단 대신에 하나님 말씀이 선포되는 나무 강단이 등장했다. 희생 제물 대신에 말씀 낭독이라는 새로운 예배 형식이 등장했다.

이는 실로 파격적인 것이었다. 에스라는 성전이 아닌 수문 앞 광장에서 말씀을 읽음으로, 백성이 말씀에 가까이 다가오게 했다. 바벨론 유배 이전 시대에 토라라는 말이 갖는 일차적인 의미는 '제사장들의 가르침'이었다. 그러나 에스라는 백성이 말씀에 직접 접근할 수 있도록 했다. 이 일로 거룩한 토라와 백성 사이에 중재자 역할을 하던 제사장들의 영향력이 사라져 버렸다.[2] 이것은 제사장들의 손에 있던 말씀 즉, 토라를 백성의 손으로 옮겨 놓는 것이었다. 이것은 일종의 종교개혁이었다. 이 장면에서 새로운 예배 의식이 나타난다. 이 예배 의식은 희생 제물을 봉헌하지 않고 하나님 말씀으로만 거행되었다.[3]

이제 백성은 동물의 희생 제물 없이도 말씀과 함께 하나님 앞에 나아갈 수 있게 되었다. 이것은 코페르니쿠스적 전환임에 틀림없다. 희생 제물에서 말씀으로 드리는 예배로 바뀌었다. 바로 에스라의 말씀 낭독이 결정적인 전환점이었다. 이때부터 제사보다는 말씀, 제단보다는 강단이 강조되었다. 이런 전통을 따라 예수님도 여러 회당에서 말씀을 낭독하고 그 뜻을 풀어 주셨다.

에스라는 새벽부터 정오까지 대략 여섯 시간 정도 나무 강단에서 말씀을 낭독했다. 이 말씀을 레위인들이 백성에게 자세히 통역하고 설명해 주었다. 율법을 이해하지 못하거나 오랜 포로 생활로 모국어를 잃어버린 이들이 있었기 때문이다. 말씀을 깨달은 백성은 감동하며 울기 시작했다. "하나님의 말씀은 살아 있고 활력이 있어 좌우에 날선 어떤 검보다도 예리하여 혼과 영과 및 관절과 골수를 찔러 쪼개기까지 하며 또 마음의 생각과 뜻을 판단하는"(히 4:12) 힘이 있다. 말씀이 마음에 들어가자, 하나님의 역사가 나타났다.

일반적으로 하나님의 말씀을 직면한 사람은, 기뻐하기보다는 두려워한다. 모세도 광야에서 하나님 말씀을 듣고 두려움에 떨었다. 하나님 말씀을 접한 이사야도 두려워 떨며 "화로다 나여 망하게 되었도다"(사 6:5)라고 탄식했다. 사람은 말씀을 통해 자신의 죄와 허물을 보는 동시에 하나님의 거룩하심을 본다. 하나님의 거룩하심을 보게 되면, 전율하지 않을 수 없다.

그러나 말씀은 경외하는 마음뿐만 아니라 기쁨도 준다. 말씀을 깨닫고 두려워 떠는 백성에게 에스라와 느헤미야는 이 날은 성일이니 슬퍼하거나 울지 말고 하나님께 감사하며 기뻐하라고 권면한다(느 8:10). "이 날은 이 날은 주의 지으신 주의 날일세 기뻐하고 기뻐하며 즐거워하고 즐거워하세"라는 가사의 찬양이 있다. 주의 성일을 즐거워하는 마음이 가득 담긴 찬양이다. 하나님을 기뻐하는 것은 믿는 자의 힘이다. 말씀은 우리에게 두려움을 주지만, 동시에 기쁨과 소망도 부어 준다.

느헤미야는 백성에게 이웃과 더불어 음식을 나누며 즐거워하라고 권면한다. 말씀을 통해 은혜를 경험한 백성은 자신의 것과 남의 것을 가리지 않고 서로 나누며 기뻐했다. 자신의 것을 조건 없이 나누며 기뻐하기란 쉽지 않다. 그러나 말씀의 능력이 임하자 그런 일이 일어났다. 말씀을 통해 하나님을 경험한 사람은 더는 재물을 지키려고 아등바등

하지 않는다. 그들에게 재물은 사랑과 나눔의 도구다. 초대교회 사람들이 모든 물건을 서로 통용한 것도 말씀과 성령의 역사가 일어났기 때문이다. 바벨론에서 귀환한 백성에게 말씀이 들리자, 믿음의 회복과 사랑의 나눔이 일어났다. 바로 여기에 말씀의 능력이 있다.

예수 그리스도
예수님도 종종 회당에서 말씀을 낭독하셨다. 누가는 나사렛 회당에서 이사야 말씀을 낭독하신 예수님의 모습을 이렇게 기록했다.

> 예수께서 그 자라나신 곳 나사렛에 이르사 안식일에 늘 하시던 대로 회당에 들어가사 성경을 읽으려고 서시매 선지자 이사야의 글을 드리거늘 책을 펴서 이렇게 기록된 데를 찾으시니 곧 주의 성령이 내게 임하셨으니 이는 가난한 자에게 복음을 전하게 하시려고 내게 기름을 부으시고 나를 보내사 포로 된 자에게 자유를, 눈 먼 자에게 다시 보게 함을 전파하며 눌린 자를 자유롭게 하고 주의 은혜의 해를 전파하게 하려 하심이라 하였더라 책을 덮어 그 맡은 자에게 주시고 앉으시니 회당에 있는 자들이 다 주목하여 보더라 이에 예수께서 그들에게 말씀하시되 이 글이 오늘 너희 귀에 응하였느니라 하시니 그들이 다 그를 증언하고 그 입으로 나오는 바 은혜로운 말을 놀랍게 여겨 이르되 이 사람이 요셉의 아들이 아니냐(눅 4:16-22).

예수님의 말씀 낭독은 아주 중요한 사건이었다. 주님은 어느 회당에서나 말씀을 읽어 주셨다. 말씀 낭독은 예수님을 위한 게 아니라 회당의 회중을 위한 것이었다. 성육신하신 예수님, 말씀 자체이신 예수님이 기록된 말씀인 성경을 친히 읽어 주셨다. 이는 거룩한 말씀의 낭독, 곧 거룩한 독서였다.

이러한 말씀 낭독으로 예수님이 우리에게 주신 가장 중요한 교훈은, 말씀을 바로 '오늘'에 적용하셨다는 것이다. 나사렛 회당에서 이사야 61장을 읽으신 예수님은 이 말씀을 '오늘의 말씀'으로 현재화하셨다.

> 이에 예수께서 그들에게 말씀하시되 이 글이 오늘 너희 귀에 응하였느니라 하시니 (눅 4:21)

사람들은 예수님을 목수인 요셉의 아들로만 여기고, 그분이 하시는 말씀의 의미를 깨닫지 못했다. 그러나 예수님은 말씀이 오늘 응하였다고 선포하셨다. 응하였다는 것은 이루어졌다는 뜻이다. 이러한 선포로 말미암아 과거에 기록된 말씀이 오늘의 말씀이 되었다.[4] 어제의 말씀이 오늘 내게 주시는 말씀이 된 것이다.

이는 말씀묵상기도에서 가장 중요한 부분이다. 말씀을 묵상하며 기도할 때 우리는 '지금 여기'에서 하나님 말씀을 경험한다. 성경이 오늘 나에게 하나님의 말씀으로 들리지 않는다면, 그 말씀은 고대 언어로 기록된 글에 지나지 않는다. "오늘 너희 귀에 응하였느니라"는 말씀이 오늘 우리에게 이루어질 때, 말씀은 과거의 사건이 아닌 현재의 사건이 된다. 어제의 말씀이 오늘의 말씀이 되는 것이다. 이때 비로소 우리는 하나님의 말씀을 살아 있는 말씀으로 듣는다. 말씀이 현재화되고 내면화되어야 한다. 어제의 말씀이 오늘의 말씀으로 들리는 것이 말씀묵상기도의 핵심이다. 주님은 이미 그 본을 보이시고 이루셨다.

교회사에 나타난 말씀묵상기도

2-3세기 초대 교부들

많은 초대 교부가 하나님 말씀을 듣는 방법으로 말씀묵상기도를 실천했다. 상업과 철학, 종교가 발달했던 알렉산드리아는 2-3세기 알렉산드리아 학파의 주 무대가 된 도시다. 이들은 성경 본문이 제시한 문자적 의미 이외에 더 깊은 영적 의미를 찾고자 풍유적(allegorical) 해석을 시도했다. 이는 후대에 큰 영향을 주었다. 이들은 말씀을 지속적으로 탐구하고 겸손하게 읽고 맛 들이는 전통을 발전시켰다. 이들은 말씀 속에서 깊이 있는 영적 의미를 깨닫고 맛보려고 노력했다.

그중 대표적인 인물은 오리겐(Origen, 185-251)이다. 그는 말씀 즉, 로고스는 성경을 통해 언제나 역사 안에 현존한다고 보았다. 믿음 생활이란, 곧 성경을 읽고 이해하고 맛 들이는 과정이다.

그는 성경 읽기를 사람의 영혼육에 비유하여, 세 가지의 차원에서 생각해야 한다고 했다. 초신자는 성경에서 육신의 건덕(健德)을 이루는 데 도움받아야 하고, 어느 정도 진보한 사람은 성경에서 혼의 도움을 받아야 하며, 완전한 사람은 영적 법칙(Spiritual Law)의 도움을 받아야 한다고 보았다.[5]

이것은 성경을 읽고 깨달아 심화되는 과정을 보여 준다. 문자적으로 안다고 해서 성경을 다 아는 것은 아니다. 사람을 온전히 이해하려면 영혼육의 전인적인 이해가 필요하듯, 성경도 문자적, 역사적, 그리고 문화적 배경에서 더 나아가 영적 의미를 깨달아야 한다. 이 과정에서 영적 해석이 필요하다.

말씀을 깊이 읽는 과정은 창세기 26장에 나타난 이삭의 우물 파기와 비슷하다. 황량한 황무지에서 땅을 깊이 파고 생수를 얻는 이삭의 모습은 마치 문자로 기록된 말씀을 깊이 파고들어 가서 하나님의 생수를 얻는 것과 비슷하다. 이는 바다에 깊이 헤엄쳐 들어가 진주를 찾는 것과 같아서, 심해(深海)독서라고 한다.[6]

생수를 얻고자 한 곳을 계속 파는 것처럼 성경도 깊이 파고들어야 숨겨진 생수를 마실 수 있다. 이렇게 성경을 깊이 읽으려면, 주의를 집중해 정성스럽게 읽어야 한다. 이런 과정은 점진적으로 하나님의 선하심을 맛보아 알게 한다(시 34:8). 말씀을 맛보아 아는 것은 단순한 이성적 이해를 넘어서는 일이다. 여기에는 하나님을 향한 뜨거운 사랑과 영적 감동이 깃들어 있어야 한다. 말씀을 맛보려면 정감이 스며들어야 하기에, 속독과 다독보다는 정독과 묵상이 바람직하다.

성경 읽기는 모든 영성 생활의 기본이다. 오리겐은 주님이 말씀하시는 방법이 세 가지 있다고 보았다. 첫째는 제자들의 경우와 같이 그분의 말씀을 직접 듣는 것이고, 둘째는 사도들의 설교를 통하여 말씀을 듣는 것이며, 셋째는 주님께 귀 기울이는 신앙인 각자가 마음으로 직접 그분 말씀을 듣는 것이다.[7] 말씀묵상기도는 세 번째 방법에 가깝다. 하나님을 사모하는 사람은 기록된 말씀을 통해 오늘 각자에게 주시는 그분의 음성을 듣는다.

우리는 예수님의 제자들처럼 그분의 말씀을 직접 들을 수는 없다. 사도들의 말을 직접 들을 수도 없다. 시간적으로나 물리적으로 불가능한 일이다. 그러나 말씀은 기록된 성경과 예배 예식을 통해 우리에게 끊임없이 전달되었다. 주님의 몸 된 교회가 드리는 예배 예식에서 기록된 말씀이 설교로 선포되는 것은 매우 중요하다. 그와 더불어 각 사람이 말씀을 듣는 것도 중요하다. 우리가 귀 기울일 때 하나님은 기록된 말씀으로 우리 마음에 그분의 음성을 들려주신다.

> 보혜사 곧 아버지께서 내 이름으로 보내실 성령 그가 너희에게 모든 것을 가르치고 내가 너희에게 말한 모든 것을 생각나게 하리라(요 14:26).

성령은 각 사람에게 말씀을 들려주시고 깨닫게 하신다. 이는 이단자들이 말하는 이른바 '직통계시'가 아니다. 하나님은 때때로 말씀과 성령의 감동으로 개인에게 필요한 말씀을 들려주신다. 하나님이 내게 말씀해 주신다는 이 벅찬 사실에 근거하여 우리는 말씀을 듣고자 귀를 쫑긋 세우고 기울일 수 있는 것이다.

4세기의 교부이자 위대한 설교가인 성 크리소스톰(St. Chrisostom, 347-407)이 있다. 크리소스톰은 '황금의 입'이라는 뜻으로 그는 설교의 달인이었다. 그는 일부 성직자나 수도사의 말씀 독점을 경계해서, 말씀의 영향력이 말씀묵상기도를 통해 가정과 개인에게 흘러가기를 원했다. 그는 사람들에게 예배가 끝나고 가정에 돌아가서도 성경을 펼치고 교회에서 들었던 말씀을 다시 읽으라고 강조했다. 그는 말씀을 음식에 비유하여 이렇게 말했다.

"집에 돌아가서 상을 두 개 마련하시오. 하나는 음식상이고 다른 하나는 말씀의 식탁입니다. 남편은 교회에서 들은 말씀을 다시 읽으시오.…여러분의 집을 교회로 만드시오."[8]

현시대가 강조하는 '가정과 같은 교회, 교회와 같은 가정'이라는 표어가 까마득한 그 시대에도 있었던 것이다. 평신도의 손에 성경이 들린 것이 종교개혁 이후라는 사실을 감안한다면, 크리소스톰의 생각이 시대를 훌쩍 앞선 혁명적인 것이라 할 수 있겠다.

성경을 읽을 때는 나에게 주시는 하나님의 말씀을 듣는 것이 가장 중요하다. 즉 '말씀의 개인화'를 이루는 것이다. 하나님은 공동체에게 말씀하지만, 때로는 개인에게도 말씀하신다. 하나님은 이스라엘 백성을 부르셨지만, 그 가운데서 아브라함과 모세를 개인적으로 부르셨다. 하나님은 지금도 성경을 통해 우리에게 속삭이신다. 우리에게 주시는 하나님의 말씀이 성경에 모두 담겨 있다. 바로 이 점이 우리가 말씀에 귀 기울여야 할 이유다. 하나님은 다양한 방법으로 우리에게 말씀하신다. 특히 말씀묵상기도를 통해 지금도 우리에게 말씀하신다.

4-5세기 사막에서 꽃핀 말씀묵상기도

교회사에서 4세기는 매우 중요하다. 4세기 이집트에서 역사적으로 매우 흥미로운 일이 일어났다. 뜨거운 신앙을 지닌 기독교인들이 도시와 세상을 떠나 인적이 드문 사막으로 숨어 들어간 것이었다. 이는 진정한 영적 생활을 하고자 세상에서 물러나기 위함이었다. 그들의 결단은 자발적인 것으로, 어떻게든 예수 그리스도를 좀 더 본받으려는 열망의 표현이었다. 우리는 이러한 사람들을 '사막 교부'라고 부른다.[9] 사막에서의 삶은 한마디로 영적 수행이었다. 영적 수행을 하면서 그들은 오로지 성경을 읽고 묵상했다. 그들 영성 생활의 중심에는 성경이 있었다.

수도사의 아버지로 불리는 안토니(St. Antony, 251-356)는 이집트의 은둔 수도사로 유명하다. 은둔자였던 안토니는 아타나시우스(Athanasius, 295-373)가 쓴 《성 안토니의 생애》(은성 역간)라는 책을 통해 세상에 널리 알려졌다. 안토니는 스무 살이 되던 해, 교회에서 "예수께서 이르시되 네가 온전하고자 할진대 가서 네 소유를 팔아 가난한 자들에게 주라 그리하면 하늘에서 보화가 네게 있으리라 그리고 와서 나를 따르라 하시니"(마 19:21)라는 말씀을 듣게 되었다. 그 말씀은 그의 인생을 완전히 바꿔 놓았다.

그 말씀이 낭독되는 순간, 안토니는 그것이 자신을 향한 하나님의 말씀이라는 느낌을 강하게 받았다.[10] 그는 그 말씀에 즉각 순종했다. 부모가 물려준 많은 유산을 팔아 가난한 자들에게 나눠 주고, 마을 근처에 살며 수도생활을 시작했다. 성경 읽기와 말씀 묵상이 수도생활의 중심이었다. 이처럼 초기 수도사들은 머리가 아닌 마음으로 성경을 읽었고, 나아가 암송하고 묵상하며 순종했다.

안토니는 후대에 영적 사부로 존경받았는데, 그 배경에는 다음과 같은 재미있는 일화가 있다. 어느 날 안토니는 콘스탄티누스 황제의 편지를 받았다. 편지에는 콘스탄티노플로 와 달라는 황제의 요청이 담겨 있었다. 편지를 받아든 안토니는 황제에게 가야 할지, 말아야 할지 결정할 수가 없었다. 제자인 폴에게 조언을 구하자 "만일 당신께서 콘스탄티노플에 가신다면 사람들은 당신을 안토니라고 부를 것입니다. 그러나 이곳에 남아 계신다면 사부 안토니라고 부를 것입니다"라고 대답했다.[11]

이집트의 파코미우스(St. Pachomius, 290-346)는 공동생활을 하는 공주 수도원(共住 修道院)의 창시자였다. 그는 수도생활에서 성경 읽기의 중요성을 늘 강조했다. 그래서 시편 스무 편과 두 권의 서신서 또는 복음서의 한 부분을 외운 사람만이 수도원에 입회할 수 있었다. 이는 단순한 지능 테스트가 아닌, 성경 암송의 중요성을 강조하려는 의도였다. 성경을 읽고 암송하며 묵상하는 것이 수도생활의 기본이기 때문이다. 이들의 수도 규칙 중 다음의 것들은 이러한 생각을 잘 반영한다.

> 시편을 외울 때나 기도할 때나 독서하는 동안에 누가 이야기하거나 웃는 일이 생기면, 그는 즉시 허리띠를 풀고 머리를 구부리고 손을 바닥을 향해 펴고 제단 앞에 서서 수도원의 장상으로부터 벌을 받을 것이다.

> 그들 중에 누가 구절들을 성의 없이 외워 잊어버렸으면, 게으름과 망각에 대한 벌을 받게 될 것이다.

> 종을 쳐서 형제들을 식당에 모이게 하는 이는 종을 치는 동안 묵상할 것이다.

> 식당 문 앞에서, 나가는 형제들에게 과자를 나누어 주는 이는 나누어 주는 동안 성경의 어떤 구절을 묵상할 것이다.[12]

존 카시안(John Cassian, 365-433)은 동방 수도 전통을 서방에 소개한 사람으로, 수도생활에서 성경 연구와 묵상기도의 중요성을 강조했다. 특히 묵상을 통해 하나님에 대한 사랑과 생각을 마음에 간직하는 것을 중요하게 여겼다. 그는 하나님을 항상 마음에 간직하려고 다음의 시편 말씀을 반복적으로 암송하고 묵상했다.

하나님이여 나를 건지소서 여호와여 속히 나를 도우소서(시 70:1).

이처럼 초기 사막 교부들의 수도생활 중심에는 성경 읽기와 묵상, 곧 '말씀묵상기도'가 자리 잡고 있었다. 당시에 말씀묵상기도(렉시오 디비나)라는 말이 있었던 것은 아니지만, 같은 의미를 담은 일들이 이미 진행되고 있었다.

몇 년 전에 나는 사막 교부의 흔적을 찾으려고 이집트 사막을 다녀왔다. 지금 이집트 사막은 잊힌 땅이 되어 역사의 조명을 받지 못하고 있지만, 기독교 역사에서만큼은 말씀이 찬란하게 꽃핀 현장이었다. 말씀묵상기도를 통해 사막 한가운데서 영성이 꽃피고 생수가 솟아났다. 역사의 현장을 밟고 두 눈으로 보면서 그곳에 나일강과 다른 또 하나의 강 곧, 영성의 강이 흐르고 있음을 느낄 수 있었다.

유럽에서 꽃핀 말씀묵상기도

서방 수도사의 아버지로 불리는 누르시아의 베네딕트(Benedict of Nursia, 480-547)는[13] 기도와 노동, 찬미와 침묵을 강조했다. 고대사회에서 노동은 노예나 하는 일이었지만, 베네딕트는 노동을 중시했다. 그래서 수도원의 모토도 "기도하고 일하라!"(Ora et Labora)였다.

또한 베네딕트는 무엇보다도 하나님 찬미를 중요하게 여겼다. 그는 수도원의 궁극적 존재 이유가 하나님 찬미에 있다고 보았다. 권력이나 명예는 사라지지만 하나님 찬미는 영원불변하다고 여겼다. 그는 이탈리아의 수비아코에 머물다가 몬테카시노에 자리 잡았다. 그는 고대 로마에서 중세로 넘어가는 과도기에 기도와 노동과 찬미를 실천했다. 그런데 당시에는 성가(聖歌)가 없었다. 많은 사람이 베네딕트가 행했던 하나님 찬미의 음조에서 성가의 원조인 그레고리오 성가가 발생했으리라 추측한다. 이전에 몬테카시노를 방문했을 때, 수도사들이 부르는 아카펠라 찬양을 들었다. 그 찬양의 단순함과 장엄함, 그 맑은 울림은 지금도 내게 생생하다.

베네딕트는 수도규칙서를 저술했는데, 여기에 렉시오 디비나라는 용어가 처음으로 등장한다.[14] 규칙서 48장에서 "한가함은 영혼의 원수다. 그러므로 형제들은 정해진 시간에 육체노동을 하고 또 정해진 시간에 성독(聖讀)을 할 것이다"라고 하였다. 일반적인 독서는 그저 '렉시오'(lectio)라고 썼는데, 여기에 '디비나'(divina)라는 형용사를 붙인 것으로 미루어 보아, 이 독서가 일반 독서가 아닌 성경 독서를 의미함을 알 수 있다.

당시 수도사들이 말씀묵상기도를 어떻게 했는지 정확히 알 수는 없지만, 규칙서 28장 5절의 "저녁 식사를 마친 후 자기 침대에서 완전한 침묵 중에 쉴 것이지만, 만일 누가 혼자 독서를 하고자 한다면 다른 사람들에게 방해되지 않도록 할 것이다"라는 대목을 통해 당시 독서법이 읊조리는 것이었음을 짐작할 수 있다. 소리 내어 독서하면 다른 사람의 수면을 방해할 수도 있었기 때문에 저녁 시간에는 침묵 중에 조용히 진행했으리라 추측된다.

이처럼 수도사들의 영성에 중요한 역할을 했던 말씀묵상기도는 그러나 세월이 흐르면서 그 중요성이 점차 약화되었다. 여러 요인이 있겠지만, 중요한 요인은 말씀묵상기도의 대상이 너무 많아진 탓에 있을 것이다. 중세에 이르면서 말씀묵상기도의 대상은 성경 주석서와 신학

서적, 교부들의 문헌, 심지어 백과사전까지였다.[15] 묵상 대상이 그토록 다양해지면서 말씀묵상기도의 농밀도는 옅어질 수 밖에 없었다. 초기 교부들이 오직 성경을 말씀묵상기도의 대상으로 여기고 집중하던 것을 생각하면, 자연스레 영성도 옅어질 수밖에 없었다.

그러나 역사는 돌고 도는 법이다. 11-12세기에 이르자 다시 본래의 영성으로 돌아가려는 움직임이 강하게 나타났다. 강력한 시대적 요청은 곧 사막으로 되돌아가는 영성이었다. 그들에게 사막이란 이집트의 사막이 아니라, 좀 더 깊고 맑은 영성을 추구하는 고독과 청빈이었다. 사막은 유럽에서 높고 험한 산으로 대치되었다. 4세기 이집트의 사막 교부들이 사막으로 깊이 들어갔다면, 11세기 유럽의 수도사들은 높고 험한 산으로 올라갔다. 이집트에서 수평적으로 움직였다면, 유럽에서는 수직으로 움직였다. 이것은 지형적인 특성 때문이다.

이러한 시대적 요청에 따라 세워진 대표적인 수도회가 시토회와 카르투지오회이다. 1098년, 청빈과 노동을 강조한 베네딕트 규칙으로 되돌아가기로 결심한 클뤼니 수도원의 21명 수도사가 프랑스의 시토 부근에 공동체를 세웠다. 그들의 모임은 지명을 따서 시토회라고 부른다.[16] 그들은 성경을 학문적으로 접근하는 것을 거부하며, 기도와 독서 그리고 노동을 강조하는 수도생활을 했다. 그러나 규칙이 너무 엄해서 수도사가 급격히 줄어들었고, 이에 낙심한 수도원장은 수도원의 문을 닫기로 결심했다. 바로 그때 31명의 수도사가 찾아오는 기적 같은 사건이 일어났다. 그중에는 중세시대 전체에 강력한 영향을 끼친 클레르보의 베르나르(Bernard of Clairvaux, 1090-1153)도 있었다. 베르나르는 평범한 수도사였지만, 그의 영향력은 막강했다. 그 일례로, 당시에 교황 자리를 두고 두 사람이 다투었는데 결국 베르나르의 지지를 받은 이노센트 2세가 교황으로 선출될 정도였다.

시토회는 하나님을 향한 내적 여정의 첫 단계로 성경 독서를 강조했다. 시토회의 대표적인 영성은 베르나르를 통해 볼 수 있다. 그의 영성은 겸손에서 황홀경으로, 죄에서 영광으로, 비참한 자신에 대한 인식에서 영혼의 배필이신 예수 그리스도로, 성육신하신 말씀에서 하나님의 자비에 이르는 것으로 표현된다. 이러한 베르나르의 영성은 성경을 기본으로 한다.[17] 그에게 신학이란 영성 생활에 도움이 되지 않는다면 불필요한 것이었다. 따라서 그는 학문적으로 성경에 접근하는 것을 반대했다. 단순한 마음으로 하나님의 말씀으로 받고 그 속에서 하나님의 음성을 듣는 말씀묵상기도를 추구했다.

말씀묵상기도와 귀고 2세

말씀묵상기도와 매우 밀접한 관련이 있는 수도회는 카르투지오회다. 카르투지오회는 1084년 브루노(St. Bruno, 1032-1101)가 설립했다. 카르투지오회의 핵심적 영성은 침묵과 고독이다. 카르투지오회 수도사들은 하루에 약 14시간 정도를 방에서 침묵하며 홀로 지낸다. 그토록 긴 시간에 그들은 무엇을 하며 지낼까? 그들은 침묵 중에 기도하고 말씀을 묵상했고 깊은 고독 속에서 깊은 영성을 자아올렸다. 그들은 단순히 방에 몸만 있는 것이 아니었다. 그들에게 방은 하나님이 말씀하시는 성소이자 영적인 떡집인 베들레헴과 같은 곳이었다. 방(수실)에는 그들의 몸과 마음, 그리고 영혼이 함께 있었다. 이것은 일찍이 사막 교부 안토니가 경고한 말과 일맥상통한다.

물고기가 물 밖에 오래 있으면 죽는 것처럼, 수실(수도사의 독방) 밖에서 빈둥거리거나 세상 사람들과 함께 시간을 지내는 수도사들은 내면의 평화를 잃는다. 그러므로 고기가 바다를 헤엄치듯이, 우리도 서둘러 수실로 들어가야 한다. 그렇지 않고 밖에서 지체하다가 내면의 경성함을 잃을까 염려된다.[18]

카르투지오회의 관상적 침묵은 네 과정으로 진행된다. 첫째는 활동(Actio) 또는 성경 필사다. 필사는 손으로 성경을 쓰는 것이기에 말없는 설교라고도 한다. 둘째는 면학의 독서(Lectio Studiosa)로, 사막 교부들의 전통에서 이어져 내려온 거룩한 독서(Lectio Divina)다. 이때에는 성경을 집중적으로 연구한다. 셋째는 묵상 또는 성경의 조명(Ruminatio Sacrae Scripturae)으로, 거룩한 독서를 통해 얻은 감동으로 말씀의 의미를 깊이 깨닫는 과정이다. 넷째는 사무친 기도(Oratio Medullata)로 거룩한 독서와 묵상을 통해 얻은 깨달음을 바탕으로 깊은 기도를 드리는 것이다.[19] 따라서 이 기도는 단순한 청원기도나 중보기도가 아닌, 말씀에서 비롯된 깊은 영적 기도다. 최근에 카르투지오회의 일상을 담은 다큐멘터리 영화 〈위대한 침묵〉(Into Great Silence)이 상영되어 큰 반향을 일으킨 바 있다.

말씀묵상기도와 밀접한 연관을 지닌 사람은 귀고 2세(Guigo 2, ?-1118)다.[20] 그는 1173년경에 카르투지오회 9대 원장으로 선출되었고, 1188년 세상을 떠났다. 그는 '수도승의 사다리'에서 하나님과의 일치를 위해 수도사들이 추구해야 할 영적 과정을 네 단계로 제시했다. 그것이 바로 유명한 독서(Lectio), 묵상(Meditatio), 기도(Oratio), 관상 (Contemplatio)이다. 귀고에 대해 우리는 자세히 알 수 없지만, 그가 남긴 '수도승의 사다리'라는 개념은 지금까지 기독교 역사에서 말씀묵상기도의 한 전형으로 굳게 자리 잡고 있다.[21]

어느 날, 노동에 열중하던 귀고는 사람의 영적 진보에 대해 골똘히 생각하다가 깊은 깨달음을 얻었다. 지상에서 하늘로 올라가는 네 단계의 영적 사다리가 한 폭의 그림처럼 떠오른 것이다. 그것은 마치 야곱이 꿈에서 본 사다리와 비슷했다. 독서, 묵상, 기도 그리고 관상이라는 네 단계로 이루어진 사다리는 땅에서부터 높은 하늘까지 닿아 있었다. 이 사다리 비유는 근본적으로 야곱이 벧엘에서 돌베개를 베고 자다가 꿈에서 보았던 사다리에서 시작한다(창 28:10-22). 이 야곱의 사다리는 영적 성숙을 추구하는 이들에게 영적 진보의 귀감으로 종종 사용되었다. 귀고는 야곱의 사다리를 말씀묵상기도로 고쳐 사용했다. 이 네 단계의 이름과 의미, 역할은 각기 다르다.

"'독서'는 온 힘을 집중하여 성경을 주의 깊게 읽고 듣고 연구하는 단계다. '묵상'은 이성의 도움으로 숨은 진리를 깨닫는 능동적인 정신 작용이다. '기도'는 묵상을 통해 열린 마음을 말씀과 함께 하나님께 올려 드리는 마음의 봉헌이다. '관상'은 영혼이 들려져 하나님 앞에 머무르는 것으로, 한없이 감미로운 환희와 깊은 하나님의 임재를 맛보는 정신 작용이다.[22]

귀고가 말씀묵상기도에 크게 기여한 것은 복잡한 과정을 단순화했다는 것이다. 귀고 이전에는 말씀묵상기도를 세밀한 독서(Lectio), 심사숙고(Cogitatio), 공부(Studium), 묵상(Meditatio), 기도(Oratio), 관상(Contemplatio)의 6단계로 보았다.[23] 그런데 귀고는 그중 심사숙고와 공부를 묵상으로 통합해, 네 단계로 단순하게 정리했다.

귀고가 남긴 이 영적 사다리는 말씀묵상기도의 한 전형이 되어 지금까지 전해진다. 이 모델을 통해 귀고는 성경을 신학이나 학문적으로 접근하기보다 마음으로 읽고 묵상하는 가운데 하나님의 음성을 듣는 것을 추구하고자 했다. 결국 말씀묵상기도는 성경 지식보다는 은혜를, 논리적 해석보다는 말씀의 신비를 더 추구하는 것이다. 말씀묵상기도의 관심사는 명백하다. 말씀이 사람들의 머리에만 머물지 않고 마음에 새겨져 그의 육체와 영혼이 새로워지는 것이다. 일찍이 크리소스톰은 이렇게 말했다.

> 거룩한 책들이 우리에게 주어진 것은 단순히 서가에서 침묵을 지키기 위해서가 아니라, 독서와 묵상을 통해 우리 마음에 새겨두기 위해서다.[24]

언제부터인지 말씀묵상기도에 대한 사람들의 관심이 부쩍 높아졌다. 그 이름과 형태는 '말씀과 함께, 큐티기도, 말씀묵상기도, 거룩한 독서, 관상기도' 등으로 매우 다양하다. 이는 매우 반가운 변화다. 성경을 덮어놓고 부르짖기만 하던 기도에서 말씀과 더불어 기도하는 기도로 나아가게 되면, 하나님과 더욱 깊은 대화를 나눌 수 있기 때문이다.

현시대에 굳이 초대교회와 사막 교부들, 그리고 중세에 있었던 일 등의 지난 이야기를 꺼내는 것은 시대와 사람이 바뀌어도 신앙의 본질은 늘 똑같기 때문이다. 솔로몬의 말처럼 해 아래 새것은 없다. 800여

년 전에 귀고 2세가 정리한 말씀묵상기도는 시대를 뛰어넘어 오늘을 사는 우리에게 하늘 사다리 즉, 말씀묵상기도의 전형을 제시한다.

2부

하늘에 맞닿은 사다리에 오르다

be careful in the ~~~
neither shall cease from yield-
ing fruit.

3
하늘사다리의
첫 번째 계단,
읽기

에스프레소 한 잔처럼

한국인이 즐겨 마시는 커피는 '삼박자 커피'로 불리는 커피믹스다. 커피, 설탕, 커피 크림이 적절히 섞여서 입에 착 달라붙는다. 커피믹스에 익숙한 한국인들은 커피의 본고장인 외국에 나가서도 삼박자 커피를 그리워한다. 그러나 언제부터인지 커피믹스보다 원두커피를 마시는 사람들이 늘었다. 소화불량, 비만 등 신체에 미치는 악영향에 대한 걱정과 커피 본연의 맛을 즐기고 싶은 욕구 때문이다. 여기에 분위기를 즐기고 싶은 약간의 허영도 한몫했을 것이다.

  나의 커피 취향에도 몇 차례 변화가 있었다. 청년 때는 사발에 커피믹스 두세 개와 설탕, 얼음을 넣어 시원하게 들이켰다. 그러면 즉시 속이 시원해졌다. 그러나 그 습관은 그리 오래 가지 못했다. 곧 아랫배가 살살 아팠기 때문이었다. 그래서 한동안 커피를 마시지 않았다. 그러다가 다시 마신 커피가 원두커피다. 연갈색의 커피를 하루 두어 잔씩 마시며 분위기를 즐겼다. 그러나 언제부터인지 좀 더 진한 커피를 마시고 싶어졌다. 그러던 차에 에스프레소를 알게 되었다.

그전에는 커피를 양으로 마셨다. 냉커피를 벌컥벌컥 마셔댔다. 그러나 에스프레소로 바꾸면서부터는 천천히, 그리고 조금씩 마시면서 커피 향과 맛을 음미했다. 에스프레소는 한 입에 털어 넣기엔 너무 적을 뿐만 아니라, 몹시 진하다. 그래서 조금씩 마실 수밖에 없다. 요즘은 주로 자바골드 에스프레소를 마시는데, 이전보다 더 깊은 커피의 맛을 느낀다. 커피를 마신 후 얼마간 입 안에서 맴도는 달면서도 약간 쓴맛과 깊은 향이 일품이다.

젊어서는 냉커피를 가슴이 시원하도록 마셔댔다. 갈한 목을 축이고자 많은 양을 마셔댔다. 그러다 커피 맛을 제대로 느끼고 싶어졌을 때는 양보다 질을 중요시했다. 그래서 아메리카노 같은 옅은 원두커피를 찾았다. 그러다 좀 더 깊은 맛을 느끼고 싶어졌을 때는 에스프레소를 찾았다. 같은 커피임에도 양과 제조법에 따라 그 맛과 향이 각기 다르기 때문이다.

성경 읽기도 이와 비슷하지 않을까? 초기에는 성경을 다독할 필요가 있다. 초기에 성경을 읽을 때 다독은 중요하다. 성경 전체의 맛을 봐야 하고 큰 그림을 그려야 하기 때문이다. 그러나 어느 정도 지나면 좀 더 구체적으로 이해하고 싶어서 성경을 공부한다. 좀 더 지나면 성경의 깊은 맛을 느끼고 싶어 한다. 말씀 그 자체, 곧 성경의 순수한 맛을 느끼고 말씀 마디마디에 깊이 집중하고 싶은 것이다. 그것은 성경적 지식이나 정보를 하나 더 안다기보다 성경 자체를 알고 싶은 마음이다. 마치 포도를 송이째 급히 먹기보다 한 알씩 깊이 음미하며 먹는 것과 비슷하다.

말씀묵상기도의 첫 단계는 성경 읽기다. 이를 흔히 '독서'라고 한다. 독서는 영적 사다리의 첫 단계이자 영성으로 충만한 삶을 살고 싶은 사람이면 반드시 거쳐야 할 과정이다. 독서는 저 높은 하나님의 보좌에 이르기 위한 첫 출발점이며, 하늘사다리의 첫 단계다. 첫 사다리를 거치지 않고는 다음 단계로 올라갈 수 없다. 이 단계에서는 모든 관심을 성경에 집중하여 하나님의 말씀을 읽고 듣는다.[1]

독서는 포도알을 입에 넣는 것과 같다. 포도를 한 알, 한 알 음미하며 먹는 것과 한 송이를 단번에 해치우는 것은 분명 다르다. 양적으로는 송이째 먹은 사람이 더 많이 먹은 것이지만, 질적으로는 한 알씩 음미하며 먹은 사람이 더 낫다.

성경을 깊이 음미하려면 '빨리, 많이'보다 '천천히, 적게' 읽는 것이 좋다. 아무리 튼튼한 위장이라도 소화 능력에 한계가 있는 것처럼 정신이나 영혼도 소화 능력에 한계가 있기 때문이다. 소나기밥이라는 것이 있다. 갑자기 쏟아지는 소나기처럼, 순식간에 먹어치우는 폭식을 말한다. 이러한 식습관은 매우 위험해서 위장 장애를 일으킬 수 있다. 우리도 때로는 성경을 소나기밥처럼 읽는다. 마음이 동하면 몇 시간이고 읽다가, 바쁘거나 마음이 내키지 않으면 몇 날 며칠을 펴 보지도 않는다. 물론 한꺼번에라도 많이 읽는 게 전혀 읽지 않는 것보다야 낫겠지만, 이 또한 그리 건강한 모습은 아니다. 규칙적인 식사가 위장을 튼

튼튼하게 하듯, 규칙적인 성경 읽기가 영혼을 튼튼하게 한다. 양보다는 꾸준함이 중요하다. 조금이나마 꾸준하게 성경을 읽는 것은 영혼에 양약이 된다. 소나기밥 같은 성경 읽기보다는 규칙적인 읽기가 낫고, 속독보다는 정독이 낫다.

독서는 포도 한 알을 입에 넣고서 혀로 포도알을 살살 굴리는 것과 같다. 어떤 알은 탱글탱글하고 어떤 알은 흐물흐물하거나 물컹하게 느껴진다. 어떤 알은 단맛이 흠뻑 느껴지고, 어떤 알은 신맛이 스미어 나오기도 한다. 포도를 빨리 먹으면 절대로 이러한 맛의 미세한 차이를 느낄 수 없다. 천천히 음미하며 먹을 때에 비로소 느낄 수 있는 맛이다. 성경도 너무 많은 양을 한 번에 읽어 버리면 말씀의 깊은 맛을 느끼기 어렵다.

어떤 사람들은 한 번에 다 알려고 하는 조급함으로 성경을 읽는다. 그 마음이 귀하기는 하지만, 사실 현실적으로 불가능하다. 지금까지 성경을 통달한 사람은 아무도 없다. 말씀묵상기도를 하려면 생각을 바꾸어야 한다. 포도를 송이째 먹어 치우는 것보다는 한 알을 음미하듯 해야 한다. 냉커피를 벌컥벌컥 마시는 것보다는 에스프레소 한 잔을 천천히 음미하듯이 해야 한다. 하루아침에 성경을 통달하려는 욕심보다 조금씩 깊이 알고 느끼려는 마음가짐이 필요하다.

오감(五感)으로 성경 읽기

성경 읽는 방법은 다양하다. 조용히 눈으로만 읽을 수도 있고, 소리 내어 읽을 수도 있으며, 글씨를 쓰고 손으로 읽을 수도 있다. 성경 필사(筆寫)는 권장할 만한 좋은 방법이다. 일찍이 카르투지오회는 성경 필사를 관상적 침묵의 첫 활동으로 보았다. 그들은 필사를 '말없는 설교'로 칭하며 소중히 여겼다. 성경을 필사하면 눈으로만 읽을 때보다 더 깊이 마음으로 느끼며 읽을 수 있다. 그 이유는 필사를 통해 손과 눈, 그리고 마음이 함께하는 오감 독서를 할 수 있기 때문이다.

전통적으로 말씀묵상기도를 하면서 성경을 읽을 때에는 소리 내어 읽는 음독을 권한다. 그러나 큰 소리가 아닌 조용히 읊조리는 정도다. 이렇게 할 때, 말씀이 귀를 통해 마음으로 들어온다. 과거 우리 조상도 소리 내어 독서했다. 서당에서 천자문과 사서삼경을 배울 때, 몸을 흔들며 소리 내어 글을 읽었다.

"서당 개 삼 년이면 풍월을 읊는다"라는 속담도 이처럼 소리 내어 글을 읽는 환경에서 유래한 것이다. 소리 내어 글을 읽으면 종합적 독서가 된다. 우선 눈으로 글을 본다. 그것을 입으로 읽고, 나아가 귀로 듣는다. 거기에 리듬감 있게 몸을 살짝 흔들어 주면, 온몸의 감각기관이 독서에 동참한다. 말 그대로 종합적인 독서를 하는 것이다. 여기에 조상의 지혜가 담겨 있다.

고대 수도사들도 성경을 읽을 때, 눈과 머리로만 대충 보며 빨리 넘어가지 않았다. 활용 가능한 모든 감각기관을 총동원했다. 그들에게는 제대로 된 성경이 없었다. 그래서 그들은 성경을 통째로 외우고 암송했으며, 귀로 듣고 마음에 간직했다. 감각기관을 총동원한 전인적인 독서였다. 이러한 독서는 단순한 정보 습득에 그치지 않고 전 인격에 영향을 준다. 사도 시대에도 이런 방식으로 독서했다.

일어나 가서 보니 에디오피아 사람 곧 에디오피아 여왕 간다게의 모든 국고를 맡은 관리인 내시가 예배하러 예루살렘에 왔다가 돌아가는데 수레를 타고 선지자 이사야의 글을 읽더라(행 8:27-28).

성령의 인도하심으로 이러한 내시를 만난 빌립은 그에게 성경을 가르쳐 주었다. 이 말씀은 당시 에디오피아 내시도 성경을 소리 내어 읽는 법을 알고 있었다는 증거다.

서구 사회에서 소리 내지 않는 묵독이 보편화된 시기는 10세기 전후로 추측된다. 그전까지는 일반적으로 소리 내어 책을 읽었다. 어거스틴(Augustin, 354-430)은 그의 고백록에서 묵독을 이상한 독서 방법으로 보았다. 어거스틴의 영적 스승인 암브로시우스(Ambrosius, 340-397)는 소리 내지 않고 눈과 마음으로 독서했는데, 어거스틴은 이를 신기하게 여겼다. 암브로시우스의 묵독이 묘사되어 있는 어거스틴의 《고백록》(풀빛 역간)은 묵독의 예를 최초로 기술한 서구 문헌이다.[2] 결국 독서란 모든 감각기관을 동원하여 읽는 동시에 귀로 '책의 목소리'를 듣는 것이다.

초기 수도사들은 독서(lectio)와 듣기(auditio)를 종종 동의어로 사용했다. 그들에게 성경 읽기란 단순히 입으로 읽는 것이 아니라, 소리 내는 동시에 마음으로 듣는 것이었다. 독서의 목적은 단순히 책을 읽는 데 있지 않다. 듣기 위해서 읽는 것이다. 아무리 많이 읽어도 마음에 아무것도 들리지 않는다면, 그 독서는 의미가 없다. 잘 들으려면 잘 읽어야 한다. 예나 지금이나 신앙생활의 기본은 잘 듣는 것이다. 믿음은 들음에서 나기 때문이다. 성경을 많이 읽어도 말씀을 듣지 못한다면 그것이 무슨 소용이 있겠는가. 일찍이 모세는 이스라엘 백성에게 하나님의 말씀을 들으라고 당부했다.

이스라엘아 들으라(신 6:4).

예나 지금이나 이스라엘의 신앙 교육은 하나님 말씀을 듣는 것에서 시작된다. 하나님 말씀을 듣지 않으면 누구도 그분의 뜻을 알 수 없다. 성경 곳곳에 들으라는 말씀이 나온다. 특히 예언서의 주된 내용은 하나님 말씀에 귀 기울이라는 애끓는 호소다. 사무엘 선지자도 하나님의 뜻과 질서를 무시한 사울 왕에게 이렇게 경고했다.

사무엘이 이르되 여호와께서 번제와 다른 제사를 그의 목소리를 청종하는 것을 좋아하심 같이 좋아하시겠나이까 순종이 제사보다 낫고 듣는 것이 숫양의 기름보다 나으니(삼상 15:22).

현시대는 말씀을 읽고 들을 기회가 참으로 많다. 이는 정말 감사할 일이다. 그러나 어떻게 보면, 말씀을 들을 기회가 많지 않던 이전보다 현시대 사람들이 더 말씀을 듣지 못하는 듯하다. 수많은 설교가 여러 매체를 통해 선포되고 흘러넘치지만, 홍수에 마실 물이 없다는 말처럼, 차고 넘치는 설교에도 정작 많은 사람이 말씀을 잘 듣지 못한다. 역설적이게도 현대 그리스도인들은 말씀에 갈증을 느끼고 있다.

많은 그리스도인이 설교를 듣지만, 말씀이 자기 안에 머무르지 못하고 물거품처럼 사라지는 것을 경험한다. 간혹 주일 예배를 잘 드렸음에도 그날의 말씀이 무엇이었는지 전혀 기억하지 못한다. 왜 그럴까? 아마 가장 큰 이유는 말씀을 듣는 사람의 마음 자세에 있을 것이다. 우리는 말씀을 듣는 기본적인 자세를 잘 갖추고 있는지 스스로 심각하게 질문해 보아야 한다.

지금 예배 시간에 낭독되고 선포되는 설교가 '오늘, 여기서' 나에게 주시는 하나님의 말씀으로 들리느냐, 아니냐의 문제는 대단히 중요한 일이다. 이것은 단순히 설교를 잘 듣고, 안 듣고의 문제가 아니다. 속사람이 사느냐, 죽느냐의 문제다. 지금은 말씀이 그 어느 때보다 풍성하면서도 희귀한 시대다. 말씀을 잘 듣는 첫걸음은 바로 성경을 잘 읽는 데서 시작한다.

독서백편의자현(讀書百遍意自現)

독서백편의자현이라는 말이 있다. 책을 백 번 읽으면 뜻을 저절로 통달하게 된다는 뜻으로, 지속적인 독서의 중요성을 강조한 말이다. 이 말의 유래는 다음과 같다.

중국 후한의 헌제(獻帝) 왕 때, 유달리 학문을 좋아해서 어느 곳을 가든 항상 책을 끼고 다니며 독서했던 동우(董遇)라는 학자가 있었다. 그의 이러한 독특한 행동은 어느새 왕의 귀에 전해졌다. 헌제 역시 학문에 관심이 많았으므로 동우의 학자다운 면모에 반하여 그를 관리로 임명하고 경서를 가르치게 했다. 동우의 명성이 알려지면서, 그의 문하생이 되기를 열망하는 사람들이 늘어났다. 그러나 동우는 아무나 제자로 받아들이지 않았다. 그는 늘 "먼저 책을 백 번 읽어라. 백 번 읽으면 그 의미를 저절로 알게 된다"라고 말했다.

사람들은 책을 백 번이나 읽을 만한 여유가 없다고 볼멘소리를 늘 어놓았다. 그러자 동우는 세 가지 여분에 독서하라고 권했다. 그 세 가지 여분이란 겨울, 밤, 비 오는 때였다. 겨울은 한 해의 여분이고, 밤은 한 날의 여분이며, 비오는 때는 한때의 여분이다. 사람들은 독서의 비법이라든지, 속독의 기술이라든지 하는 독서 방법론에 현혹되기 쉽다. 그러나 바른 독서에는 왕도가 없다. 그저 몸과 마음을 집중하여 꾸준히 독서하는 길뿐이다.

분명히 다독은 좋은 일이다. 그러나 무엇이든 지나치면 문제가 된다. 얼마 전에 성경 다독 세미나 광고를 보았다. 그 광고는 세미나의 장점과 특징을 다음과 같이 열거했다.

성경 다독 세미나! 100독 합숙 훈련! 이 세미나에 참여하시면 성경(신구약)을 10분 만에 볼 수 있습니다. 하루 10독, 1년에 3,650독을 하게 되는 것입니다. 성경을 3,000번 읽으면, 성경이 그림처럼 한눈에 보입니다. 이 훈련을 하면 성경이 열리고, 영성이 살아납니다! 중·고등학생, 청년이 10분 만에 성경을 보면, 어떠한 책을 대하든 자신감을 얻게 됩니다.

정말 대단한 광고다. 10분 만에 성경을 그림처럼 펼쳐 볼 수 있다면 얼마나 좋겠는가. 그러나 엄청난 과대광고가 아닐 수 없다. 설령 그것이 가능하다 해도 과연 몇 구절이나 제대로 볼 수 있을까? 그런데 이런 과대광고는 그것을 원하는 사람이 있기 때문에 나오는 게 아니겠는

가. 이래저래 문제가 많다.

그렇다면 4세기 사막 교부들은 성경을 어떻게 읽었을까? 그때는 성경이 희귀했다. 그래서 읽기보다는 암송이 더 일반적이었다. 수도사들은 대부분 정오부터 오후 3시까지 독서했다. 흔히 정오부터 오후 3시까지는 점심 식사 후에 졸리는 시간으로 이해할 수 있으나, 고대 사람들은 해뜨는 때를 제1시, 해지는 때를 제12시로 보았다. 당시 수도사들은 대개 하루 한 끼 식사를 하였는데, 주로 오후 3시에 식사를 하였다.[3] 그들의 독서량이 얼마였는지 정확히 알 수는 없지만, 그들의 기억력이 대단했다는 것만은 분명하다. 그들은 단순한 손노동을 하면서 입으로는 끊임없이 성경을 암송했다. 어떤 이는 하루에 일만 개의 성구를 암송했다. 어떤 이는 "하나님이여 나를 건지소서 여호와여 속히 나를 도우소서"(시 70:1)라는 성구 하나만 평생 암송했다. 이러한 기록으로 짐작할 때, 사막 교부들은 얼마나 많이 읽었느냐보다는 마음으로 얼마나 깊이 읽었느냐를 중요하게 여긴 듯하다.

분명히 성경은 적게 읽는 것보다는 많이 읽는 것이 더 낫다. 평생 성경 일독조차 못하는 사람이 얼마나 많은가. 레위기를 비롯한 선지서의 고개를 넘지 못해 중도 포기하는 이들이 적지 않다. 반면 어떤 이들은 성경을 평생 수십 번 읽는다. 그 열정이 정말 귀하다. 그러나 말씀묵상 기도의 관건은 성경 읽기의 횟수에 있지 않다. 얼마나 진지하게, 정성껏 읽었느냐가 중요하다. 신앙생활 초기에는 다독을 하는 것이 더 좋지만, 신앙이 성숙해지면 다독보다는 정독이 더 중요하다. '무조건 많이'보다는 '깊고 바르게'가 더 중요하다.

우리는 성경 읽기에 대한 관점을 바꾸어야 한다. 특히 성경을 많이 읽었다고 자랑하기보다 성경을 깊이 있게 읽으려고 애써야 한다. 밤낮 녹음기처럼 성경을 줄줄 읽는 것도 좋지만, 이제는 하나님의 뜻이 무엇인지 생각하며 읽어야 한다. 성경을 정독하고 묵상하며 오감을 사용해서 깊이 느껴야 한다.

전통적으로 수도사들은 말씀묵상기도를 통해 영적 훈련을 실천하고 꽃피웠다. 그들은 성경을 읽고 묵상하며 내면화했다. 그 첫 단계가 성경 읽기, 곧 독서다. 여기서 독서란 성경을 읽는 동시에 주의 깊게 듣는 것이다. 아무리 성경을 많이 읽어도 우리 귀와 마음에 들리지 않으면 아무런 소용이 없다. 말씀이 우리 마음에 들리고 담길 때, 그 말씀을 묵상할 수 있다. 그러므로 성경을 많이 읽고 빨리 읽는 것보다 마음에 들리도록 읽는 것이 중요하다. 마음에 아무것도 들리지 않는다면, 아무리 많이 읽어도 글자를 읽은 것에 불과하다.

향심기도를 개발한 토마스 키팅(Thomas Keating)은 성경을 읽은 자신의 경험을 술회했다.[4] 키팅이 수도사의 길을 걷기 시작했을 때, 하루는 지도자가 구약을 전부 읽으라고 요청했다. 당시에 그는 십자가 성 요한에 관심이 있었기 때문에 그 요청이 썩 내키지 않았지만, 순종하는 마음으로 창세기를 읽고 이어서 출애굽기를 읽었다. 그런데 성경을 읽던 그에게 갑자기 말씀이 다가왔다.

여하간에 읽기를 시작했는데 갑자기, 말하자면 신비로운 빛이 페이지의 뒤편에 나타났다. 즉 말씀들이 나를 향하여 튀어나오기 시작했고 나는 몹시 흥분했다. 나는 "이것은 정말로 나의 인생에 관한 책이야. 누가 이 책을 썼든지 간에 그는 나의 정신과 의사임에 틀림없어"라고 중얼거렸다.… 몇 마디 말씀만으로도 나에게 아주 거대한 의미와 이해의 전망을 보여 주었고, 그때까지 내가 읽었던 책 중에서 가장 나를 흥분시킨 책이었다.[5]

성경을 읽던 키팅은 말씀이 살아서 자신에게 다가오는 것을 체험했다. 성경을 백 번 읽든 한 번 읽든 이러한 일이 발생한다면, 이보다 더 좋은 일은 없을 것이다. 이러한 독서를 하려면 성경을 있는 그대로 정직한 마음과 사모하는 마음으로 읽어야 한다. 성경을 오늘 내게 주시는 하나님 말씀으로 받고 진지하게 대해야 한다. 이전에 들었던 이야기나 선입견을 배제하고 읽어야 한다. 선입견을 버리지 못하면, 제한적으로 보고 깨달을 수밖에 없다. 그래서 가능하면 색을 칠하거나 밑줄을 긋지 않고 성경을 읽는 것이 좋다. 색을 칠하고 밑줄을 그으면 그 구절이 자신에게 익숙해지겠지만, 또 다른 것을 새롭게 보고 깨닫기가 어려워지기 때문이다.

어떻게 읽을 것인가?

고요한 장소에서 안정된 마음으로
성경을 잘 읽으려면 무엇보다 집중할 수 있는 여건을 갖춰야 한다. 그것은 두 가지로 외적인 것과 내적인 것이다. 외적으로는 고요하고 쾌적한 공간이 필요하다. 산만한 곳에서는 말씀을 집중해서 읽기가 어렵다. 산만하게 한 시간 동안 읽는 것보다는 집중해서 십 분 동안 읽는 것이 더 낫다. 집중해서 읽으려면 기본적으로 주변이 조용해야 한다.

그 공간은 사람마다 다를 것이다. 어떤 이는 도서관이, 어떤 이는 사무실이, 혹은 집 안방이나 거실이 좋을 수 있다. 그것은 각자 형편에 따라 정하면 된다. 마음만 있다면, 고요하고 안정된 공간을 만들어 낼 수 있을 것이다.

내적으로는 고요하고 안정된 마음을 갖추어야 한다. 아무리 조용한 공간에 앉아 있더라도 마음이 산만하면 아무 소용이 없다. 그저 글씨만 읽을 뿐이다. 누구나 가끔 그런 경험을 해보았을 것이다. 눈은 열심히 책을 들여다보는데, 마음에 와 닿는 게 전혀 없는 채로 책장만 넘기는 경우 말이다. 이는 마음이 콩밭에 가 있기 때문이다. 사실 외적 고요보다 더 어려운 일은 내적 고요다. 마음이 산만하면 진지하게 독서할 수가 없다.

시인 유경환은 "호수"라는 시에서 고요한 마음의 중요성을 이렇게 노래했다.

호수가 산을 다 품을 수 있는 것은
깊어서가 아니라 맑아서이다.

우리가 주님을 안을 수 있는 것은
가슴이 넓어서가 아니라
영혼이 맑아서이다.[6]

명경지수(明鏡止水)라는 말이 있다. 티 없이 맑고 고요한 마음을 이르는 말이다. 마음이 맑고 고요하면 주님을 볼 수 있다. 예수님은 산상수

훈에서 청결한 심령을 지니는 것이 얼마나 중요한지 설명하셨다.

마음이 청결한 자는 복이 있나니 그들이 하나님을 볼 것임이요(마 5:8).

그러므로 하나님을 향해 나아가는 독서에서 가장 중요한 것은 고요하고 청결한 마음이다. 그런 마음을 지니기 위한 좋은 방법은 고요히 찬송을 부르는 것이다. 떠오르는 찬송을 계속 부르면 마음이 점점 고요해진다. 차분한 상태로 성경을 읽으면 말씀이 한결 쉽게 마음에 와 닿는다. 서둘러 성경을 읽기보다는 마음을 차분하게 하고 나서 읽는 것이 훨씬 더 효과적이다.

가난한 마음으로

성경을 읽을 때 중요한 것은 가난한 마음이다. 가난하고 갈급한 마음으로 성경을 읽는 것과 그저 습관적으로 읽는 것은 천지차이다. 초코파이를 맛있게 먹는 법을 아는가? 바로 군대에서 먹는 것이다. 군대에서 초코파이를 먹어 본 사람은 그 맛의 진가를 안다. 세상에 그렇게 달고 맛있는 음식이 또 있을까? 무엇이든 배고플 때 먹어야 꿀맛이다. 말씀도 그렇다. 영적으로 갈급한 사람일수록 말씀을 마음 깊이 새긴다.

그러나 배가 부르면 그 맛을 느끼지 못한다. 그러나 더 심각한 문제는 영적으로 진정 배부르기보다 헛배가 부른 사람이 많다는 데 있다. 상상임신이란 것이 있다. 상상 임신을 하면 실제로 임신하지 않았음에도 임신 증세를 느낀다. 배가 불러오고, 입덧을 한다. 임신을 간절히 원하는 마음 상태 때문에 뇌 또한 임신했다고 믿게 되고, 그래서 신체에 이러한 증상이 나타나는 것이다. 그러나 이는 헛배가 부른 것에 불과하다. 우리도 이럴 수 있다. 영적으로 가난하고 헐벗은 자아를 보지 못하고, 자신이 풍족하고 건강한 줄로 착각한다. 성경은 이러한 허위의식을 다음과 같이 지적한다.

> 네가 말하기를 나는 부자라 부요하여 부족한 것이 없다 하나 네 곤고한 것과 가련한 것과 가난한 것과 눈먼 것과 벌거벗은 것을 알지 못하는도다 내가 너를 권하노니 내게서 불로 연단한 금을 사서 부요하게 하고 흰 옷을 사서 입어 벌거벗은 수치를 보이지 않게 하고 안약을 사서 눈에 발라 보게 하라 (계 3:17-18).

성경 읽기의 첫걸음은 자신의 영적 실상을 보는 데서 시작한다. 자신의 굶주림과 헐벗음을 깨닫게 되면, 성경 읽는 자세가 달라진다.

영혼의 눈을 뜨고 자기 실상을 깨달아 굶주림을 느끼는 것이 성경 읽기의 첩경이다. 가난한 마음으로 말씀을 읽다 보면 말씀이 단숨에 영혼 깊숙이 침투해 들어오는 것을 느낄 수 있다. 가난한 영혼은 흡수력이 뛰어나다. 말씀묵상기도가 일반적으로 말하는 독서, 묵상, 기도, 관상이라는 일련의 과정을 뛰어넘기도 한다. 사실 이 네 과정은 일반적인 흐름일 뿐, 매번 지켜야 할 절대 순서는 아니다. 내 영혼이 갈급하고 하나님이 은혜를 주시면, 순식간에 독서와 묵상, 기도를 뛰어넘어 관상을 경험할 수도 있다.

몇 년 전, 사면초가와 같은 큰 어려움을 겪었다. 그 절망적인 상황에서 빠져나갈 길이 도무지 보이지 않았다. 몸부림치면 칠수록 몸과 마음이 더 깊은 수렁으로 빠져들었다. 영혼에 깊은 어둠이 깃든 어느 날, 가난한 마음으로 시편 23편을 읽어 내려갔다. 얼마나 익숙한 본문인가! 여러 번 설교했고, 늘 암송하는 말씀이기도 했다. 그러나 그때 읽은 시편 23편은 달랐다. 첫 구절을 읽자마자 모든 것이 해결되었다.

여호와는 나의 목자시니 내게 부족함이 없으리로다(시 23:1).

이 한 구절로 모든 것이 끝나고 말았다. 그 말씀이 내 영혼에 꽂히는 순간, 눈물이 쏟아지며 '아! 하나님이 내 모든 형편을 아시는구나, 나를 보고 계시는구나'라는 확신이 온몸과 영혼에 스며들었다. 그 한 구절이 오늘의 말씀으로 들리자 더는 다른 말씀이 필요하지 않았다. 말씀을 통해 하나님의 임재를 깊이 느끼며 모든 것에서 자유할 수 있었다. 그후 어려웠던 일들이 아주 순조롭게 해결되었다. 가난한 영혼에게 주시는 하나님의 특별한 은총이었다.

자기에게 맞는 방식으로

성경을 읽을 때 누구나 따라야 하는 절대적인 원칙은 없다. 음독인가 묵독인가 하는 문제보다 중요한 것은 읽는 사람의 마음가짐이다. 방법보다 마음가짐이 훨씬 더 중요하다. 가난한 마음으로 말씀을 읽으면, 음독을 하든 묵독을 하든 내 영혼에 말씀이 다가온다. 사람은 누구나 각자의 성향과 습관이 있기에 자신에게 맞는 방법을 찾는 것이 중요하다. 자신에게 맞지 않는 방법만 계속 고집하면, 독서의 본질을 잃어버릴 수 있다.

나는 음독과 묵독을 모두 추천한다. 각자 성향이 다르고 습관이 다르기 때문이다. 나는 때로 소리 내어 읽다가 때로는 조용히 읽는다. 상황에 맞게, 마음이 이끄는 대로 하는 편이다. 묵독은 묵독대로 은혜가 있다. 고요한 심령 가운데 말씀이 들린다. 또한 음독도 음독대로 또 다른 은혜가 있다. 중요한 것은 방법이 아니라 꾸준함이다. 어떠한 방법이든 가난한 마음으로 읽어야 한다. "가랑비에 옷 젖는 줄 모른다"라는 속담처럼, 조금이라도 꾸준히 읽다 보면 어느새 말씀이 내 영혼에 들려온다. 방법은 다음 문제다. 꾸준히 지속하다 보면 자신에게 적절한 방법을 자연스레 체득하게 될 것이다.

성경을 읽는 적절한 방법과 분량은 사람마다 다르다. 그것이 정상이다. 하루에 최소한 이 정도는 읽어야 한다는 절대적인 기준은 없다. 어떤 이는 한 시간은 읽어야 속이 시원할 테고, 어떤 이는 십 분만 읽어도 벅찰 수 있다. 물론 주님을 사랑하고 믿음이 깊어질수록 말씀을 더 사모하며 많이 읽게 되는 것은 당연하다. 속독을 원하는 이들은 많은 분량을 원할 테고, 큐티를 하거나 묵상을 원하는 사람은 적은 분량에도 만족할 것이다.

나는 성도에게 하루에 많은 분량을 읽으려고 욕심내지 말고 한 장을 천천히, 깊이 읽으라고 권면한다. 그리고 읽는 동안 눈에 들어오거나 마음에 다가온 말씀이 있으면, 읽기를 멈추고 단어나 표현, 혹은 성구나 이미지 등에 주목하라고 말한다. 많은 사람이 공감하겠지만, 한 마디라도 마음에 다가오는 말씀이 있다면 그 얼마나 감사한 일인가. 성경을 읽으면서 매번 말씀에 감동받고 눈물이 나며 깨달음이 찾아오는 것은 아니다. 때로는 사막을 걷는 것처럼 힘겨운 마음으로 읽는다. 마치 감기 몸살 때문에 입맛이 없어 모래알처럼 느껴지는 밥을 억지로 먹는 것처럼 말이다.

　말씀묵상기도를 하면서 말씀을 꾸준히 읽으면, 각자 처한 형편에 맞게 하나님이 주시는 한 말씀이 있다. 내 영혼에 들려주시는 한 말씀, 그 한 말씀을 발견하는 기쁨은 진주를 발견하는 것보다 더 크다. 옥토에 제대로 떨어지는 씨앗은 매우 적다. 그러나 제대로 떨어진 한 알은 30배, 60배, 100배의 결실을 맺는다. 옥토에 떨어진 씨앗과 같은 그 한 말씀을 얻으려면, 꾸준히 성경을 읽으라. 마음에 품고 묵상할 수 있는 말씀, 그 한 말씀을 발견할 수만 있다면 그 성경 읽기는 충분한 의미를 지니게 된다.

be careful in the ...
neither shall cease from yield-
ing fruit.

4 하늘사다리의 두 번째 계단, 묵상

콩나물 그리스도인과 콩나무 그리스도인

"콩나물이 키가 컸다고 콩나무 행세를 하려고 든다"라는 말이 있다. 우리 신앙에도 이러한 모습이 있다. 우리는 신앙 연륜이 많고 직분을 맡아 열심히 봉사하는 자신이 영적으로 성숙했다고 여기지만, 어느 순간 모래 위에 세운 집처럼 힘없이 주저앉을 때가 있다.

그 이유는 무엇일까? 가장 큰 이유는 말씀에 온전히 뿌리내리지 못해서다. 시냇가에 심은 나무처럼 믿음의 뿌리를 말씀에 깊이 내렸다면, 가뭄이나 홍수가 와도 문제없다. 그러나 뿌리가 깊지 못하면 시험이 올 때 곧바로 넘어질 수밖에 없다. 기계적으로 성경을 읽고 설교를 듣는 사람과 말씀을 묵상하는 사람의 차이는 비교할 수 없을 만큼 크다.

어릴 때 나는 콩나물 키우는 모습을 많이 보았다. 콩나물시루는 밑에 구멍이 많다. 그 구멍으로 콩이 빠지지 않도록 시루 밑바닥에 베나 모시를 깔고, 물에 불린 콩을 적당히 넣는다. 그리고 그 위를 무명천으로 살짝 덮는다. 시루 밑에는 시옷자 모양의 나무 걸개를 놓고, 그 아래에 널찍한 물받이를 놓는다. 이런 콩나물시루를 아랫목에 두고서, 하루에 여러 번 콩에 물을 부어 준다. 시루 밑은 구멍이 많기 때문에 물은 곧 아래로 새어 나간다. 그야말로 밑 빠진 독에 물 붓기다. 그러나 신기하게도, 콩은 싹을 틔우고 무럭무럭 자라난다. 그 모습이 지금까지도 눈에 선하다.

말씀을 읽고 들을 때, 한 귀로 듣고 한 귀로 흘릴지라도 믿음이 성장한다. 선포되는 하나님의 말씀 자체에 능력이 있기 때문이다. 믿음은 들음에서 난다는 말씀처럼, 계속해서 성경을 읽고 들으면 믿음이 생긴다. 그러나 그런 믿음은 뿌리를 깊이 내리거나 좋은 열매를 얻기 어렵다. 시루 안에서 자라는 콩나물과 비슷하다고 할 수 있다. 그런데 시루에서 물만 먹고 자란 콩나물은 말 그대로 콩나물일 뿐이다. 콩나물은 쉽게 자라지만 그 성장에 한계가 있다. 꽃피우고 열매 맺는 콩나물은 아직까지 본 적이 없다. 콩나물은 단지 콩에 싹이 터서 조금 자란 것에 불과하다.

콩이 꽃을 피우고 열매를 맺으려면, 콩나물시루가 아닌 땅에 심어야 한다. 땅에 심은 콩은 콩나물에 비해 성장 기간이 길고, 더디게 자란다. 모진 비바람도 견뎌야 한다. 그러나 크게 자라 열매 맺는다. 왜냐하면 필요한 영양분을 땅에서 그때그때 섭취할 수 있기 때문이다. 콩 줄기를 뽑으면, 뿌리에 달린 조그만 혹들을 볼 수 있다. 이는 뿌리혹박테리

아로, 공기 중의 질소를 모아서 콩의 성장에 필요한 영양분을 제공하고 뿌리를 튼튼하게 해준다.

식물이 물에서 섭취하는 영양분과 땅에서 섭취하는 영양분의 질은 서로 전혀 다르다. 물에 뿌리를 내리면 결코 스스로 설 수 없다. 그러나 땅에 뿌리를 내리면 스스로 설 수 있다. 물과 땅의 근본적인 차이는 뿌리를 내릴 수 있느냐, 없느냐에 있다. 뿌리를 어디에 내릴 것인가 하는 문제는 매우 중요하다. 물에서 자란 것은 콩나물이 되고, 땅에서 자란 것은 콩나무가 된다. 정채봉 시인은 "콩씨네 자녀교육"이라는 제목의 시를 썼다.

광야로
내보낸 자식은
콩나무가 되었고,

온실로
들여보낸 자식은
콩나물이 되었고.[1]

콩나물과 콩나무는 완전히 다른 존재다. 콩나물은 꽃피우지도 못하고 열매 맺지도 못한다. 수명도 매우 짧다. 길어야 보름 정도 간다. 성장도 제한되어 있다. 콩의 무한한 성장 가능성이 초기에 멈춘다. 그러나 땅에 심긴 콩은 나무처럼 자라 많은 잎사귀와 가지를 내고, 마침내 꽃피어 많은 열매를 맺는다.

콩나물은 부어 주는 물만 먹고 자란다. 완전히 타율적이다. 하지만 콩나무는 땅에 뿌리내리고 스스로 영양분을 섭취한다. 자율적으로 성장한다. 시루 속의 콩나물은 부어 주는 물만 받아먹으면 되기 때문에 별다른 어려움 없이 자란다. 그러나 땅에서 자라는 콩나무는 많은 어려움을 겪으며 성장한다. 땅이 가물면 스스로 더 깊이 뿌리를 내려 물을 빨아 올려야 한다. 스스로 비바람을 이겨 내야 한다. 콩나무는 수많은 고통을 겪지만, 결국 열매 맺는다. 부어 주는 물만 받아먹느냐, 흙에서 스스로 물과 영양분을 섭취하느냐가 콩나물과 콩나무의 결정적인 차이다. 이는 열매를 맺느냐, 맺지 못 하느냐로 이어진다.

그리스도인도 콩나물과 콩나무로 분류할 수 있다. 주일 예배 설교를 듣는 것만으로 신앙을 유지하는 사람들이 많다. 이런 이들은 콩나물 신앙과 같다. 좋은 설교로 신앙이 쉽게 성숙하는 것 같지만, 결국 성장에 한계가 있다. 콩나물이 아닌 콩나무가 되려면 땅에 뿌리내려야 하듯, 콩나물 신앙이 아닌 콩나무 신앙으로 성장하려면 스스로 말씀에 뿌리내려야 한다. 그 좋은 방법이 바로 말씀 묵상이다.

복 있는 사람은 악인들의 꾀를 따르지 아니하며 죄인들의 길에 서지 아니하며 오만한 자들의 자리에 앉지 아니하고 오직 여호와의 율법을 즐거워하여 그의 율법을 주야로 묵상하는도다(시 1:1-2).

말씀을 묵상하는 사람은 시냇가에 심은 나무처럼 성장한다. 묵상은 영혼의 뿌리를 깊이 내리게 한다. 뿌리 깊은 나무는 바람에 흔들리지 않는다.

영혼의 압점

영적 사다리의 두 번째 단계인 묵상은, 하나님의 말씀 안에 숨어 있는 진리를 깨닫고자 인간의 이성과 정신을 사용하여 능동적으로 숙고하는 단계다. 성경의 핵심과 요점을 철저히 파악하여 그 뜻을 알아 가는 것이다. 그래서 묵상은 성경에 나오는 문자를 넘어 성경의 세계로 들어가게 하며, 눈에 보이는 것 이상을 보게 한다.[2] 이것이 묵상의 신비다. 이때 중요한 것은 마음의 청결함이다. 마음이 청결하지 않으면 모든 것이 흐릿하게 굴절되어 보인다. 마음이 청결한 사람만이 하나님을 볼 수 있다.[3]

묵상은 조그만 쇳조각을 망치로 두드려 펴서 새로운 형태를 만드는 것과 같다. 동그랗게 혹은 네모나게 뭉쳐진 쇳조각을 두드리면 얇게 펴지고, 그것으로 다양한 형체를 만들 수 있다. 쇳조각을 얇게 펴는 것이 묵상의 과정이다. 글로 된 성경을 읽고 묵상할 때, 그 글자 안에 담긴 하나님의 생각이 보이거나 느껴질 때가 있다. 때로는 하나님의 온기를 느끼고, 때로는 하나님의 기쁨이나 슬픔을 느낀다. 뭉친 것을 펼치는 신비, 닫힌 것을 여는 신비, 이것이 바로 묵상이다.

묵상을 하면 영혼은 깨달음을 더욱 갈망한다. 그런데 깨달음을 갈망하면 할수록 더 큰 갈증을 느낀다. 그 이유는 영혼이 갈망으로 불타오르는 반면에 이를 해결할 수단을 발견하지 못했기 때문이다. 묵상에는 일차적으로 지성과 정신적 작용이 필요하다. 숨은 뜻을 지적으로 발견하고 찾아내는 것이 관건이다. 말씀 묵상은 막연한 공상이나 상상이 아니다. 하나님이 말씀하신 성경 속에서 하나님의 숨은 뜻을 찾는 것이다. 그 과정은 생각보다 어렵다. 개인의 지적 능력과 집중력이 이 과정에 영향을 끼치기도 한다. 그러나 이성을 통한 깨달음은 지극히 단편적이고 표면적인 것에 불과하다.

깊은 묵상으로 영적 의미를 깨달으려면 위에서 부어 주시는 하나님의 은혜가 필요하다. 하나님이 지혜를 부어 주지 않으시면, 우리의 이성적 노력은 한계에 부딪힐 수밖에 없다. 성령의 조명이 없으면 단지 문자적으로 단순한 의미만 파악할 수 있을 뿐이다. 깨달음은 하나님이 주시는 특별한 선물이다.

온갖 좋은 은사와 온전한 선물이 다 위로부터 빛들의 아버지께로부터 내려오나니 그는 변함도 없으시고 회전하는 그림자도 없으시니라(약 1:17).

하나님이 우리의 눈을 여실 때, 우리는 말씀의 의미를 좀 더 깊이 있게 깨닫는다. 묵상을 하려면 가장 먼저 성경을 바르게 읽어야 한다. 앞서 말했듯이 묵상의 전 단계는 독서다. 순전하게 갈망하는 마음으로 성경을 읽을 때, 특정 말씀이 마음에 와 닿는다. 이전에도 많이 듣고 읽은 말씀이지만, 그날따라 새롭게 들린다. 마음에 와 닿아 부딪히는 부분이 있다. 그것이 바로 그때 나에게 주시는 말씀이다. 나는 이것을 '영혼의 압점'이라고 부르고 싶다. 말씀이 다가와 마음을 터치한다면, 이는 그 부분에 영적으로 더 많은 묵상이 필요하다는 신호다.

사람의 몸에는 압점이 있다. 압점은 압각이나 촉각을 느끼는 신경의 말단기관이다. 흔한 예로 수지침은 압점에 놓는다. 압점은 발과 귀에도 있는데, 다른 부분들에 비해 비교적 예민하다.

우리 교회 성도 중에는 프랑스에서 오래 살다 온 사람이 있는데, 그분은 가끔씩 귀에 압봉을 붙이고 다녔다. 손에 압봉을 붙인 사람은 몇 번 보았지만 귀에 붙인 사람은 처음 보았기에, 궁금해서 그 이유를 물어 보았다. 그분은 프랑스에서는 손에 수지침을 놓듯 귀를 마사지하고 압봉을 붙이는 일이 많다고 했다. 귀에는 우리 몸의 12개 경락과 365개의 혈이 모여 있어서 체내의 각종 장기와 연결되어 있기 때문이라고 했다. 잠시 귀를 두 손으로 꾹꾹 눌러 보라. 특정 부분에서 통증이 느껴지면, 그것은 그곳에 문제가 있다는 신호다. 집에서 우리 아이들에게 실험해 보았는데, 전부터 배가 아프다고 한 아이는 귀가 아파서 쩔쩔맸지만, 몸 상태가 좋은 아이는 별다른 반응이 없었다.

몸 상태가 좋지 않을 때 손이나 귀 혹은 발을 눌러 보면, 비명이 터져 나올 만큼 아픈 곳이 있다. 거기가 바로 압점이다. 고통스러울 정도로 아픈 곳은 단순히 그 부위가 아픈 게 아니라 몸 속 어딘가가 아프다는 신호다. 압점은 내부의 문제를 외부에서 느끼게 한다. 치료를 요청하는 우리 몸의 긴급 신호인 것이다. 신기하게도 나는 미처 깨닫지 못하는데, 몸은 약한 부위를 나보다 더 잘 안다. 몸이 나에게 말을 건네는 것이다.

성경을 읽다 보면 이와 비슷한 경험을 하게 된다. 말씀이 영혼이나 마음에 강하게 다가올 때가 있다. 뜨거운 감동, 감사, 사랑, 슬픔, 회개, 고통, 결단, 애통함 등 다양하다. 이는 말씀이 우리 영혼을 터치한다는 증거다.

하나님의 말씀은 살아 있고 활력이 있어 좌우에 날선 어떤 검보다도 예리하여 혼과 영과 및 관절과 골수를 찔러 쪼개기까지 하며 또 마음의 생각과 뜻을 판단하나니(히 4:12).

말씀은 살아 있다. 그래서 내 속의 약한 부분을 어루만진다. 그 느낌이 강할수록 그 부분을 돌아봐야 한다. 연약한 곳에 말씀이 닿으면, 깊은 감동이나 아픔을 느낀다. 살아 있는 말씀이 약한 곳을 터치하는 것이다. 그렇게 다가온 말씀을 마음에 새기고 묵상하노라면, 어느새 우리 속사람과 영혼이 치유되는 것을 알게 된다.

마음에 감동을 주고 깨달음을 주는 말씀이 반드시 많아야 할 필요는 없다. 때로는 한 구절 혹은 한 단어로도 족하다. 침술을 오래 배운 분께 들은 이야기다. 대개 수지침은 손바닥에 여러 개를 꽂는데, 많은 것 중 하나라도 정곡을 찌르기를 바라기 때문이라고 한다. 경락과 혈의 정곡을 찾아 침 한 대만이라도 제대로 꽂으면, 여러 대의 침을 꽂을 필요가 없단다. 그러나 그건 아무나 할 수 있는 일이 아니라 침술의 대가만이 할 수 있는 일이다. 그럴듯한 이야기다. 딱 하나의 침만으로도 병을 고칠 수 있다면 그게 더 좋다. 마찬가지로 말씀도 많이 접해야 하지만, 때로는 내 영혼의 정곡을 찌르는 한 구절이면 족하다.

누가복음에 한 백부장이 나온다. 그는 병들어 누운 종의 병을 낫게 하려고 유대인 장로 몇 명을 예수님께 보내어 종을 구해 달라고 요청한다. 유대인을 사랑하고 회당을 지어 준 백부장의 선행을 귀히 여기신 주님은 발걸음을 옮기셨다. 그때 백부장은 다시 친구들을 보내어 예수님이 자신의 집에 들어오심을 도저히 감당하지 못하겠다고 말한다. 그저 서 계신 곳에서 말씀으로 종을 고쳐 달라고 요청한다.

예수께서 함께 가실새 이에 그 집이 멀지 아니하여 백부장이 벗들을 보내어 이르되 주여 수고하시지 마옵소서 내 집에 들어오심을 나는 감당하지 못하겠나이다 그러므로 내가 주께 나아가기도 감당하지 못할 줄을 알았나이다 말씀만 하사 내 하인을 낫게 하소서(눅 7:6-7).

공동번역은 이 구절을 이렇게 옮겨놓았다.

이 말을 들으시고 예수께서는 그들과 함께 가셨다. 백인대장의 집에서 그리 멀지 않은 곳에 이르렀을 때에 백인대장은 친구들을 시켜 예수께 전갈을 보냈다. "주님, 수고롭게 오실 것까지 없습니다. 저는 주님을 제 집에 모실 만한 사람이 못 되며 감히 주님을 나가 뵐 생각을 못하고 있습니다. 그저 한 말씀만 하십시오. 그러면 제 종이 낫겠습니다."

참 적절한 번역이다. 그렇다! 여러 말이 필요 없다. 주님의 한 말씀만 있으면 된다. 영혼을 꿰뚫는 한 말씀만 있다면, 모든 문제가 해결될 것이다.

종교개혁자 마르틴 루터는 오랫동안 고민하며 갈등했다. 그는 영혼의 정곡을 찌르는 한 말씀을 듣지 못해서 방황했다. 그런데 성경을 읽고 묵상하던 중에 한 말씀이 그의 영혼을 꿰뚫었다. 바로 이 말씀이었다.

복음에는 하나님의 의가 나타나서 믿음으로 믿음에 이르게 하나니 기록된 바 오직 의인은 믿음으로 말미암아 살리라 함과 같으니라(롬 1:17).

이 한 말씀이 그 영혼을 꿰뚫자 그의 모든 의심과 번민이 사라졌다. 내 영혼에 들리는 하나님의 한 말씀을 들으려고 조용히 말씀에 귀 기울이는 것, 이것이 바로 묵상이다.

되새김질(반추, 反芻)

묵상의 어원은 라틴어 '메디켈루스'로, 약(Medicine)의 어원이기도 하다. 캡슐이나 병에 담긴 약은 그 효력을 나타내지 못한다. 약이 몸에 들어가서 녹아야 비로소 효력이 나타난다.

이와 마찬가지로 하나님 말씀도 우리 심령 안에 들어와 역사할 때 비로소 능력이 된다. 묵상이란, 말씀에 내가 들어가는 동시에 내 안에 말씀이 들어와 영적인 영향을 주는 과정이다. 묵상을 통해 말씀이 내 안에서 역사할 때, 영혼 속으로 스며든다.

묵상을 의미하는 영어 'Meditation'에는 '리허설'이라는 의미도 있다.[4] 종종 기도는 리허설처럼 보인다. 주일 예배 대표기도자를 보면, 대개 며칠 동안 기도를 준비한다. 며칠 동안 연습한 후에 준비한 기도문을 읽는다. 그것은 결코 나쁜 게 아니다. 오히려 정성이 깃들어 보인다. 묵상도 일종의 리허설이다. 기도의 기본 원고인 '주님의 기도'를 되풀이해서 읽고 묵상하는 것은 매우 중요하다. 인간의 모든 기도를 다 합쳐도 주님의 기도보다 결코 낫지 못하다. 또한 '인간 영혼의 해부도'라고 불리는 시편을 읽고 묵상하는 것도 묵상의 중요한 리허설이 된다. 우리는 좋은 기도문을 반복해서 묵상함으로 기도와 묵상을 배운다.

묵상을 하려면, 먼저 특정 말씀이 마음에 다가와야 한다. 그런 다음 그 말씀을 암송하면서 묵상이 시작된다. 묵상이란 공상이나 상상이 아니다. 그저 막연한 느낌에 몰두하는 것도 아니다. 묵상의 출발은 바로 말씀이다. 말씀 없는 묵상은 공상이나 상상에 불과하다. 공상과 상상은 줄 없는 연처럼 제 맘대로 날아다닌다. 일관성이 없다. 그러나 묵상은 말씀의 통제를 받으며 일정한 방향을 제시받는다. 그래서 말씀을 많이 외워 둘수록 묵상에 큰 도움이 된다. 말씀 암송은 바른 묵상을 위한 출발점이다.

사막 교부 시대 때, 수도사가 되려면 최소한의 학문 습득과 기억력이 필요했다. 수도사라면 문장 해독 능력이 있어야 했기 때문이다. 신약성경과 시편을 암기하지 못한 사람은 아예 수도원에 발을 붙일 수가 없었다. 파코미우스는 "수도원 안에는 글자를 배우지 못하거나, 성서의 어떤 것, 적어도 신약성서와 시편들을 암기하지 못하는 사람이 절대로 있어서는 안 된다"라고 강조했다.[5]

인간은 누구나 기억이라는 그릇을 지니고 있다. 수도사들은 기억이라는 그릇에 말씀을 담고 끊임없이 되새김질했다. 이집트의 안토니는 성경 전체를 기억했다고 한다. 말 그대로 살아 있는 성경(Living Bible)이었던 셈이다.

기억의 중요성은 중세에도 계속되었다. 티에리의 윌리엄(William of Thierry, 1085-1148)은 기억을 몸의 위장에 비유했다.[6] 기억은 마치 반추동물의 위와 같다. 마치 음식을 위장에 축적하고 소화해 에너지를 얻듯이, 매일 성경을 독서함으로 우리의 기억에 말씀을 간직해야 한다. 위는 몸에 붙어 있지만, 기억은 마음속에 있다. 기억이란 단순히 머리의 문제가 아니라 마음의 문제이며, 영혼의 문제이기도 하다. 경험적으로 아는 것처럼 마음이 내키면 무엇이든지 기억할 수 있다. 그러나 마음이 내키지 않으면 그 무엇도 기억하기가 어렵다. 그런 의미에서 기억은 암기력의 문제라기보다는 마음의 문제다.

사실, 반추동물에게서 묵상을 유추한 시기는 초대 교부 시대 때부터였다. 반추동물인 소는 위가 모두 네 개다. 섭취한 음식물은 제1위(혹위)와 제2위(벌집위)로 들어가 저장된다. 이것을 다시 입으로 게워 내어 되새김(반추)한 뒤 제3위(겹주름위)와 제4위(주름위)로 보낸다. 이 과정을 토출(吐出, 게워 냄), 재저작(再詛嚼, 다시 씹어 먹기), 재혼합(再混合, 다시 섞기), 재연하(再嚥下, 다시 삼키기)라고 한다. 이 과정을 통해 볏짚과 거친 풀이 쇠고기가 되고 우유가 된다. 여기에 되새김질의 신비가 있다.

초대 교부들은 묵상을 자양분을 얻고자 행하는, 말씀의 되새김질로 이해했다. 동물의 되새김질에 영적인 의미를 부여해서, 그 되새김질을 말씀 묵상으로 이해한 것이다.[7]

어거스틴도 되새김질을 말씀 묵상으로 이해했다. 당신이 듣거나 읽을 때는 그것을 먹는 것이고, 당신이 듣거나 읽는 것을 묵상할 때는 그것을 되새김질하는 것이다.[8]

결국 소가 되새김질을 하듯 말씀을 계속 반추하는 것이다. 묵상을 반추기도(ruminating prayer)라고 부르는 까닭이 여기에 있다.

묵상은 라틴어 메디타티오(meditatio)라고도 하는데, 이 말은 헬라어 멜레테(melete)와 히브리어 하가(haga)에서 유래했다. '하가'는 작게 소리 내어 중얼거린다는 뜻으로, 반복하여 암송하는 것을 뜻한다. 개역개정 성경의 시편에서는 묵상이라는 단어를 두 가지로 번역했다. 시편 1편 본문에서는 '묵상'으로 번역하고, 난외주에는 '작은 소리로 읊조리다'라는 설명을 덧붙였다. 시편 119편에서는 묵상을 '읊조리다'로 번역했다. 결국 '묵상'과 '작은 소리로 읊조리다'라는 말의 의미는 같다. 읊조린다는 번역은 원문에 가까운 것이지만, 묵상이라는 말이 익숙한 이들에게는 뭔가 어색하고 아쉬움이 남는 표현이다.

초기에 묵상이란 암송한 말씀을 작은 소리로 읊조리고 되뇌는 것이었다. 그러나 시간이 흐름에 따라, 침묵 중에 숙고하는 것으로 그 의미가 변했다. 이 변화는 12세기 스콜라 철학 이후에 나타났는데, 묵상은 생각하고 숙고하며 연구한다는 의미로 대체되었다. 15-16세기에 이르러서는 추리(推理) 묵상이 등장했고, 묵상은 점점 더 침묵 중에 추리하고 생각하는 추세로 흘렀다.

그래서 현시대 그리스도인은 묵상을 침묵 중에 숙고하며 추리하는 것으로 이해한다. 초기 교부 시대와 중세 시대까지만 해도 묵상은 말씀을 반복하여 되뇌는 암송이었다. 그러나 이제 침묵하며 묵상하는 것에 익숙한 현대인에게 초기처럼 말씀을 되뇌며 암송하라고 강권하기는 어렵다. 중요한 것은 방법론이 아니다. 얼마나 말씀에 깊이 몰두하여 숨은 뜻을 알아 가느냐가 더 중요하다.

말씀 묵상을 생각할 때 한 가지 잊지 말아야 할 것은 성경 읽기와 묵상 사이에는 단순하지만 꼭 필요한, 암송이라는 과정이 있다는 점이다. 힘들고 복잡한 것을 싫어하며 단순하고 빠른 것을 좋아하는 현대인들에게 암송은 결코 반가운 일이 아니다. 그러나 암송 없이는 묵상할 수 없고, 묵상 없이는 하나님의 말씀을 듣기가 쉽지 않다. 조이 도우슨은 1온스의 묵상은 1톤의 암송과 같은 가치가 있다고 말하며 묵상의 중요성을 강조한다.[9] 왜냐하면 묵상은 깊은 깨달음을 주고 하나님의 음성을 들으며 더 깊이 기도하도록 도와주기 때문이다.

우유나 쇠고기는 소가 거친 풀을 먹고 되새김질함으로 만들어 낸 결과물이다. 우리 역시 하나님이 주시는 한 말씀을 들으려면 묵상이라는 과정을 건너뛸 수가 없다. 영혼이 살려면 말씀을 머리로 암송하고 마음으로 되새김질하며 묵상해야 한다. 성공적인 묵상의 첫걸음은 말씀 암송에 있다. 외우는 말씀이 없다는 것은 묵상거리가 없다는 것이다. 하다못해, 국을 끓일 때도 국거리가 있어야 하지 않던가.

어떻게 묵상할 것인가

묵상의 가장 큰 방해 요인은 조급함이다. 이 책을 읽는 독자 중에도 '어떻게 묵상해야 할지 결론만 간단히 말해 주시오'라고 생각하는 사람이 있을 것이다. 바로 그 조급함이 묵상을 방해한다. 기다리지 못하는 조급한 마음으로는 제대로 묵상할 수 없다. 묵상을 하려면 마음이 넉넉하고 여유로워야 한다.

조급함은 현대인의 특징이다. 휴대전화와 인터넷, 자판기는 현대인의 조급함을 상징적으로 보여 준다. 즉각적인 반응이 없으면 견디지 못한다. 현대인은 빠른 것을 곧 유능함으로 본다. 속도를 경쟁력으로 본다. 현대인은 즉각적인 것을 원한다. 자판기에 동전을 넣고 1-2초 안에 물건이 나오지 않으면, 그새를 참지 못하고 자판기를 두드리거나 발로 걷어찬다.

우물에서 숭늉 찾는다는 속담이 있다. 숭늉을 만들려면 우선 밥을 지어 누룽지를 얻어야 한다. 그리고 물을 넣어 다시 한 번 끓이는 수고를 해야 한다. 그러나 요즘은 뜨거운 물 한 컵만 있으면 어디서나 쉽게 숭늉을 얻을 수 있다. 물론 인스턴트이지만 말이다. 밥도 20-30분이나 기다릴 필요가 없다. 인스턴트 쌀밥은 전자레인지로 2분만 돌리면 따끈따끈한 새 밥이 된다. 생활의 모든 것이 빠름으로 치닫고 있다. 빠른 것은 유능한 것으로, 느린 것은 무능한 것으로 여기는 세상이다.

그러나 묵상은 천천히 가는 것이다. 묵상은 뜸을 들이는 시간이다. 나는 시골에서 할머니가 밥을 짓는 것을 많이 보았다. 시꺼먼 무쇠 솥에 쌀을 넣고 아궁이에 불을 지피면 밥물이 펄펄 끓는다. 그러나 물이 끓는다고 밥이 다된 것은 아니다. 더 중요한 것은 뜸을 들이는 일이다. 뜸을 어떻게 들이느냐에 따라 설익은 밥이 되기도 하고 고슬고슬한 밥이 되기도 하고 탄 밥이 되기도 한다. 밥 짓는 일에서 가장 중요한 시간이 바로 뜸 들이는 때다. 뜸은 불기운을 서서히 쌀 안으로 스며들게 한다. 뜸은 불기운이 내면화되는 시간이다.

묵상도 마찬가지다. 성경을 많이 읽는 것은 중요하지만, 그에 못지않게 중요한 것은 말씀을 영혼 안으로 내면화하는 것이다. 말씀을 내면화하는 것이 바로 묵상이다. 말씀의 내면화는 묵상을 통해서 이루어진다. 마치 불기운이 뜸 들이는 동안에 쌀 안으로 깊이 스며드는 것처럼, 깊은 묵상을 통해 말씀이 영혼 안으로 스며든다. 서두르지 않고 뜸이 들기를 기다려야 하듯이 묵상도 서둘러서는 안 된다. 뜸 들이는 것이 기다림인 것처럼, 묵상도 기다리는 시간이다.

우리는 아스피린처럼 기도할 때가 많다. 약효가 즉시 나타나야 안심한다. 인내심을 달라고 기도하고 나서는, 즉시 인내심을 주지 않으신다고 투정하며 안달하는 것이 우리의 모습이다. 조급한 마음으로는 하나님의 음성을 듣기가 어렵다. 조급함을 극복하고 '하나님의 시간'을 기다려야 한다. 기다림은 하나님을 향한 신뢰의 표현이다. 하나님에 대한 신뢰만 확실하다면, 그것이 무엇이든, 언제까지나 기다릴 수 있지 않겠는가. 묵상은 말씀과 함께 하나님을 기다리는 것이다.

기다림이 사라지는 이 시대에서 절실히 요청되는 사람은 지능이 높거나 재능이 많은 사람이 아니라 깊이가 있는 사람이다. 리처드 포스터(Richard Foster)는 깊이 있는 영적 삶을 방해하는 세 가지 요인으로 시끄러움, 조급함, 혼잡함을 꼽는다.[10] 깊이 있는 영적 삶을 추구하려면 이 세 가지를 이겨 내야 한다.

소음이란 단순히 밖에서 들리는 소리만을 뜻하지 않는다. 오히려 내면의 소음이 더 큰 문제다. 소음에서 벗어나려면 침묵하는 법을 배워야 한다. 침묵이란 단순히 말하지 않는 것이 아니다. 마음의 고요함이다. 침묵은 묵상의 길을 열어 준다. 고요와 묵상 속에서 우리는 엘리야처럼 세미한 주의 말씀을 들을 수 있다.

복잡함 또한 묵상을 방해한다. 우리 주변을 살펴보면, 복잡한 것 투성이다. 현대인은 칡덩굴처럼 복잡다단한 관계 속에서 살아간다. 조금 다른 이야기지만, 캐나다에 유학 갔다가 아예 그곳에 살게 된 친구 부인의 말이 생각난다. 한국에서는 인간관계가 너무 복잡해서 피곤하기 그지없었단다. 특히 시댁과의 복잡한 관계를 생각하면 머리가 지끈지끈했단다. '시'자만 들어도 머리가 아프고 '시금치'만 보아도 가슴이 울렁거렸단다. 그러나 외국에서는 그렇게 복잡한 인간관계로 시달릴 일이 없다고 했다. 그저 자기 가정과 몇몇 아는 사람과의 관계에만 충실하면 그만이다.

그래서 서울과 캐나다를 비유한 우스갯소리가 있다. 캐나다는 심심한 천국이고, 서울은 재미있는 지옥이라는 말이다. 그래도 심심한 천국보다는 재미있는 지옥을 더 좋아하는 사람이 많은 듯하다. 그만큼 단순하게 살기가 어렵고, 침묵과 묵상이 어렵다는 것이다. 마음을 단순히 하고 고요를 찾는 것이 묵상의 첫걸음이다.

말씀을 마음에 새긴 마리아의 묵상
신약성경에서 가장 모범적인 묵상을 했던 인물은 예수님의 어머니 마리아다.

마리아는 가브리엘 천사를 통하여 수태고지를 받았다. 오늘날 그리스도인들은 마리아의 수태고지를 영광스러운 일로 이해하지만, 그 당시 마리아에게 수태고지는 죽음을 의미했다. 결혼하지 않은 여인이 아이를 임신하면, 율법에 따라 죽을 수밖에 없었다(레 22:20-24). 그러므로 천사의 수태고지를 들은 마리아는 놀라움과 무서움으로 반응했다. 사람은 누구나 예상 밖의 일을 접하면, 놀라고 당황한다. 예기치 못한 수태고지에 마리아 역시 놀라고 두려워했다.

그러나 마리아는 그 가운데서도 천사가 전한 소식을 깊이 생각했다.

> 그에게 들어가 이르되 은혜를 받은 자여 평안할지어다 주께서 너와 함께하시도다 하니 처녀가 그 말을 듣고 놀라 이런 인사가 어찌함인가 생각하매 (눅 1:28-29).

마리아는 천사의 말을 흘려버리지 않았다. 무슨 일이 일어났고, 여기에 무슨 의미가 있는지 곰곰이 생각했다. 천사의 말을 마음에 담아 두었다. 무언가를 마음에 담아 두고 곰곰이 생각하는 일, 이것이 바로 묵상이다. 마음에 담아 두지 않고는 생각할 수 없다. 사람들이 묵상하지 못하는 이유는 마음에 담아 둔 것이 없기 때문이다. 묵상의 첫걸음은 말씀을 마음에 담아 두는 것이다. 마음에 담아 둔 것을 다시 생각해 보고 되새김질하는 것이 묵상이다.

마리아는 아기 예수를 낳을 때 목자들의 방문을 받았다. 목자들은 천사들에게 들은 '큰 기쁨의 좋은 소식'을 마리아에게 전하였다. 목자들의 메시지를 들은 사람들은 그냥 놀라워했지만, 마리아의 반응은 전혀 달랐다.

듣는 자가 다 목자들이 그들에게 말한 것들을 놀랍게 여기되 마리아는 이 모든 말을 마음에 새기어 생각하니라(눅 2:18-19).

어떤 말이나 사건을 단순히 신기하고 놀랍게 여기는 것과 그것을 마음에 깊이 새기는 것은 다르다. 마음에 깊이 새기지 않으면 잊어버릴 수 있다. 묵상하기 전에 먼저 무엇인가를 마음속 깊이 새겨 놓아야 한다. 마음속에 각인해야 한다. 마음에 각인한 것을 되새기며 숙고하는 것이 묵상이다. 여기서 생각한다는 것은 멈추지 않고 계속해서 숙고한다는 뜻이다.[11] 마리아는 목자들의 말을 마음에 깊이 새겨서, 생각하고 또 생각했다. 마음에 각인된 말씀을 깊이 생각하고 되새기는 것, 이것이 바로 묵상이다.

이후에도 마리아는 예수님에 대해 깊이 생각했다. 열두 살이 되신 예수님은, 유월절을 맞아 예루살렘에 올라가셨다. 요셉과 마리아는 집으로 돌아오는 길에 예수님을 잃어버렸다가 삼일 후에 다시 만나게 되었다. 그때 마리아가 예수님께 "어찌하여 우리에게 이렇게 하였느냐"(눅 2:48)라고 묻자, 예수님은 "어찌하여 나를 찾으셨나이까 내가 내 아버지 집에 있어야 될 줄을 알지 못하셨나이까"(눅 2:49)라고 반문하셨다. 마리아는 늘 그렇듯이 예수님의 이 말을 마음에 두었다(눅 2:51).

마음에 담아 두고 명심하는 것이 묵상이다. 마음에 담아 두는 것은 열두 곡식 단과 해와 달, 그리고 열한 개 별의 꿈에 대한 요셉의 말을 야곱이 "마음에 간직해 두었더라"(창 37:11)는 것과 같은 의미다.[12] 무엇인가를 마음에 고이 간직해 두고 이것을 거듭거듭 생각하는 것이 묵상이다. 묵상이란 곧 하나님 말씀을 마음속에 담아 두었다가 계속 숙고하고 반추하는 것이다.

의외로 많은 그리스도인이 묵상을 어려워한다. 일차적인 이유는 마음에 담아 둔 말씀이 없기 때문이다. 이 말은 곧 묵상할 기본 자료가 없다는 뜻이다. 텅 빈 머리와 마음에서는 공상밖에 나오지 못한다. 소가 되새김질을 하려면 여물을 먹어야 한다. 빈속으로는 되새김질할 수가 없다. 쓴 물만 올라올 뿐이다. 묵상도 그렇다. 마음에 담긴 말씀이 있어야 묵상할 수 있다. 마음에 담긴 말씀을 반추하는 것이 묵상이다.

단순한 말씀 반복과 숙고

묵상의 사전적 정의는 '눈을 감고 말없이 마음속으로 생각함'이다. 말없이 마음속으로 드리는 기도라는 것이다. 그러나 고대 전통은 머리로 숨은 뜻을 찾아 내는 것이라기보다 단순히 말씀을 소리 내어 낭송하며 되새김하는 것으로 묵상을 이해했다. 안토니의 제자인 암모나스(Ammonas)는 이러한 일화를 전해 준다.

> 우리는 비티미우스와 함께 아킬레스를 만나러 갔는데, 그분이 "애굽으로 내려가기를 두려워 말라"(창 46:3)는 말씀에 관해 묵상하는 소리를 들었습니다. 그분은 오랫동안 묵상하셨습니다. 우리는 문을 두드렸습니다. 그분은 나오시더니, 우리에게 어디서 왔느냐고 물으셨습니다.[13]

여기서 '묵상하는 소리를 들었다'라는 표현이 눈길을 끈다. 일반적으로 묵상은 침묵 중에 조용히 생각하는 것이 연상되는데, 사막 교부들은 묵상하는 소리를 들을 수 있었다고 한다. 이는 고대의 묵상이 침묵이 아니라 소리 내어 말씀을 되뇌는 것이었다는 의미다. 고대의 묵상법은 말씀을 되뇌는 것이었다. 말씀을 되뇌는 것은 단순하지만 깊은 묵상으로 우리를 초대한다. 사막 교부들은 단순한 노동을 하면서 말씀을 되뇌었다. 그들에게 노동은 본질적으로 기도에 집중하기 위한 수단이었다.

갈비는 두 종류가 있다. 양념 갈비와 생 갈비다. 어떤 이는 양념 맛으로 고기를 먹는다. 그러나 진정으로 고기를 먹을 줄 아는 사람은 양념 갈비보다 생 갈비를 좋아한다. 양념 갈비는 양념 맛으로 먹지만, 생 갈비는 고기 맛으로 먹기 때문이다. 말씀 묵상도 이와 비슷하다. 다양한 해석과 예화는 묵상에 도움이 되지만, 가장 좋은 묵상은 말씀 자체에 집중하는 것이다. 말씀은 그 자체가 하나님의 능력이기에 단순한 묵상

속에 놀라운 능력이 임한다. 우리가 진정으로 성경을 하나님 말씀으로 믿고 묵상한다면, 그 속에서 하나님의 임재와 능력을 깨닫게 될 것이다.

일반적으로 묵상이란 깊이 생각하는 것이다. 전도서에는 궁구(窮究)라는 말이 여러 번 나온다.

> 전도자가 가로되 내가 낱낱이 살펴 그 이치를 궁구하여 이것을 깨달았노라 (전 7:27, 개역한글).

> 전도자가 지혜로움으로 여전히 백성에게 지식을 가르쳤고 또 묵상하고 궁구하여 잠언을 많이 지었으며(전 12:9, 개역한글).

개역개정 성경은 "궁구"라는 말을 "깊이 생각하고 연구하여"로 번역했고, NIV 성경은 "He pondered and searched out and set in order many proverbs"라고 했다.

묵상이 무언가를 깊이 숙고하여 뿌리까지 파고 들어가 근본을 탐구하는 행위라고 본 것이다. 아마 현대인은 '단순한 말씀의 되뇜'보다는 '숨어 있는 의미를 캔다'라는 의미를 더 가깝게 느낄 것이다. 알게 모르게 그렇게 교육받았기 때문이다. 예를 들어, 무를 뽑듯 쑥 잡아 뽑는 것이 아니라 삼을 캐듯 작은 실뿌리까지 조심조심 캐는 것이 묵상의 이미지와 비슷하다.

2007년 중국 신화통신은 백두산 지역에서 '슈퍼 산삼'이 발견되었다고 보도했다. 신화통신은 중국 지린성 바이산시의 백두산 서남쪽 인적이 드문 산림 지역에서 심마니 6명이 슈퍼 산삼을 공동으로 채취했는데, 이것이 300만 위안(한화로 약 5억 원)에 판매되었다고 보도했다. 이 산삼은 몸체 길이 14.5cm, 주요 뿌리수염 길이 11.2cm, 무게 366g의 초대형 산삼으로 발견 당시부터 화제를 모았는데, 감정 결과 300년 이상 된 것으로 밝혀졌다. 워낙 초대형이라 6명의 심마니가 이 산삼을 채취하는 데만 꼬박 나흘이 걸렸다고 한다.

심마니들이 산삼을 캐는 과정을 생각해 보자. 그들은 산삼을 무 뽑듯이 한 번에 쑥 잡아 뽑지 않았다. 도라지를 뽑듯 쑥 뽑지도 않았다. 잔뿌리 하나라도 다칠까 봐 조심조심하여 캐들어 갔다. 그러니 심마니 6명이 14cm밖에 안 되는 산삼을 캐는 데 무려 나흘이나 걸린 것이다. 그들이 얼마나 정성 들여 캤을지 상상이 되는가? 산삼 잔뿌리 하나라도 다치지 않게 조심조심 캐들어 가는 것, 이것이 바로 묵상하는 자세다. 말씀 속에 숨어 있는 세밀한 의미까지 알아 내려고 깊이 파고드는 것이 묵상의 정신이다.

솔로몬에게는 모든 사물의 근원을 뿌리까지 캐는 탐구력, 즉 궁구하는 힘이 있었다. 그래서 수많은 잠언과 시편을 짓고, 동식물에 대해 논했다. 성경은 솔로몬의 지혜를 이렇게 말한다.

하나님이 솔로몬에게 지혜와 총명을 심히 많이 주시고 또 넓은 마음을 주시되 바닷가의 모래같이 하시니 솔로몬의 지혜가 동쪽 모든 사람의 지혜와 애굽의 모든 지혜보다 뛰어난지라 그는 모든 사람보다 지혜로워서 예스라 사람 에단과 마홀의 아들 헤만과 갈골과 다르다보다 나으므로 그의 이름이 사방 모든 나라에 들렸더라 그가 잠언 삼천 가지를 말하였고 그의 노래는 천다섯 편이며 그가 또 초목에 대하여 말하되 레바논의 백향목으로부터 담에 나는 우슬초까지 하고 그가 또 짐승과 새와 기어다니는 것과 물고기에 대하여 말한지라 사람들이 솔로몬의 지혜를 들으러 왔으니 이는 그의 지혜의 소문을 들은 천하 모든 왕들이 보낸 자들이더라(왕상 4:29-34).

솔로몬이 솔로몬 될 수 있는 이유는 두 가지다. 하나는 하나님이 주신 선천적인 지혜이다. 다른 하나는 묵상하는 힘 즉, 궁구하는 힘이다. 선천적 천재성은 하나님의 특별한 은총이다. 그러나 선천적인 것만으로는 부족하다. 꾸준히 파고드는 노력이 뒷받침되지 않으면 천재성도 잠깐 반짝하고 만다. 솔로몬이 솔로몬다울 수 있었던 것은 천재성 못지않게 파고드는 힘, 궁구하는 힘이 있었기 때문이었다. 우리가 모두 다 천재일 수는 없다. 그러나 누구나 궁구하는 힘, 묵상하는 습관은 가질 수 있다. 자신이 평범한 사람인 것을 탓하기 전에 무언가 하나에 깊이 몰두해서 궁구하는 힘을 지녀야 할 것이다.

궁구하는 힘이 깊어지면, 하나님 앞에 이를 수 있다. 사람의 사고가 하나님의 생각에까지 이르게 하는 것, 그것이 바로 묵상의 힘이다. 말씀을 붙들고 깊이 묵상하면, 인간의 한계를 넘어 하나님의 생각으로 들어간다. 내 생각의 끝자락이 하나님의 임재 앞에 머무는 것이다. 인간의 이성이 거룩한 은총의 빛을 통해 초자연적인 수준까지 고양되려면 성령의 도움이 필요하다. 성령은 하나님의 깊은 것까지도 통달하여 거룩한 은총의 빛을 비추어 주시기 때문이다. 성령은 갈망하며 묵상하는 영혼에게 그 은총을 부어 주신다.

좋은 묵상을 위한 제언

모두 동의할 만한, 좋은 묵상의 정의를 내리기는 쉽지 않다. 그런데 많은 사람이 오해하는 점이 있다. 좋은 묵상이란 감정적으로 충만해야 된다고 생각하는 점이다. 사람들은 묵상을 통해 깊은 탄식이나 눈물 또는 뜨거운 흥분이나 극적인 희열을 맛보고 싶어 한다. 영적 생활에서 감정적 경험은 신앙 성장에 도움이 되며 긍정적인 영향을 끼친다.

그러나 감정적인 묵상이 늘 좋은 것만은 아니다. 묵상이 매번 감정적이고 감각적인 습관으로 길들여지면 곤란하다. 이는 마치 어린아이가 초콜릿이나 청량음료만 달고 다니는 것과 비슷하다. 단 것이 맛있다고 계속 단 것만 먹으면 결국 건강을 해치게 된다. 우리 영혼도 마찬가지다. 흥분, 희열, 탄식 같은 감각적인 맛만 탐닉하다가는 그것 때문에 영적 피해를 보게 된다. 그래서 토마스 머턴(Thomas Merton)은 이런 사람들은 환상에 마음이 쉽게 동요되며, 고양된 자신의 감정을 하나님의 음성으로 착각할 위험이 있다고 경고한다.[14]

16세기 영성가인 십자가의 성 요한(St. John of the Cross, 1542-1591)도 감각에 빠지는 영적 수행을 경계한다. 초신자일수록 감각에 빠져들기 쉬운데, 이는 '영적 탐식'이 될 수도 있다.[15] 영적 탐식에 빠진 사람은 묵상할 때, 마음의 감미로움이나 황홀한 느낌만을 추구하게 된다. 이들은 감각적 깨달음과 강렬한 느낌을 무엇인가 성취한 것으로 여기지만, 그 맛을 느끼지 못하면 잘못 기도했다고 여기며 실망한다. 그러나 이는 하나님보다 자신의 욕구와 느낌을 더 중요하게 여기는 행위로, 단 것을 달라고 떼쓰는 어린아이와 비슷하다.

꼭 명료한 영적 지식이나 감각적 느낌을 갖는 일만이 좋은 묵상인 것은 아니다. 영적으로 성숙하더라도 때로는 영적 진리를 파악하는 힘이 흐릿해질 수 있다. 묵상은 지성이 인간의 이해력을 뛰어넘어 초자연적 신비로 들어가는 것이기 때문이다. 인간의 지성은 하나님을 모두 파악하거나 이해하지 못한다. 우리 이성이 하나님을 명료하게 이해하지 못할 때, 우리는 메마르고 차갑고 어둡다고 느낀다. 하나님이 침묵하신다고 느낀다. 그러나 그때가 좋은 묵상의 시간일 수 있다. 가장 좋은 열매는 춥고 메마른 땅에서 자라나기 때문이다.[16]

건강한 묵상은 때로 차갑고 메마른 느낌 가운데서 이루어진다. 이때 인간은 자신의 무능과 연약함을 깨닫고 겸손해진다. 그러므로 묵상하는 사람은 더욱더 하나님을 바라본다. 이러한 시간이 단조롭고 지루하게 느껴질 수도 있겠지만, 이 느낌은 마치 청량음료에 길들여진 사람이 맹물을 마실 때 밍밍하다고 느끼는 것과 같은 이치다. 사실은 단물보다 맹물이 몸에 더 좋다. 그러므로 감정적인 맛에 일희일비하면서 묵상할 필요가 없다. 참된 묵상의 힘은 감정을 통해 생기는 것이 아니다. 오직 신앙과 은혜를 통해 생긴다.

좋은 묵상에는 두 가지 목적이 있다. 일차적인 목적은 특별한 영적 진리를 이해하고 자기의 상황에 맞는 해결책을 찾는 것이다. 이는 매우 현실적인 것으로, 일상의 삶에서 필요한 것이다. 우리는 골치 아픈 경제 문제나 인간관계를 해결하고자 묵상기도를 해야 한다. 묵상으로 현실의 난제를 풀어 가는 지혜와 은혜를 날마다 구해야 한다. 마치 일용할 양식을 구하는 것처럼 매일의 지혜를 구해야 한다. 그러나 묵상이 매번 여기에 머물러서는 안 된다.

둘째로 묵상의 궁극적 목적은 하나님과 하나 되는 것이다. 이것이 가장 본질적이고 최종적인 목표다. 궁극적인 것을 묵상하면, '지금 여기에서' 하나님의 살아 계심을 경험한다. 예수님도 하나님 나라와 그분의 의를 먼저 구할 때 다른 모든 것을 주겠다고 약속하셨다(마 6:33).

토마스 머턴은 《영적 지도와 묵상》(성바오로 역간)에서 좋은 묵상을 위한 몇 가지 사항을 제안한다.

침잠(잠심, recollection)

좋은 묵상을 하려면 묵상을 방해하는 것들에서 한 걸음 물러서야 한다. 사람은 환경에 영향을 받는 존재이기 때문에, 마음의 고요를 유지하려면 조용한 환경이 필요하다. 시끄럽고 혼란스러운 분위기는 좋은 묵상을 방해한다. 시끄러운 데서 한 걸음 물러나는 리트릿(retreat)이 필요하다. 예수님도 때때로 몰려드는 군중에게서 한 걸음 물러나 한적한 곳에서 기도하셨다(눅 5:16). 예수님도 그러하셨는데, 하물며 우리는 어떻겠는가?

조용한 외적 환경 못지않게 필요한 것이 마음을 고요하게 정돈하는 일이다. 마음을 정돈하지 못하면 제대로 묵상할 수 없다. 몸은 조용한 곳에 와 있는데 생각과 마음이 딴청을 부리고 있다면 제대로 묵상할 수가 없다. 혼자 고요히 있는 중에 갑작스런 성욕으로 마음이 끓어오르거나 미운 사람이 떠올라 분노가 폭발할 수도 있다. 이러한 마음으로는 깊은 묵상을 할 수 없다.

깊은 묵상에 들어가려면, 마음이 평온하고 안정되어야 한다. 내 감정을 잠재우고 하나님의 임재 앞에 잠잠히 서야 한다. 마음과 감정을 정돈하여 고요한 내적 상태를 갖추어야 한다. 마음을 고요히 가라앉히는 것이 침잠이다. 복잡한 감정에 맞서 자기의 내면을 잠잠케 하기란 그리 쉽지 않다. 그러나 마음과 감각을 추스르지 못하면, 온전한 묵상에 이를 수 없다. 분주한 마음과 들뜬 감정을 고요히 추스르는 것이 침잠이다. 침잠은 묵상의 첫 단추다.

영적 가난함

알찬 묵상을 하려면 진지한 마음과 열망을 갖추어야 한다. 바람직한 묵상의 마음가짐은 영적 빈곤 의식 즉, 영적 가난이다. 자기의 영적 가난과 헐벗음을 알지 못하면 진지한 묵상에 이를 수 없다. 라오디게아 교회가 책망받은 이유는 자신들을 스스로 부요한 자로 여겨 부족함이 없다고 자만했기 때문이다. 그들의 실상은 가난하고 벌거벗은 불쌍한 상태였지만, 눈이 가려져 스스로 가난함을 알지 못했다. 배고픔을 못 느끼는데, 어찌 밥을 찾겠는가? 자기 영혼이 배고프다는 영적 빈곤을 느낄 때 비로소 묵상할 수 있다.

영적 문제의 심각성이 바로 여기에 있다. 왜냐하면 많은 그리스도인이 자신은 영적으로 부유하다고 여기기 때문이다. 그러기에 지도자의 충고도 영적 훈련도 필요 없다고 생각한다. 배고픈 자만이 음식을 강렬하게 찾는다. 배부른 사람은 산해진미를 봐도 먹고 싶은 마음을 느끼지 않는다. 묵상에 필요한 마음은 돌아온 탕자의 마음이다. 가난한 마음이 필요하다. 탕자가 아버지를 생각하고 돌아온 것은 영점(zero point) 체험을 했기 때문이었다. 시장이 반찬이라는 말처럼, 영적 갈증이 깊을수록 묵상도 진지해진다.

현대인은 물질적으로 어느 정도 만족스러운 삶을 산다. 그러나 하나님 보시기에 모든 사람은 집 나간 탕자와 같다. 집 나간 탕자처럼 영적 빈곤 의식을 갖는 것이 묵상의 지름길이다. 배부른 돼지는 묵상이 필요 없다. 아쉬운 것이 없는데 무엇 때문에 묵상하겠는가? 자기만족은 대체로 영적 침체의 표시다. 이런 사람은 묵상하더라도 대개 분심을 품거나 졸음에 취하게 된다. 간절한 필요가 없기 때문에 그저 가볍게 묵상할 뿐이다. 가난한 마음만이 묵상을 진지하고 풍요롭게 만든다. 심령이 가난한 자가 복이 있다.

알맞은 자세와 분위기

바른 묵상에는 몸의 자세도 중요하다. 인간은 영적이고 육적인 존재이므로 몸의 자세가 묵상에 영향을 준다. 옛 수도사들은 묵상 수행을 위해 적당한 시간과 장소를 구별해 두었다. 매일 삼십 분이나 한 시간쯤 시간을 내어 묵상하는 것이 필요하다. 우리는 육적인 건강을 위해 정해진 시간에 운동한다. 마찬가지로 규칙적인 시간 없이 영적 건강을 유지하려는 것은 자기기만이다. 시간과 묵상이 정비례하는 것은 아니지만, 공들인 시간 없이는 깊은 묵상이 불가능하다. 자기에게 알맞은 시간을 확보하는 것이 묵상의 첫걸음이다. 시간은 우리를 영원으로 인도하는 문이다. 또 묵상할 때 앉는 자세도 중요하다. 묵상할 때는 가부좌를 하거나 너무 푹신하지 않은 의자에 등을 살짝 받쳐 앉는 게 좋다.[17]

　묵상의 바른 자세보다 더 중요한 것은 마음의 자세다. 묵상에는 거룩한 여유가 필요하다. 거룩한 여유란 일하지 않는 조선시대 선비나 양반 같은 비활동성을 의미하지 않는다. 옛 수도회의 하루 일과는 대개 기도와 독서, 그리고 노동으로 이루어졌다. 기도, 독서, 노동은 긴장과 여유를 주면서, 모든 것이 자연스럽게 묵상으로 이어지게 했다. 현대인은 모두 바쁘다. 그러나 분주한 일이나 결과가 우리 삶 최고의 미덕이나 목표일 수는 없다. 현명한 조각가는 작품을 만들기 전에 많은 시간을 숙고한다. 위대한 시인은 시를 쓰기 전에 많은 시간을 생각에 몰두한다. 시를 쓰는 것 자체는 그리 오래 걸리지 않지만, 그것이 나오기까지는 오랜 시간이 필요하다. 묵상 역시 그렇다.

집중력 높이기

묵상에서 가장 큰 장애가 되는 부분은 바로 집중력과 분심의 문제다. 분심이란 마음이 흩어지는 것이다. 사실 두 가지는 동전의 양면과 같다. 집중이 되지 않으면 분심이 생기고, 분심이 생기면 집중이 되지 않는다. 따라서 집중력을 높이고 분심을 없애지 않으면 좋은 묵상을 하기가 어렵다. 집중력을 높이고 분심을 최소화하는 방법을 살펴보자.

반복해서 찬송 부르기 | 묵상 기도를 가르칠 때, 나는 묵상자들에게 묵상 주제와 맞는 찬송을 몇 곡 추천하면서 마음껏 부르라고 권한다. 짧게는 10분, 길게는 30분도 좋다. 때로는 소리 내어 부르고 때로는 침묵 혹은 허밍으로 불러도 좋다. 찬송이 깊어지면 가사나 곡조에 신경 쓰지 말고 성령이 이끄시는 대로 계속 찬송하라고 권한다. 가사나 음정이 틀려도 그것은 큰 문제가 되지 않는다. 찬송가 경연대회가 아니라 마음을 하나님께로 향하는 시간이기 때문이다. 따라서 곡조와 리듬을 정확히 맞추는 것보다는 마음을 하나님에게로 맞추어 가는 것이 더 중요하다.

찬송이 깊어지면 산만하던 마음이 차분해지면서 흩어졌던 마음이 한 곳으로 모인다. 찬송은 주파수를 맞추는 것과 비슷하다. 예전에는 텔레비전에 안테나가 있었다. 안테나를 이리저리 돌려가며 전파가 잘 잡히게 했다. 지붕 위에서 "잘 잡혀?"라고 소리치면, 방안에서 "아니~ 조금만 더!"하고 소리치던 추억이 있을 것이다. 안테나 방향이 제대로 잡히면, '지지직' 하던 소리가 없어지고 화면이 제대로 보인다.

이처럼 찬송은 하나님을 향해 마음의 주파수를 맞추어 가는 과정과 같다. 찬송을 불러서 마음이 안정되면, 묵상하기가 한결 편안하다. 어떤 때는 가사나 리듬에 마음이 사로잡히는 경우가 있다. 그것에 몰두하여 찬송을 부르다 보면 어느새 근심과 걱정이 사라지고 하나님께로 마음이 향한다. 마치 안테나 방향이 제대로 잡힌 것처럼 말이다. 마음이 하나님을 향하여 집중되면, 묵상하기 좋은 내적 분위기가 잡힌 것이다. 찬송은 곡조 있는 기도이기에 마음을 하나님께 향하게 한다.

주변 분위기 조성 | 우리는 몸을 가진 존재다. 그래서 오감의 영향을 크게 받는다. 모처럼 시간 내어 기도하며 묵상하려는데, 난데없이 초인종이 울려 순식간에 침묵이 깨어진 경험을 누구나 해보았을 것이다. 초인종 소리를 무시할 수도 없고, 그렇다고 묵상을 멈출 수도 없는 난감한 경험 말이다. 그때에는 고요를 깬 사람이 야속하게만 느껴진다. 초인종 소리뿐만 아니라 냉장고 돌아가는 소리도 매우 거슬린다. 고요 속으로 들어가면 평소에는 잘 느끼지 못하던 똑딱거리는 시계 소리도 매우 크게 들려 집중을 방해한다.

이처럼 우리는 감각에 민감하다. 소리뿐 아니라 냄새에서도 자유롭지 못하다. 좋은 향기는 사람의 마음을 평안하게 한다. 일명 '향기 산업'

이라 칭하는 아로마테라피도 실은 냄새를 응용한 것이다. 냄새는 향기 마케팅으로 활용되기도 한다. 소비자의 코를 유혹하고 매장 이미지를 높이며 매출 증대를 꾀하는 향기 마케팅을 많은 곳에서 활용한다. 서울의 한 백화점은 에스컬레이터에 향기 분사기를 설치했다. 여기에서는 2분마다 50mg 분량의 샤넬 향수가 뿜어져 나온다. 지하 식품 매장에서 올라오는 음식 냄새를 차단하는 동시에 백화점 이미지를 높이겠다는 전략이다.

좋은 냄새는 사람의 마음을 안정시켜 주지만, 악취는 마음의 평정을 깨뜨리고 두통을 일으킨다. 또 마음을 혼란스럽게 하고 집중을 방해한다. 필자가 글을 쓰는 장소에도 가끔 음식 냄새가 스며든다. 때로는 오늘 저녁 메뉴가 콩나물국인지 생선찌개인지 알 정도다. 한 번 스치는 냄새라면 집중에 별다른 방해가 되지 않겠지만, 냄새가 지나치게 자극적이거나 배가 몹시 고플 때면 냄새 때문에 마음이 흔들린다.

이처럼 집중력을 높이려면 주변을 정돈할 필요가 있다. 할 수만 있다면, 갑작스러운 소리나 방문을 미리 차단해서 고요함을 지켜야 한다. 또한 지나치게 차갑거나 덥지 않도록 쾌적한 온도를 유지하는 것도 중요하다. 몸이 최적의 상태에서 기도에 집중할 수 있는 주변 분위기를 만드는 것은 매우 중요하다.

분심과 잡념 무시하기 | 집중력을 높이려면 일차적으로 외부에서 오는 방해물을 제거하고 차단해야 한다. 그러나 그것으로 묵상에 필요한 모든 조건이 갖추어진 것은 아니다. 외적인 조건보다 더 중요한 것은 내적인 조건이다. 아무리 외적으로 조용하더라도 내면이 소란스러우면 참된 고요와 평정에 이르지 못한다.

분심은 내면의 소란이다. 분심은 말 그대로 마음이 갈라진 것이다. 분심이 생기면 마음에 틈이 생기고, 생각이 초점 없이 이리저리 움직인다. 내 것인데도 내 생각대로 되지 않는 것이 바로 마음이다. 마음은 단순하지 않다. 기도하고 싶은 마음은 간절하지만, 마음 한편으로는 끊임없이 엉뚱한 생각이 오간다.

분심에 대처하는 방법은 크게 두 가지다. 하나는 그 문제를 직면하는 것이다. 과거의 나쁜 기억이 나를 괴롭힌다면, 그 기억과 의식적으로 직면해 보라. 그리고 하나님 앞으로 나아가라. 누군가의 얼굴이 떠오른다면 그 사람을 직시하고, 무슨 문제가 생기면 그 문제를 들고 하나님께 나아가라. 그러면 어느새 그분 앞에서 문제가 사라진 것을 깨닫게 된다.

다른 하나는 마음을 흔드는 것을 무시하는 것이다. 모처럼 책을 읽거나 기도하려는데, 파리가 달려들어 왱왱거릴 때가 있다. 파리를 잡겠다고 일어서서 팔을 휘두르며 베개를 던지면 파리야 쫓을 수 있을지 모르겠지만, 그 사이에 고요는 깨어지고 책 읽을 마음도 저만치 사라져 버린다. 파리한테 보기 좋게 당한 것이다. 그럴 때는 파리를 무시하는 것이 더 현명하다. 파리를 잡겠다고 대응하면, 파리도 재미있어서 눈앞에서 알짱거린다. 그러나 아예 파리의 존재를 무시하고 하던 일에 집중하다 보면 어느새 파리도 신경 쓰이지 않는다.

분심과 잡념도 비슷하다. 분심과 잡념을 잡겠다고 눈을 부라린다고 해서 그것이 사라지지는 않는다. 그것이 오면 오는 대로, 가면 가는 대로 가만히 두는 것도 지혜다. 그러면 어느새 사라진다. 물론 이렇게 하기란 쉽지 않지만, 결코 불가능한 일도 아니다. 분심이나 잡념이 고요를 깨뜨리는 싸움을 걸어올 때, 그것을 무시하고 마음을 일관되이 하나님께 향하면 어느새 분심과 잡념은 사라지고 그분께 한 걸음 더 가까이 다가서게 될 것이다.

5
하늘사다리의
세 번째 계단,
기도

영적 사다리의 세 번째 단계인 기도는, 말씀 묵상을 통해 사랑으로 충만해진 마음을 하나님께 온전히 올려드리는 것이다. 이때 영혼은 하나님의 얼굴 뵙기를 간절히 갈망한다. 그 경지에 이르면 자기 힘으로 도달할 수 없음을 알기 때문에, 겸손한 마음으로 하나님이 친히 우리 영혼을 올려 주시기를 갈망한다. 이때 절실히 필요한 것은 갈망하는 마음과 겸손이다. 이 단계에서 자기 인식은 성경말씀을 통하여 말씀 자체이신 하나님께로 들어 올려진다.

귀고 2세는 불붙는 기도의 마음을 이렇게 표현했다.

"주님, 제가 주님의 얼굴을 찾아다녔나이다. 참으로 주님의 얼굴을 찾아다녔나이다. 저는 마음으로 오래 묵상했사오며, 묵상 안에서 당신을 더 깊이 알고

자 하는 끝없는 갈망이 큰 불과도 같이 타올랐나이다. 주님께서는 제게 성서의 빵을 쪼개어 주시고, 이 빵을 쪼개심으로써 저에게 당신을 알려 주시나이다. 그리하여 제가 주님을 알면 알수록, 단지 글자라는 겉껍질에서뿐만 아니라, 체험의 감각적 인식으로, 주님을 점점 더 깊이 더 알고자 하는 갈망이 생기나이다. 주님, 제가 이것을 청하는 것은 저의 공로 때문이 아니오라 당신의 자비 때문이옵니다."[1]

이 단계에 이르면, 말씀의 심오한 신비를 조금 더 깨닫게 되고 마음과 영혼이 주님의 얼굴 뵙기를 갈망하게 된다. 그 영혼의 갈망은 기도가 되어 하나님께 올라간다. 이때 기도는 흔히 말하는 청원기도나 중보기도와는 다른 양상을 보인다. 청원기도가 우리의 필요를 아뢰는 것이라면, 이때의 기도는 순수한 영혼의 갈망과 갈증의 호소다. 그런 의미에서 이는 좀 더 본질적이고 영적인 것으로, 순수기도라 할 수 있다. 이때 영혼은 갈증을 해소할 천상의 빗물 한 방울을 갈망한다. 그만큼 그 영혼이 불타게 되며, 주님의 사랑에 목마르게 된다. 이와 같은 갈망은 관상을 지향한다. 이 단계는 입에 넣은 음식을 씹어 분해하고 나서 맛을 느끼는 단계라 할 수 있다.

이때의 기도는 필요를 구하는 단순한 청원기도나 중보기도가 아니다. 이때의 기도는 말씀을 묵상하는 동안 말씀이 우리 영혼을 터치하면서 내면에서 우러나오는 것이다. 이것은 마치 땅 속 아래로 흐르던 수맥이 솟아오르는 것과 같다.

석유 시추와도 비슷하다. 원유는 자기 힘으로 분출하지 못한 채 땅 속에 묻혀 있다. 그러다 어느 날 시추공이 유전을 건드리게 되면, 잠재된 원유가 밖으로 분출하여 하늘 높이 치솟는다. 마찬가지로 말씀을 묵상하면서 심령 깊은 곳이 터치되면, 내면 깊숙이 숨겨 있던 영혼의 소리가 터져 나오게 된다.

모든 사람의 영혼 깊은 곳에는 잠재된 욕망과 갈증 혹은 두려움과 소망이 있다. 그러나 평소 우리는 그것을 잘 인식하지 못한다. 그저 막연한 답답함이나 그리움으로 느낀다. 그러나 말씀을 묵상하면서, 마치 엑스레이가 몸속을 보여 주듯 자신 안에 잠재된 갈망을 보게 된다. 마치 지압이 몸의 약한 곳, 압점을 누르듯이 말씀은 영혼 깊은 곳을 터치한다. 하나님의 말씀은 살아 있고 운동력이 있어서 좌우의 날선 검보다도 예리하기 때문에, 영혼 깊은 곳까지 만진다(히 4:12). 끊임없는 묵상과 반추기도는 마치 말씀의 엑스레이로 영혼 깊은 곳을 살피는 것과 같다. 말씀이 영혼을 계속 터치하면 그 영혼은 감동되며, 그곳이 터져 기도가 분수처럼 솟아오른다.

이때 터져 나오는 기도는 의지적인 기도가 아니다. 성령께서 인도하는 기도이며 능동적인 기도가 아닌, 수동적인 기도다. 사도 바울도 이러한 현상을 다음과 같이 설명했다.

> 이와 같이 성령도 우리의 연약함을 도우시나니 우리는 마땅히 기도할 바를 알지 못하나 오직 성령이 말할 수 없는 탄식으로 우리를 위하여 친히 간구하시느니라(롬 8:26).

기도의 봇물은 결국 성령이 이끄셔야 터져 나올 수 있다. 인간의 이성과 의지로는 영혼 깊은 곳에 숨은 갈증을 자아낼 수 없다. 영혼을 깊이 터치할 수 있는 것은 오직 하나님 말씀과 성령이시다. 예수님이 엠마오 길을 걷던 제자들에게 말씀을 풀어 주실 때, 속에서 마음이 뜨거워졌던 것처럼 말이다(눅 24:32).

따라서 영혼에서 우러나오는 기도를 하려면, 무엇보다도 기도하기 전에 말씀을 깊이 묵상해야 한다. 말씀은 살아 있고 운동력이 있기에 영혼을 만지며 영적 기도의 문을 열어 준다. 교부 이사악은 순수한 기도를 위해 다음과 같이 권면한다.

> 무릎을 꿇고 있을 때에만 기도할 줄 아는 사람은 너무도 적게 기도한다. 그러나 무릎을 꿇고 있는 동안마저도 온갖 분심 잡념에 빠지는 사람은 전혀 기도하지 않는 것이다. 그래서 기도할 때에 가지고 싶은 그 마음가짐을 기도하기 전에 먼저 지녀야 한다. 기도시간에 갖는 마음은 그 이전의 상태에 영향을 받지 않을 수 없고 기도 전에 머물렀던 생각들로 해서 기도 시간에 하늘로 올라가든가 지상에 떨어지든가 한다.²

기도의 성패는 기도 자체가 아니라 기도하기 이전의 마음가짐에 달렸다. 기도 시간에 갖는 마음은 이미 그 이전 상태에서 결정적으로 영향을 받기 때문이다. 이것을 묵상과 기도의 관계에 연결해 보면, 묵상을 제대로 해야 비로소 제대로 된 기도가 가능함을 알 수 있다. 바른 말씀 묵상 없이는 바른 기도를 하기 어렵다. 묵상 이후의 기도는 순수한 기도가 될 수도 있고, 반대로 청원기도와 같은 일반적인 기도가 될 수도 있다. 단순하고 순수한 기도가 되느냐, 일반적인 기도가 되느냐의 관건은 묵상을 어떻게 하느냐에 달렸다. 묵상이 깊어지고 그 흐름에 따라 기도가 이어지면 단순한 기도에 이르고, 그 흐름을 계속 타고 가면 관상으로 나아갈 수 있다.

영혼의 공명

묵상이 깊어지면 말씀이 영혼을 공명시킨다. 공명은 속에서 우러나오는 울림이다. 단순히 겉에서 나오는 소리가 아니다. 영혼 깊은 곳에서 나오는 소리이며 떨림이다. 현악기는 울림통을 울려서 소리를 만들어 낸다. 활이 현을 건드리면 현이 떨면서 소리를 내고, 그 소리는 울림통을 휘돌아 공명하면서 아름다운 소리를 만들어 낸다. 현악기가 아름다운 소리를 만들어 내려면 연주가의 솜씨도 탁월해야 되지만, 기본적으로 악기의 울림통이 좋아야 한다.

현악기를 만들 때 장인의 기술 못지않게 중요한 것은 나무와 현이다. 옛 사람들은 좋은 나무를 구하면, 명기(名器) 만들기의 절반은 이룬 것으로 여겼다. 현존하는 가장 오래된 거문고는 보물 957호의 탁영금(濯纓琴)이다. 이는 조선 성종 때, 학자 김일손이 직접 만들어 탄 것이다.

소리 좋은 거문고를 원했던 김일손은 자신이 나무를 직접 구해 그것으로 거문고를 만들고 싶어 했다. 그러던 어느 날, 한 노파의 집에서 좋은 재료를 구했는데, 그것은 바로 문짝이었다. 노파는 그 문짝이 근 백년 된 것이라 하였다. 김일손은 그 문짝으로 거문고를 만들었다. 그러고 나서 거문고를 타니 소리가 매우 맑았다고 한다.

사람의 심령은 거문고나 가야금의 소리보다 더 깊고 그윽하며 오묘하다. 그러나 심령 상태에 따라 그 마음에서 연주되는 소리는 사뭇 다르다. 때로는 밝은 감사의 노래가, 때로는 슬픈 탄식의 애가가 나온다. 명연주자의 손길로 연주되는 가야금 선율이 사람의 가슴을 후비는 음을 토해 내듯, 인간이 하나님의 말씀에 사로잡히면 심령 깊은 곳에서 공명되는 영혼의 노래가 울려 퍼진다. 성경 곳곳에서 말씀에 사로잡힌 영혼이 흐느끼며 떠는 소리를 볼 수 있다.

시편 51편은 다윗의 슬픈 노래(哀歌)다. 우리아의 아내 밧세바와 동침한 후에 선지자 나단이 왔을 때, 하나님 앞에서 자신의 죄를 고백하며 처절하게 부르던 참회의 애가다. 어느 날 저녁, 다윗은 목욕하는 밧세바를 보게 된다. 다윗은 밧세바를 소유하고 싶은 마음에 사로잡혔다. 가까이 불러 만나 보니, 그 욕심이 더해졌다. 어느새 다윗은 밧세바에게 점점 빠져들었다. 집착에 사로잡힌 다윗에게는 밧세바 외에 아무것도 보이지 않았다. 정욕에 불타는 그의 눈에는 오직 한 여인만 보였다.

집착에 빠져들자 양심의 소리도 들을 수 없었고 하나님의 눈길도 느낄 수 없었다. 얼마 후 밧세바의 임신 소식에 당황한 다윗은 급히 밧세바의 남편 우리아를 불러들였다. 자기 범죄를 은폐하기 위해 다윗은 전쟁터에서 우리아를 불러 집으로 보내는 교활한 시도를 마다하지 않았다. 그러나 이 첫 번째 시도는 실패로 끝난다. 그러자 이번에는 요압에게 밀서를 보내 우리아를 죽게 했다. 이 모든 과정에서 다윗의 양심은 전혀 작동하지 않았다. 양심의 가책을 느꼈지만, 밧세바에 대한 집착이 양심의 경고음을 듣지 못하게 한 것이다. 인간의 집착은 실로 무서운 것이다. 칼빈은 사람이 본성적으로 이 세상에 대해 동물적인 강한 애착심이 있다고 말했다.[3]

이 애착심은 흔히 집착, 아집, 고집으로 나타나는데, 인간의 집착은 그 힘이 대단하다. 세상의 그 무엇으로도 떼어놓을 수 없이 강하다. 세상에서 어떤 물체에 달라붙는 힘, 곧 흡착력이 가장 센 생물을 꼽으라면 단연 홍합이다. 바위에 착 달라붙은 홍합은 칼로 긁어 내야 가까스로 뗄 수 있다. 홍합은 지름 2mm의 가느다란 실 모양의 접착 패드를 이용해 바위에 달라붙는데, 한 연구에 따르면 접착 패드 하나는 12.5kg의 물체를 들어올릴 수 있다. 홍합은 보통 10개 정도의 접착패드를 만든다. 결국 홍합 하나가 무려 125kg의 물체를 들어올릴 수 있다는 것이다. 인간의 집착은 홍합보다도 훨씬 강하다. 인간은 무엇에 집착하면 물불을 가리지 않고 달라붙는다.

다윗이 밧세바에게 집착하는 모습도 이와 비슷했다. 집착하는 사람에게는 아무런 소리가 들리지 않는다. 사람의 소리, 양심의 소리, 심지어 하나님의 소리도 들리지 않는다. 다윗이 바로 그랬다. 양심의 소리는 물론 신하들의 소리도 들리지 않았다. 집착은 진이 잔뜩 밴 나무와 같아서 결코 맑은 소리를 낼 수 없게 한다. 악기가 소리를 내려면 공명이 이루어져야 하는데, 찐득찐득한 진 때문에 공명이 이루어지지 않는 것이다.

집착이라는 진을 빼는 가장 좋은 방법은 고난이다. 고난은 마음의 기름기를 빼는 강력한 힘이 있다. 성경은 이렇게 말한다.

그들의 마음은 살져서 기름덩이 같으나 나는 주의 법을 즐거워하나이다 고난당한 것이 내게 유익이라 이로 말미암아 내가 주의 율례들을 배우게 되었나이다(시 119:70-71).

기름기로 무뎌진 마음의 체중을 감량하는 것이 바로 고난이다. 고난은 영혼을 겸손하게 한다. 고난 중에 듣는 말씀은 잠든 영혼을 일깨운다. 나단의 경고는 집착이라는 깊은 잠에 빠진 다윗을 비로소 깨웠다. 살아 계신 하나님의 말씀은 생명력이 있어서, 사람의 생각과 뜻을 감찰한다.

집착에서 벗어나는 것은 내려놓음, 초연함, 순종 등 여러 가지 말로 표현할 수 있다. 그 표현이 무엇이든 집착이라는 마음의 진이 빠져야 말씀이 들리고, 말씀이 들려야 영혼의 공명이 이루어지며, 공명이 이루어져야 비로소 기도할 수 있다. "내 영혼의 그윽히 깊은 데서"라는 찬송가 가사는 다음과 같다.

> 내 영혼의 그윽히 깊은 데서 맑은 가락이 울려 나네.
> 하늘 곡조가 언제나 흘러나와 내 영혼을 고이 싸네.
> 평화 평화로다 하늘 위에서 내려오네.
> 그 사랑의 물결이 영원토록 내 영혼을 덮으소서.

이 찬송을 고요히 부르노라면, 영혼의 깊은 곳에서 고요히 울려 퍼지는 주님의 음성을 듣는 듯한 느낌을 받는다. 심령 깊은 곳을 어루만지고 울려 나오는 영혼의 공명 소리를 듣는 것이다. 기도는 바로 영혼의 공명이 심령에서 하나님 보좌로 올라가는 것이다.

이 영혼의 떨림으로 인한 기도를 시편 51편에서 볼 수 있다. 마음을 고요하게 하고 시편 51편을 천천히 읽어 보라. 다윗의 마음이 어떻게 떨리는지, 그 진동을 느껴보라. 심령 깊은 곳을 휘돌아 나오는 영혼의 공명을 들어 보라. 다윗은 이렇게 흐느낀다.

나의 죄악을 말갛게 씻으시며 나의 죄를 깨끗이 제하소서 무릇 나는 내 죄과를 아오니 내 죄가 항상 내 앞에 있나이다(시 51:2-3).

하나님이여 내 속에 정한 마음을 창조하시고 내 안에 정직한 영을 새롭게 하소서 나를 주 앞에서 쫓아내지 마시며 주의 성령을 내게서 거두지 마소서 (시 51:10-11).

다윗의 영혼을 뒤흔든 울림은 마침내 하나님의 보좌에 이르렀다. 그리고 하나님은 그 울림에 감동하셨다. 그 때문에 다윗은 죄사함의 은혜를 얻었다. 기도는 공기나 성대를 울리는 떨림이 아니다. 영혼이 떨리는 공명이어야 한다. 영혼의 공명이 하나님 보좌로 상달된다면, 그보다 더 좋은 기도는 없을 것이다.

단순한 기도:

영혼이 공명되어 나온 기도는 대개 단순하다. 그 표현이나 내용이 복잡하지 않다. 사람들은 흔히 논리 정연한 기도, 미사여구로 치장하여 사람의 마음에 감동을 주는 기도, 장내를 압도하는 장엄한 목소리로 드리는 기도가 '좋은 기도'라고 생각한다. 물론 어느 정도는 맞는 말이다. 그러나 기도가 진정 하나님께 드려지는 것이라면 이 모든 것이 비

본질적인 것들임을 알 것이다.

기도할 때 우리는 자주 하나님보다 사람의 귀를 의식하며 기도한다. 누구나 은근히 "성도님의 기도가 참 은혜롭습니다"라는 말을 듣고 싶어 한다. 그래서 하나님보다는 사람의 귀와 반응을 더 의식한다. 때로는 자기보다 힘센 사람을 의식하며 그의 귀에 솔깃한 기도를 속삭일 때도 있다. 그러다 보니 말이 많고 수식어가 화려해진다. 때로는 자기 자신을 위로하고 격려하고자 기도한다. 그래서 마인드 컨트롤처럼 긍정적인 말, 용기를 북돋아 주는 말, '너는 할 수 있어, 하고 말 것이야'와 같은 기도를 한다.

흔히 기도는 언어로 나타난다. 하나님과의 대화가 기도이기 때문이다. 그러나 언어로 모든 것을 담아 낼 수는 없다. 마음속 깊은 것은 말을 뛰어넘는다. 때로 우리는 고요한 침묵 속에서 하나님을 더 깊이 있게 만난다. 때로 침묵이 언어를 능가한다. 우리는 침묵 중에 언어를 사용할 수도 있고, 사용하지 않을 수도 있다. 침묵한다는 것은 언어 이상의 기도를 한다는 것이다. 이는 언어를 능가하는 영적인 기도다. 이러한 기도로는 정감기도가 있다.

정감기도란 마음의 기도다. 정감을 나타내는 단어로 'affection'이 있다. 우리말로 정확하게 번역하기가 쉽지 않은데, 정서(情緖), 애정(愛情) 혹은 정감(情感)으로 표현한다. 나는 이 단어를 '정감'으로 표현하고 싶다. 왜냐하면 '정서'라는 단어는 주로 심리적인 면을 표현하는 말처럼 느껴지기 때문이다. 예를 들어, '저 사람은 정서가 불안해'라고 하면, 심리적인 불안이 느껴진다.

그러나 정감은 단순한 감정이나 심리 상태뿐만 아니라 사람의 깊은 마음도 포괄적으로 담는 듯하다. 정감은 가벼운 '느낌'(feeling)이나 쉽게 휩쓸리는 '감정'(emotion)보다 깊은 인격적 안정감을 담고 있다.

적당한 비유일지 모르겠지만, 일본식 된장국인 미소시루와 전통 한국 된장국의 맛을 비교해 보자. 두 된장국의 맛은 비슷하지만, 분명히 다르다. 미소시루의 맛은 맑고 산뜻하지만, 깊은 맛이 별로 안 느껴진다. 반면 한국의 된장국은 좀 투박해 보여도 깊은 맛이 느껴진다. 물론 어떤 맛을 더 좋아하느냐는 개인적 취향이지만, 분명 두 된장국이 주는 깊고 그윽한 맛은 다르다. 나는 정감이란 단어가 느낌이나 감정보다는 더 포괄적이고 깊은 마음의 상태를 담아 낸다고 본다.

정감기도는 침묵 중에만 하는 게 아니다. 얼마든지 언어를 사용할 수 있다. 이때 사용되는 언어가 바로 정감적 언어다. 유진 피터슨은 '언어 지도'에서 언어를 세 가지로 분류한다.[4] 제1언어는 개인적인 친밀함과 관계 언어다. 사람이 처음으로 배우는 언어는 명료하지 않다. 예컨대, 갓난아기와 엄마가 나누는 언어는 서로 옹알거리고 웃는 것이 전부다. '맘마, 쭈쭈' 같은 소리는 비문법적이지만, 그 어떤 언어보다 깊은 의미가 있다. 엄마와 아기는 이러한 비문법적 언어를 통해서도 감정을 표현하고 신뢰감을 형성하며 의사소통한다. 오히려 갓난아기에게는 논리적인 말보다 마음과 마음이 통하는 언어가 더 필요하다. 이러한 언어가 정감언어, 즉 '원초적 언어'로 인간 실존의 신뢰 관계를 형성한다.

제2언어는 정보 언어다. 우리는 정보 언어를 통해 세상을 인식하고 배운다. 이것은 또한 문법 언어다. 아이가 자라면 학교에서 문법에 맞는 언어를 배운다. 문법 언어는 논리적이고 이성적이며 문법적이다.

학교에서는 문법적인 말을 해야 점수를 받는다. 우리는 이 문법 언어로 지식을 습득하고 이성을 개발한다. 인간은 문법 언어로 사물을 인식하고 자기 생각을 논리적으로 풀어 낸다. 이렇게 함으로 인간의 지성은 풍성해지며, 언어와 언어를 연결해 글과 문장도 만든다. 우리는 문법과 논리에 맞추어 세상에 있는 것들을 인식하고 언어와 문장으로 설명할 수 있다. 이러한 언어는 주로 학교에서 배운다.

제3언어는 동기유발 언어다. 동기유발 언어는 사람을 통제하기도 하며 격려하기도 한다. 언어에는 사람을 움직이는 힘이 있다. 군대나 직장에서 상관의 말 한마디에는 매우 큰 힘이 있다. 그 말에 사람이 죽기도 하고 살기도 한다. 말에는 사람의 몸뿐만 아니라 마음까지 움직이는 힘이 있다. 사람들은 이 언어를 빨리 습득하여 다른 사람들을 조종하고 다스리려고 한다. 제3언어는 정치적 언어이자 광고의 언어로, 사람들을 지배하고 동기를 유발하는 데 주로 사용한다.

성장하는 동안 우리는 점차 제1언어에서 제2언어와 제3언어를 배우고 익힌다. 세상에서는 제2언어와 제3언어를 잘 사용하는 사람이 이른바 유능한 사람이요, 성공한 사람이다. 문법에 맞고 논리적이며 사람의 마음을 휘두르는 정치적인 언어를 사용하는 사람이 대접받는다. 사람들은 제1언어를 사용하는 사람을 어수룩하게 본다. 그래서 사람들은 할 수만 있으면 제2언어와 제3언어를 잘 배우려고 노력한다.

그러나 기도의 세계는 전혀 그렇지 않다. 하나님 앞에서 우리의 기도가 진지하지 못하고, 깊지 못한 이유는 무엇일까? 우리의 언어가 문법에 맞지 않아서인가? 논리적으로 하나님을 설득하지 못하기 때문인가? 아니다. 솔직히 우리는 하나님을 설득할 논리를 갖고 있지 못하다.

우리가 기도 응답을 받는 비결이나 공식을 모르기 때문도 아니다. 좀 더 본질적인 문제는 하나님과 마음이 통하지 않는다는 데 있다.

우리 기도의 심각한 문제는 제1언어를 잊어버렸다는 것이다. 우리는 제2언어와 제3언어를 더 능숙하게 구사한다. 그러는 사이 우리는 제1언어, 즉 원초적이고 정감적인 언어를 상실해 버리고 말았다. 기도는 기본적으로 원초적 언어다. 정보 교환이 아닌 마음의 교류이며 하나님과의 사귐이다. 기도는 하나님과의 거래나 흥정이 아니다. 그러나 제2언어, 제3언어로 드리는 기도는 자칫하면 상거래나 흥정으로 변질될 수 있다.

제2언어와 제3언어도 신앙생활과 기도에 중요하다. 무조건 믿는 것이 신앙생활이나 기도의 전부가 아니기 때문이다. 신앙생활과 기도는 분명히 논리적이며 지성적일 필요가 있다. 그러나 논리와 지성으로는 신앙과 기도의 세계를 다 설명할 수 없다. 온전한 신앙과 기도를 회복하려면, 잃어버린 언어를 되찾아야 한다. 제1언어(정감적 언어)를 회복하지 않으면, 결코 온전한 기도를 할 수 없다. 제아무리 크고 화려한 기도라도 제1언어가 없다면, 속 빈 강정일 뿐이다. 왜냐하면 인간 존재의 핵심인 마음과 정감을 건드리지 못하기 때문이다.

제1언어는 주로 인생의 중요한 순간이나 만남이 있을 때 본능적으로 쓰인다. 이는 유치하거나 초보적이라는 뜻이 아니다. 인간 심연에 자리한 근원적인 본성을 뜻한다. 아기에게 젖을 물리는 동안 엄마는 의미 없어 보이는 단순한 말을 반복한다. 그 말에 아기도 흥얼거린다. 문법이나 논리가 없는 대화이지만 깊은 정감적 교류가 흐른다. 마음이 통하는 것이다. 비문법적인 단순한 대화 속에 깊은 사랑이 흐른다. 정감기도는 바로 제1언어로 기도하는 것이다. 논리보다는 마음으로 드리는 기도다. 정감기도는 하나님과 깊은 교제와 사귐을 누리게 해준다.

예수님도 정감적 언어를 통해 기도하셨다. 기도를 가르쳐 달라는 제자들의 요청에 예수님은 친히 기도를 가르쳐 주셨다.

> 예수께서 이르시되 너희는 기도할 때에 이렇게 하라 아버지여 이름이 거룩히 여김을 받으시오며 나라가 임하시오며(눅 11:2).

주님의 기도에서 첫마디는 바로 '아버지'다. 이 사실은 매우 의미심장하다. 겟세마네에서 기도하실 때에도 예수님은 하나님을 아빠라고 부르셨다.

> 이르시되 아빠 아버지여 아버지께는 모든 것이 가능하오니 이 잔을 내게서 옮기시옵소서 그러나 나의 원대로 마시옵고 아버지의 원대로 하옵소서 하시고 (막 14:36).

십자가를 목전에 두신 예수님은 하나님을 '아버님'이 아닌 '아빠 아버지'로 부르셨다.

기도할 때 하나님을 어떻게 부르는지 들어보면, 그 사람이 논리적인지, 정감적인지 어느 정도 알 수 있다. 하나님을 부르는 호칭과 어감을 통해 정감 지수(AQ)를 파악할 수 있다. 어떤 사람은 거창하게 '전지전능하시고 자비로우시며 무소부재하신 하나님 아버지…'라고 부르며 기도한다. 뭔가 거리감이 느껴진다. 호칭에는 상대방에 대한 정감과 마음의 멀고 가까움이 담겨 있다.

　예수님도 겟세마네 기도에서 하나님을 '아빠 아버지'로 부르셨다. 친근한 마음을 전달하는 데 아빠 아버지보다 더 좋은 호칭은 없다. 정말 하나님이 아빠로 느껴지고, 그렇게 부를 수만 있다면 얼마나 좋겠는가? 말씀 묵상이 깊어지고 기도가 깊어지면, 더는 하나님을 무서운 '아버님'으로 느끼지 않을 것이다. 사랑스런 '아빠'로 느끼게 될 것이다.

능동적인 기도에서 수동적인 기도로

기도는 하나님과의 대화다. 대화에는 주도적으로 이끌어 가는 쪽이 있고, 수동적으로 끌려가는 쪽이 있다. 주도권이 누구에게 있느냐에 따라 대화의 내용과 방향이 크게 달라진다. 목소리만 큰 사람이 주도권을 갖게 되면, 대개 실속 없는 대화로 끝나 버린다. 그러나 목소리는 작아도 깊이 있는 사람이 대화를 주도하면, 알찬 대화를 나눌 수 있다.

　하나님과의 대화인 기도 역시 마찬가지다. 주도권이 누구에게 있느냐에 따라 기도의 내용이 크게 달라진다. 주도권이 나에게 있다면, 나 중심으로 기도하게 될 것이다. 내 필요를 중심으로 기도할 것이 뻔하다. 사람은 쉽게 자기중심적인 기도를 한다. 자기 수준 이상으로 기도하기란 어렵기 때문이다. 그러나 기도의 주도권이 하나님께 있다면 기도의 내용과 수준이 달라진다. 그때의 기도는 하나님이 원하시는 방향과 수준으로 나아간다.

　많은 그리스도인이 나이가 들면서 평생 청원기도만 한 것을 아쉬워

한다. 평생 '…해주세요'라고 기도했다는 사실을 깨닫고 좀 더 본질적인 기도를 하고 싶어 한다. 이제는 해 달라는 기도가 아닌 하나님을 순수하게 만나고 싶은 갈증을 느낀다. 조건 때문에 만나는 것은 결코 순수한 관계가 아니다. 하나님과의 만남인 기도 역시 그렇다. 많은 그리스도인이 얕은 물가에서 깊은 곳까지 나아가고 싶어 한다. 기도의 신령한 체험을 원한다. 기도를 통해 순수한 영적 체험을 하며 살아 계신 하나님과 깊이 있게 만나길 갈망하는 것이다.

그러려면 '…해주세요'라는 기도보다는 하나님을 구하는 기도를 드려야 한다. 이는 성령께서 기도를 이끌어 주셔야만 가능하다. 기도의 주도권이 성령께 있어야 한다. 성령께서 기도를 이끄셔야 비로소 순수한 기도를 할 수 있고, 깊은 영적인 체험을 할 수 있다. 바울은 이렇게 말한다.

> 이와 같이 성령도 우리의 연약함을 도우시나니 우리는 마땅히 기도할 바를 알지 못하나 오직 성령이 말할 수 없는 탄식으로 우리를 위하여 친히 간구하시느니라(롬 8:26).

사실 우리는 마땅히 기도할 바를 알지 못한다. 제대로 기도할 줄도 모른다. 기껏해야 자기 필요를 위해 기도하고 조금 더 나아가 이웃을 위해 중보기도 하는 것이 전부다. 자기 필요를 구하는 게 나쁘다는 말이 아니다. 기도해야 하는 순간에도 기도하지 않는 것이 더 나쁘다. 그러나 전능하신 하나님을 믿는 우리의 기도가 소소한 자신의 필요만 구하는 것에서 그친다면 좀 더 크고 근본적인 것, 즉 하나님을 구하지 못한 한계와 아쉬움을 느낄 수 밖에 없을 것이다. 바울은 그 무엇보다 하나님을 구하라고 권면한다.

> 우리 주 예수 그리스도의 하나님, 영광의 아버지께서 지혜와 계시의 영을 너희에게 주사 하나님을 알게 하시고(엡 1:17).

누구나 학창 시절에 달리기 계주를 해보았을 것이다. 계주는 여러 사람이 차례대로 배턴을 이어받아 달리는 것이다. 기도도 이와 비슷하다. 대부분 처음에 기도할 때, 주도권을 자신이 가진다. 자신의 필요와 사정에 따라 기도한다. 그러나 이내 기도가 나의 한계를 벗어나지 못하고 맴돈다. 우리가 마땅히 기도할 바를 알지 못할 때, 그 어느 순간 성령께서 다가와 우리 기도의 배턴을 받아들고 이어가실 때가 있다. 이것이 바로 우리의 연약함을 놓고서 말할 수 없는 탄식을 하며 우리를 위해 간구하시는 성령의 역사다(롬 8:26).

기도의 배턴이 나에게서 성령에게로 넘어가는 것, 이것은 기도의 주도권이 바뀐 것이다. 아무리 찾고 부르짖어도 마땅히 간구할 바를 알지 못하던 기도의 배턴이 성령께로 넘어가면 차원이 달라진다. 아무리 달리기를 잘해도 자동차의 속도를 따라갈 수 없다. 아무리 성능 좋은 자동차라도 하늘을 나는 비행기를 능가할 수는 없다. 속도의 차원이 다르기 때문이다. 성령이 이끄는 기도도 이와 같다. 우리의 기도는 대개 땅을 맴돌지만 성령이 이끄는 기도는 독수리처럼 하늘을 난다. 기도의 차원이 근본적으로 다르다.

모압 왕 발락은 선지자 발람을 불러 이스라엘을 저주하라고 주문했다(민 22장). 그러나 발람은 그 요청과 달리 이스라엘을 세 번이나 축복했다. 모압 왕의 거듭되는 저주 주문에도 불구하고 발람이 이스라엘을 계속 축복하는 일의 사이에는 인간의 의지와 성령의 역사라는 함수 관계가 있다. 모압 왕은 어떻게든 이스라엘을 저주하려고 했다. 수단과 방법을 가리지 않고 선지자 발람을 압박했다.

그러나 발람에게 하나님의 영이 임하자 인간의 모든 노력은 수포로 돌아가고 말았다. 인간의 모든 의지와 방법이 허사가 되었다. 발람의 입을 움직이는 것은 모압 왕의 권력도, 발람 자신의 의지도 아니었다. 인간의 의지를 뛰어넘는 성령의 감동이었다(민 22-24장). 발람이 모압 왕의 온갖 방해에도 아랑곳하지 않고 이스라엘을 축복한 것은 전적으로 성령께서 주도하신 역사였다.

성령께서 기도를 이끄시면, 인간의 의지가 개입될 여지가 점점 줄어든다. 인간의 생각과 의지가 점차적으로 성령 안으로 수렴된다. 내 의지와 생각이 성령의 주권대로 이끌려 간다.

아벨라의 테레사(Teresa of Avila, 1515-1582)는 《영혼의 성》(성바오로 역간) 4궁방에서 '거둠의 기도'가 시작된다고 했다.[5] 이 기도가 시작되면 자기도 모르는 사이 고요를 그리워한다. 이때에는 외적인 감각이 점점 사라지지만, 영혼은 그 잃어버렸던 본래 힘을 되찾는다. 즉 인간의 외적인 감각이 내면으로 잠기는 감각의 내면화가 이루어진다.

이때는 머리로 무엇을 하려고 애쓰지 말고, 하나님이 자신의 영혼 안에서 무엇을 하시는지에만 정신을 집중해야 한다. 그리고 이성의 추리를 멈추고 하나님의 임재를 깊이 인식해야 한다. 이때의 영혼은 하나님을 위해 무엇인가 해보려는 의지를 굳게 다진다. 그러면서 4궁방에 접어들어 의지의 작용이 점점 적어지고 사랑이 커진다. 성령의 역사로 차차 주도권을 내려놓고 수동적이 된다. 어진 목자가 부는 부드러운 휘파람 소리에 자신도 모르게 이끌리듯, 그 안으로 빨려 들어가게 된다.

5궁방에 들어가면 거둠의 기도가 합일의 기도로 바뀐다. 외적인 감각들, 이성이나 의지 등이 안으로 스며들고 점점 거둬진다. 마침내 외적 감각이 거둬지고 내적 감각이 살아난다. 이 과정에서 의지가 점점 엷어져 합일의 상태로 나아간다. 이때 정신의 기능은 정지된다. 테레사는 다음과 같이 말한다.

여기선 우리의 정신 능력이 모두 다 잠이 든 듯, 세상도 자기도 잊어버리고 깊은 잠을 자게 되는 것입니다. 사실 이 상태가 계속되는 얼마 동안 우리는 감각을 잃게 되고 무엇을 생각하려 해도 되지 않는 것입니다. 따라서 구태여 정신 기능을 정지시키려는 노력이 필요치 않습니다."[6]

이렇게 인간의 의지는 성령을 따라 물 흐르듯 흘러가면서 마침내 합일을 이룬다.

거둠의 기도는 묵상에서 관상으로 들어가는 문이다. 이 자체를 관상 체험이라고 할 수는 없지만, 초자연적 은혜가 시작되는 곳이라고는 할 수 있다. 이때는 성령이 개입해서 우리를 이성과 의지라는 담장 너머로 이끄신다. 하나님의 신비에 이르려면 이 문을 반드시 거쳐야 한다. 진정한 하나님의 신비를 경험하는 관상 체험은 인간이 느끼고 생각하는 것 이상이다. 인간의 이성은 그것을 알 수도, 감당할 수도 없다. 그래서 하나님은 인간의 모든 능력을 거두어들이신다. 이성과 의지가 잠들어 고요해지면, 비로소 성령의 인도하심을 따라 관상의 세계로 들어간다. 이렇게 되면 인간의 능동성은 완전히 사라지고, 전적으로 성령께 이끌려 가는 수동적인 기도를 하게 된다.

6
하늘사다리의
네 번째 계단,
관상

언제부터인지 관상기도에 대한 한국교회의 관심이 부쩍 늘었다. 관상기도에 대한 관심이 높아진 이유는 다양하겠지만, 그중 하나는 지금까지 우리의 기도에 대해 무엇인가 아쉬움이 있었기 때문이다. 십 년이면 강산도 변한다는 말이 있듯, 백여 년이 지나 온 한국교회의 기도에도 변화의 징조가 보인다. 부르짖는 통성기도가 능사가 아니라고 인식하게 된 것이다. 통성기도가 강력한 기도임에는 틀림이 없다. 그러나 내면 깊은 곳을 성찰하는 데는 무엇인가 부족하게 느껴진다. 이는 소리기도가 갖는 한계다. 보이는 것이 많으면 잘 들리지 않고, 소리가 커지면 깊이 생각하기 힘들다. 그래서 내적 성찰을 원하는 사람들은 침묵 중에 행하는 묵상기도나 관상기도로 관심을 돌린다. 이러한 변화는 이 시대의 영적인 필요로 보인다.

관상기도란 무엇인가?

관상기도에 대해 말할 때, 한 가지 오해하지 말아야 할 점이 있다. 어떤 이들은 관상기도만이 수준 높은 기도이고 다른 기도는 수준이 낮다고 여긴다. 그러나 이는 큰 오해다. 절대 그렇지 않다. 기도에는 절대로 높고 낮음이 없다. 우리는 다양한 기도를 통해 하나님 앞으로 나아간다. 기도는 하나님과의 만남을 추구하는 방편이다. 따라서 그 형태가 어떠하든 하나님과 깊고 진지하게 만날 수만 있다면, 그것은 넓은 의미에서 관상기도다. 하나님과의 깊은 만남인 관상적 상태는 모든 기도에 있다. 단지 그 정도와 상태가 다를 뿐이다. 하나님을 깊이 체험하는 관상기도는 통성기도, 방언기도, 중보기도, 찬양기도, 예수기도, 렉시오 디비나 등 모든 기도를 통해서 가능하다. 중요한 것은 방법론이 아닌 하나님의 은혜를 사모하는 마음이다. 이런 의미에서 기도의 대가인 아빌라의 테레사가 한 지적은 매우 타당하다.

테레사는 통성기도는 무식한 자의 것이고 묵상기도는 유식한자의 것이며 관상기도는 선택된 소수만의 기도라는 생각에 반대한다. 또한 구송기도(소리 내어 하는 기도)를 하면서도 얼마든 관상의 경지에 이를 수 있다고 분명히 말했다.[1]

어느 기도로든 관상의 경지에 이를 수 있지만, 나는 좀 더 엄밀한 의미의 관상기도를 언급하려고 한다. 왜냐하면 관상기도에는 그 나름의 독특한 의미와 배경이 있기 때문이다. 관상기도를 뜻하는 라틴어 컨템플라시오(contemplatio)는 템플럼(templum, tempus의 축소형)에서 유래했다. 템푸스(tempus)에는 '시간의 구분 또는 부분'이라는 일차적 의미가 있다. 로마인들에게 템플럼은 하늘이나 땅의 징조를 파악하려고 구별해 놓은, 별도의 공간이었다.

이것이 후에는 일반 장소와 구별된 거룩한 장소로 이해되었다. 여기에서 템플(temple, 사원)이라는 말이 유래했다. 제사장들은 신의 뜻과 의도를 읽으려고 사원에서 사물의 내면을 바라보는 일을 했다. 이런 의미에서 관상은 실체의 내면을 바라보는 것이다. 실체의 근원을 깊이 바라보면, 거기서 하나님을 보게 된다. 그러므로 관상이란 이성적으로 하나님을 이해하는 것이라기보다는 하나님과 일치를 경험하는 깊은 임재 체험이라고 할 수 있다.

일반적으로 소리기도는 청원기도를 주로 하며, 묵상기도나 관상기도는 순수기도인 경향이 있다. 미숙한 기도와 성숙한 기도를 가늠하는 기준은 여러 가지인데, 그중 하나는 기도의 대상에 대한 집중도다. 간단히 말해, 자신에게 집중하는 기도는 미숙한 기도요, 하나님께 집중하는 기도는 성숙한 기도다. 성숙한 기도일수록 자기의 필요를 요구하기보다 하나님의 뜻을 구한다. 참된 기도는 자기의 소원 성취보다 하나님의 뜻을 이루는 데 중점을 둔다.

결국 관상기도란 내 소원을 아뢰는 청원기도라기보다 순수한 마음으로 하나님께 나아가는 기도에 가깝다. 하나님을 갈망하며 기도하는 어느 순간, 하나님의 신비가 내 안에 임해서 하나님과의 일치를 경험한다. 이는 단순히 머리로 깨닫는 지성적인 상태를 넘어, 마음과 영혼으로 느끼고 깨닫는 신비한 체험이다. 이 과정에 이르는 방법은 다양하다. 그중에 바람직한 방법이 있다면, 바로 말씀묵상기도다. 하나님은 말씀으로 천지를 창조하셨고, 또 말씀이 육신이 되셨으며, 지금도 말씀으로 우리에게 다가오시기 때문이다.

관상은 말씀묵상기도의 마지막 단계로 하나님의 특별한 은총을 받은 이들이 누리는 것이다. 이때 영혼은 자기를 벗어나 하나님께 높이 올라가 영원한 감미로움을 맛본다. 이것은 하나님을 갈망하는 영혼에게 주시는 전적인 선물이요 은총이다. 이것은 인간의 노력이나 공로의 대가가 아니다. 이 단계는 인간적인 말과 생각을 뛰어넘는다. 오직 하나님이 내 곁에 계시며, 내가 그분과 함께 있음을 느낄 뿐이다.[2]

관상의 단계에서 하나님은 그분을 애타게 갈망하는 영혼에게 스스로 먼저 다가오셔서 하늘나라의 감미로움을 채워 주신다. 천상의 감미로움은 지상의 어떤 것과도 비교할 수 없다. 일찍이 바울은 자기가 체험한 낙원 즉, 셋째 하늘의 맛을 인간의 말로 감히 표현할 수 없다며 이렇게 말했다.

> 무익하나마 내가 부득불 자랑하노니 주의 환상과 계시를 말하리라 내가 그리스도 안에 있는 한 사람을 아노니 그는 십사 년 전에 셋째 하늘에 이끌려 간 자라 (그가 몸 안에 있었는지 몸 밖에 있었는지 나는 모르거니와 하나님은 아시느니라) 내가 이런 사람을 아노니 (그가 몸 안에 있었는지 몸 밖에 있었는지 나는 모르거니와 하나님은 아시느니라) 그가 낙원으로 이끌려 가서 말로 표현할 수 없는 말을 들었으니 사람이 가히 이르지 못할 말이로다 내가 이런 사람을 위하여 자랑하겠으나 나를 위하여는 약한 것들 외에 자랑하지 아니하리라 내가 만일 자랑하고자 하여도 어리석은 자가 되지 아니할 것은 내가 참말을 함이라 그러나 누가 나를 보는 바와 내게 듣는 바에 지나치게 생각할까 두려워하여 그만두노라(고후 12:1-6).

우리는 관상 단계에서 있는 그대로 하나님을 뵙게 된다. 이 고양된 관상의 단계에서 모든 육적 요소는 영혼에 정복당해 영혼 밖으로 밀려나간다. 그러므로 육이 영에 맞서지 못하며, 우리는 온전히 영적 존재가 되어 하나님과 일치를 경험한다. 귀고는 이 단계를 씹어 분해한 음식으로 말미암아 새로운 기쁨을 맛보는 감미로움 그 자체라고 말한다.

관상 단계의 감미로움과 신비는 인간의 말로 표현하기가 매우 어렵다. 엔조 비앙키는 인간의 언어로 관상을 표현하기 어렵다는 점을 이렇게 설명했다.

왜냐하면 여기서는 각자가 자신의 하나님과 가지는 만남이 어떠한지 알고 있기 때문입니다. 이것은 말로는 옮겨 전하기 어려운 것입니다. 자기 자신에 대해서도 무어라 표현할 수 없습니다. 불 속에 삼켜진 사람이 불에 대하여 도대체 무엇을 말할 수 있겠습니까? 거룩한 독서의 말미에 기도-관상에 잠긴 사람도 이와 마찬가지입니다. 그가 할 수 있는 말이라고는, 기도(관상)란 모세가 본 불타는 가시덤불과도 같아서 자신은 타지 않으면서 다른 것을 태우고, 믿는 이의 심장에 불을 놓아 사랑의 불덩어리가 되어 버리게 한다는 것뿐입니다.[3]

하늘사다리 꼭대기에서

트리나 폴러스의 《꽃들에게 희망을》(시공사 역간)이라는 책을 누구나 한두 번은 읽어 보았을 것이다. 나는 이 책을 읽을 때마다 인생의 의미를 새롭게 조명받는다. 최근에 무게중심을 영적인 의미에 두고서 이 책을 다시 읽어 보았다.

　나뭇잎을 갉아먹는 일만을 반복하던 줄무늬 애벌레는 어느 날 문득 그 이상의 무언가를 갈망한다. 그래서 새로운 무엇을 찾아 순례하던 중에 거대한 애벌레 기둥을 발견한다. 그 기둥 꼭대기는 구름에 가려져 있었기 때문에 무엇이 있는지 알 수가 없었다. 그런데 수많은 애벌레가 하나같이 그 꼭대기를 향해 올라가고 있었다. 그 점을 보면, 분명히 그 위에 무언가 있는 게 틀림없어 보였다. 그래서 열심히 올라갔다. 그러나 다른 애벌레들과 경쟁하며 그 기둥을 오르기란 매우 힘겨웠다. 우여곡절 끝에 줄무늬 애벌레는 마침내 꼭대기에 다다랐다. 하지만 그곳에는 아무것도 없었다. 빈 하늘만 있을 뿐이었다. 그토록 갈망하고 바라던 곳이었는데 말이다. 애벌레는 절망했다.

　바로 그때, 그는 애벌레 기둥 근처를 날고 있는 아름다운 노랑나비를 보았다. 이전에 보았던 노랑 애벌레였다는 것을 알아차린 애벌레는 어떤 힘에 이끌려 그 나비를 따른다. 그리고 죽음 같은 공포와 고독을 고치 속에서 이겨 내고, 드디어 그도 나비가 된다. 나비가 된 그는 다른 차원의 삶을 경험한다. 그는 나비가 되자 미처 보지 못한 것을 보게 되고, 알지 못한 것을 알게 된다. 애벌레와 나비의 삶은 차원이 달랐다. 이 이야기는 삶에 관한, 무엇보다 희망에 관한 이야기다. 그러나 영성에 대한 이야기이기도 하다.

　짧지만, 영성과 관련해 많은 의미가 있는 이야기다. 그리스도인들은 무엇을 위해 그렇게 밤낮으로 기도할까? 정말 오르려는 곳이 어디일까? 얻으려는 것은 무엇이고, 보려는 것은 무엇일까? 혹시 우리의 기도 역시, 수많은 애벌레처럼, 목표도 끝도 모를 기둥 위를 향해 그저 소리치고 기어오르기만 하는 것은 아닐까? 우리가 저 꼭대기에서 본 것은 무엇이고 얻은 것은 무엇인가? 정말 기도를 통해 보기 원하는 것은 무엇인가? 성공인가, 돈인가, 자기 야망인가, 아니면 하나님인가?

야곱은 꿈속에서 한 사다리를 보았다.

야곱이 브엘세바에서 떠나 하란으로 향하여 가더니 한 곳에 이르러는 해가 진지라 거기서 유숙하려고 그곳의 한 돌을 가져다가 베개로 삼고 거기 누워 자더니 꿈에 본즉 사닥다리가 땅 위에 서 있는데 그 꼭대기가 하늘에 닿았고 또 본즉 하나님의 사자들이 그 위에서 오르락내리락 하고 또 본즉 여호와께서 그 위에 서서 이르시되 나는 여호와니 너의 조부 아브라함의 하나님이요 이삭의 하나님이라 네가 누워 있는 땅을 내가 너와 네 자손에게 주리니 (창 28:10-13).

그 사다리는 땅 위에 서 있었는데, 그 꼭대기가 하늘에 닿아 있었다. 그는 땅에서 볼 수 없는 하늘의 신비를 사다리를 통해 보았다. 사다리를 자세히 보던 야곱은 사다리를 오르내리는 하나님의 사자들을 보았다. 사다리를 통해 영적인 신비를 보았다. 야곱에게 사다리는 영적인 신비를 보게 하는 도구였다. 아무리 발꿈치를 높여도 볼 수 없던 것이라도, 사다리에 올라가서 바라보면 볼 수 있다. 그러나 발꿈치를 높여 영적 발돋움을 하려는 인간의 노력은 중단된 적이 없었다. 이러한 노력이 무익한 것만은 아니지만, 아무리 애를 써도 하늘에 닿을 수는 없다. 사다리를 통해야 저 높은 곳으로 올라갈 수 있다.

개역개정 성경은 야곱이 꿈속에서 세 번 보았다고 번역한다. 첫 번째는 땅에서 하늘까지 닿은 사다리를 보았다. 두 번째는 하나님의 사자들이 그 위를 오르내리는 것을 보았다. 마지막 세 번째는 사다리 위에 계신 하나님을 보았다. 거듭 보고 또 보면서 사다리와 천사들을 보고, 마침내 하나님을 보았다. 이것은 영적으로 고양되는 것을 보여 준다. 처음에 사다리를 보고, 그러고 나서 천사들을 보고, 마침내 하나님을 보았다. 도구로서의 사다리는 어느새 사라지고, 궁극적으로 보려 했던 하나님을 본 것이다.

야곱은 사다리를 통해 하늘 위에 계신 하나님을 보았다. 사다리를 본 것에 만족하지 않고 하나님 자신을 보았다. 우리가 사다리라는 도구 즉, 기도를 통해 궁극적으로 보고자 하는 것은 무엇일까? 돈, 명예, 성공처럼 세상적이고 물질적인 것은 아니다. 진정 인간이 보려는 것은 바로 하나님의 얼굴이다. 시편은 그 마음을 이렇게 노래한다.

> 내 영혼이 하나님 곧 살아 계시는 하나님을 갈망하나니 내가 어느 때에 나아가서 하나님의 얼굴을 뵈올까(시 42:2).

> 하나님은 우리에게 은혜를 베푸사 복을 주시고 그의 얼굴빛을 우리에게 비추소서(시 67:1).

기도에서 인간이 궁극적으로 보려는 것은 하나님의 얼굴이다. 물론 하나님은 인생이 아니시기에 얼굴이 없다. 그러나 성경과 찬송은 하나님의 영광스런 모습을 얼굴로 표현한다. 하나님 얼굴 보기를 갈망하는 마음이 모든 인간에게 있다. 관상이란 무엇인가? 기도의 사다리 꼭대기에 서는 것이다. 그 꼭대기에 서면 하나님의 얼굴을 뵐 수 있다. 그 꼭대기는 내 힘으로 오를 수 없다. 누군가 나를 더 높은 곳으로 이끌어주어야 한다. 즉 영적 고양이 필요하다. 영적 고양은 내가 하는 것이 아니라 그분이 해주셔야 하는 것이다. 갈망하는 마음과 하나님의 은총이 만나는 접점이 바로 관상이다.

예부터 영적 여정은 사다리로 비유되었다. 하늘에 닿은 사다리를 잘 그린 대표적인 사람이 둘 있다. 한 사람은 말씀묵상기도를 정리한 귀고 2세이고, 다른 한 사람은 시나이의 교부였던 성 요한 클리마쿠스(St. John Climacus, 579-649)다. 클리마쿠스는 유명한 캐더린 수도원의 원장을 지낸 사람으로, 시내산 기슭에서 은둔수도사로 살았다. 그는 높이 솟아오른 시내산을 바라보며 신앙의 성숙에 대해 늘 생각했다. 그는 성경에 나오는 두 가지 상징 즉, 모세의 시내산과 야곱의 사다리로 신앙 여정을 그렸다. 그는《거룩한 등정의 사다리》(은성 역간)에서 성숙한 신앙 여정을 30단계로 비유했다. 클리마쿠스라는 이름은 헬라어 끌리막스($K\lambda\iota\mu\alpha\xi$)에서 온 것으로, 그 자체가 바로 '사다리'라는 뜻이다. 그는 자신이 평생 오르려 했던 영적 사다리를 30단계로 나타냈다.[4]

이것은 다시 크게 세 단계로 나눌 수 있는데, 첫째는 세상과 결별의 단계(1-3), 둘째는 기도와 묵상을 통해 정화를 이루는 단계(4-26), 셋째는 관상 즉, 하나님과의 일치를 이루는 단계(27-30)다. 이 책은 동방교회가 매우 중요하게 여기는 책으로, 신실한 신앙인은 이 책을 평생 40-50번 정도 읽고 묵상한다. 서방교회에《천로역정》(홍성사 역간, 천국에 이르는 과정을 그림)이 있다면 동방교회에는《거룩한 등정의 사다리》가 있다.

사다리의 비유는 근본적으로 야곱이 꿈속에서 보았던 사다리에서 시작한다(창 28:10-22). 야곱이 본 사다리는 땅 위에 서 있었고, 그 꼭대기는 하늘에 닿아 있었다. 말씀묵상기도에서 관상은 사다리의 마지막 부분이다. 성경 읽기, 묵상, 기도, 관상의 과정에는 하나의 내적 흐름과 역동성이 있다. 그것은 해본 사람만이 느끼는 것으로, 고요하지만 강력한 힘이다. 이 흐름을 타고 계속 오르면 어느새 정점에 이른다. 정점에 서면, 더 높은 곳이 보인다.

야곱은 꿈에서 사다리를 보았고, 더 나아가 그 위에 계시는 하나님을 보았다. 하나님을 보는 순간에 모든 문제가 해결된다. 저 높은 곳, 그 꼭대기에 서면 모든 것을 볼 수 있다. 가로막힌 것 없이 하나님을 보는 것이 바로 관상이다. 찬송가 "저 높은 곳을 향하여"의 가사에는 우리의 영적 여정이 담겨 있다.

저 높은 곳을 향하여 날마다 나아갑니다.
내 뜻과 정성 모아서 날마다 기도합니다.
내 주여 내 맘 붙드사 그곳에 있게 하소서.
그곳은 빛과 사랑이 언제나 넘치옵니다.

저 높은 곳을 향해 나아가는 것이 우리의 인생 여정이며 신앙의 여정이다. 날마다 진지하게 정성을 다해 한 걸음씩 나가다 보면, 언젠가 저 높은 곳에 서게 될 것이다. 그리고 바로 그곳에서 하나님의 얼굴을 뵐 것이다.

여기가 좋사오니: 변화산의 제자들

신약에 나타난 관상의 대표적인 예는 변화산 사건이다(마 17:1-8; 눅 9:28-36). 하루는 예수님이 기도하시려고, 베드로, 야고보, 요한을 데리고 높은 산에 올라가셨다. 그리고 그 산에서 해같이 밝게 변형되어 제자들을 놀라게 하셨다. 그 자리에는 모세와 엘리야도 함께 있어서 신비로운 분위기가 더욱 고조됐다. 그 놀라운 상황에서 어찌할 바를 모르던 베드로는 여기가 좋사오니 초막 셋을 짓겠다는 유명한 말을 했다.

이 사건이 일어난 '변화산'의 위치를 정확히 알기는 어렵다. 학자들은 그 산이 헐몬산 혹은 다볼산이라고 한다. 교회사의 아버지 유세비우스(Eusebius, 263-339)는 다볼산과 헐몬산 두 곳을 언급했다. 예루살렘의 시릴(Cyril of Jerusalem, 315-386)은 예수님의 변화 사건이 다볼산에서 일어났다고 본다. 4세기 이후 다볼산에는 기념 수도원이 세워졌고, 지금도 많은 순례자가 이곳을 오간다. 다볼산은 562m밖에 안 되지만, 아주 높다고 할 수 있다. 왜냐하면 '다 볼 수 있는 산'이기 때문이다.

헐몬산의 주봉은 2,814m로, 정상은 흰 눈으로 덮여 있다. 이곳의 눈은 녹아 흐르면서 갈릴리 호수를 이루고, 요단강을 이룬다. 헐몬산 지역에서 발원한 물은 약 15km의 지하를 흐르다가, 갈릴리 호수 북부 세 곳 하스바니, 단, 바니아스에서 큰 샘으로 힘차게 솟구친다. 세 곳에서 솟은 샘물은 시내를 이루고, 그 물이 합류하여 후레(Huleh)라는 작은 호수로 흘러 들어간다. 이것이 요단강의 시발점이다. 지금도 갈릴리 호수에서 헐몬산을 보면, 흰 모자를 눌러쓴 듯한 아스라한 모습을 볼 수 있다.

변화산에 오르기 며칠 전, 예수님은 제자들에게 너희는 나를 누구라 하느냐고 질문하셨다(마 16:15-16). "주는 그리스도시요 살아 계신 하나님의 아들"이라는 베드로의 신앙고백을 들은 예수님은 제자들에게 자신이 누구인지 더 확실하게 인식시켜야겠다고 느끼셨다. 왜냐하면 제자들이 아직도 예수님에 대해 다 알지 못하고 있었기 때문이다. 또한 예수님은 그분 스스로 예루살렘에 올라가서 십자가를 지는 것이 과연 하나님의 뜻인지 분별하셔야 했다. 누가복음은 이 고민이 예수님이 예루살렘에서 돌아가실 것에 대한 모세와 엘리야의 대화에서 나타났다고 말했다. 곧 십자가의 길이 하나님의 뜻임을 확인하는 대화인 것이다.

변화산에서 기도하시는 예수님의 용모가 변하고 그 옷이 희어져 광채가 났다. 마태는 예수님의 얼굴이 해같이 빛나며, 옷이 빛과 같이 희어졌다고 한다. 마가는 세상에서 빨래하는 자가 그렇게 희게 할 수 없을 정도로 매우 희어졌다고 하였다. 분명한 사실은 예수님의 얼굴이 평소의 얼굴과 달리 신령한 모습으로 변형된 것이다.

찬송가 중에 "빛나고 높은 보좌와 그 위에 앉으신 주 예수 얼굴 영광이 해같이 빛나네, 해같이 빛나네"라는 찬송이 있다. 그 찬송처럼 예수의 얼굴이 찬란한 해같이 빛났다. 변형되신 예수님의 얼굴을 친히 뵙는 것이 관상이다. 그분의 얼굴을 직접 뵙는 것이 모든 믿는 자의 소망이자 영광일 것이다.

그 변형되신 예수님의 모습을 산 아래에서는 볼 수 없었다. 오직 산 위에서만 볼 수 있었다. 변형되신 예수님의 얼굴을 뵙고자 제자들은 산 위로 올라가야만 했다. 산 위로 오르기란 결코 쉽지 않다. 한 걸음씩 자기 힘으로 올라가야만 한다. 다른 사람이 대신 해줄 수도 없다.

요즘에야 케이블카나 자동차로 높은 산도 쉽게 오를 수 있지만, 기도의 산, 관상의 산은 결코 그렇지 않다. 기도의 산은 내가 한 걸음씩 올라가야만 한다. 기도나 관상 체험이란 남이 대신 해주는 것이 아니라 나 자신의 것이기 때문이다.

설혹 남이 대신하여 나를 그 산으로 올려 주었을지라도, 그 산을 보고 느끼는 것은 매우 다를 수밖에 없다. 두 발에 땀 흘리며 설악산을 오른 사람과 케이블카를 타고 편하게 올라간 사람이 산을 대하는 느낌은 서로 매우 다를 것이다. 힘들지만 한 걸음씩 자기 발로 오른 사람은 설악산을 볼 때마다 산에 대한 느낌이 생생하다. 그리고 할 이야기가 아주 많다. 산을 직접 누비고 다니며 땀 흘렸기 때문이다. 그러나 케이블카를 타고 쉽게 올라간 사람은 생생한 감동을 느끼기가 어렵다. 그리고 산에 대해 할 말이 별로 많지 않다. 왜냐하면 수고하며 올라가지 않았기 때문이다.

땀 흘리며 산으로 올라간 제자들의 행위는 능동적인 것이다. 산에 오르기까지는 자신의 노력이 필요하다. 우리가 관상의 산에 오르려면, 일정 부분 자신이 스스로 올라가야 한다. 이것은 주로 능동적 기도와 수덕(修德)적 삶으로 나타난다. 우리는 흔히 '주님 나를 그 산 꼭대기에 세워 주십시오'라고 기도한다. 모든 것을 은혜로 여겨서 산에 올라가는 것도 은혜로 대치하려 한다.

그러나 세 제자는 직접 걸어서 산에 올라갔다. 주님이 그들을 등에 업고 오르지는 않으셨다. 하나님은 황폐한 이스라엘이 다시 회복되어 에덴동산같이 되리라고 약속하셨다. 그렇지만 전심으로 기도해야 한다고 강조하셨다.

주 여호와께서 이같이 말씀하셨느니라 그래도 이스라엘 족속이 이같이 자기들에게 이루어 주기를 내게 구하여야 할지라(겔 36:37).

구원은 전적으로 은혜이지만, 기도의 산과 관상의 산을 오르는 데는 우리가 해야 할 몫이 있다.

그 산에 오른 후 세 제자의 눈앞에 놀라운 일이 벌어졌다. 예수께서 해같이 빛나셨고, 옷이 눈부시게 희어져 광채를 뿜고 있었다. 산 아래에서는 결코 볼 수 없는 놀라운 광경이었다. 산 위에서만 볼 수 있었다. 이 놀라운 광경은 제자들이 보고 싶어 해서 일어난 일이 아니었다. 주님이 보여 주신 것이다. 즉 수동적인 것이다. 관상은 내가 무엇을 보거나 무엇을 하는 능동적인 행위 이상의 것이다. 관상은 그분이 보여 주시는 것을 보는 것이다. 관상은 전적으로 수동적인 것이다. 그러기에 관상은 전적으로 은혜의 사건이다. 산 위에 오른 제자들에게 주님은 자신의 변모된 모습을 보여 주셨다. 제자들은 변형된 주님을 보며 관상의 세계로 빠져들었다.

관상의 체험이 얼마나 놀랍고 황홀했던지 베드로는 "주여 우리가 여기 있는 것이 좋사오니 만일 주께서 원하시면 내가 여기서 초막 셋을 짓겠나이다"라고 고백했다. '여기가 좋사오니'라는 고백은 관상을 체험한 사람들의 공통된 고백이다. 그보다 더 좋을 수는 없기 때문이다. '여기가 좋사오니'라는 고백은 관상에 대한 최고의 고백이다. 찬송 가사 중에 "세상과 나는 간 곳 없고, 구속한 주만 보이도다"라는 고백도 이와 비슷하다.[5]

'여기가 좋사오니'라고 외치던 베드로의 눈앞에 잠시 후 예수님만 보였다. 이제 모세와 엘리야는 사라졌다. 구름 속의 신비한 음성도 사라졌다. 다시 현실로 되돌아온 것이다. 이제 예수와 세 제자만 남아 있었다. 그러나 세 제자에게 예수님은 전과 같은 분이 아니셨다. 산 아래에서 보았던 예수님과 변화산 위에서 본 예수님은 다른 분이 아니지만, 결코 더는 같은 분이 아니셨다. 변화산의 체험 이후, 예수님에 대한 이해와 느낌, 그리고 경외심은 전과 비교할 수 없을 정도로 달라졌다. 같은 분이지만 결코 같지 않은 예수님. 여기에 바로 관상의 신비가 있다.

관상의 다양한 현상

관상을 체험한 사람들의 경험은 매우 다양해서 '꼭 이것이다'라고 단정지어 말하기 어렵다. 관상의 현상은 매우 다양하지만, 일반적인 특징은 영혼이 매우 고양되고 하나님의 사랑을 깊이 느끼며 그 임재를 깊이 경험하는 것으로 나타난다. 이러한 경험은 우리가 만드는 것이 아니라 하나님이 부어 주시는 것으로, 전적으로 수동적인 상태다.

탱퀴어리는 하나님이 주시는 관상을 "우리를 사로잡는 성령의 선물과 특별한 은총으로, 하나님과 그분의 세상에 완전히 빨려 들어가는 피동적인 현상"이라고 말한다. 참된 관상은 묵상기도나 단순기도와 달리, 자신의 힘으로는 감당하지 못할 정도로 강하게 밀려오는 하나님의 은혜 체험이다. 관상이란 일종의 영적 쓰나미(tsunami)라고도 할 수 있다. 이는 거부할 수 없는 하나님의 강력한 은총으로, 이때 하나님과 일치를 체험하며 성령의 은사를 가장 많이 체험한다. 관상의 체험에는 인간의 말로 다 표현할 수 없는 신적인 신비가 서려 있다. 일찍이 사도 바울은 삼층천의 체험을 고백하면서 인간의 언어로 가히 말할 수 없다고 했다.

무익하나마 내가 부득불 자랑하노니 주의 환상과 계시를 말하리라 내가 그리스도 안에 있는 한 사람을 아노니 그는 십사 년 전에 셋째 하늘에 이끌려 간 자라 (그가 몸 안에 있었는지 몸 밖에 있었는지 나는 모르거니와 하나님은 아시느니라) 내가 이런 사람을 아노니 (그가 몸 안에 있었는지 몸 밖에 있었는지 나는 모르거니와 하나님은 아시느니라) 그가 낙원으로 이끌려 가서 말로 표현할 수 없는 말을 들었으니 사람이 가히 이르지 못할 말이로다(고후 12:1-4).

당대 최고의 학문을 배운 바울이었음에도 삼층천의 신비로움을 어떻게 표현해야 할지 몰랐다. 관상에는 인간의 언어 표현을 넘어서는 신비로움이 있다. 관상이란 영성 생활의 가장 높은 활동 단계다. 인간의 노력이나 획면이 아닌 하나님의 초월적인 은사로, 이제는 내가 사는 것이 아니라 그리스도가 내 안에 살고 있음을 느끼고 자각하는 신비 체험이다(갈 2:20). 결국 관상이란 하나님이 주시는 완전한 은혜다.

관상 안에는 일종의 내적 역동성이 흐른다. 신비신학을 종합한 알바레즈 드 파즈(Alvarez de Paz, 1560-1620)는 묵상기도를 네 가지 기본형으로 나누었다. 즉, 추리적 묵상(discursive meditation), 정감기도(affective prayer), 불완전한 관상(inchoate contemplation), 완전 관상(perfect contemplation)이다.[6] 추리적 묵상은 초자연적 진리를 깨닫고자 은총의 도움을 힘입어 이성적으로 추리하는 것이다. 이 과정이 더 진행되면 정감기도로 나아간다. 정감기도는 지성보다는 마음으로 하는 단순화된 묵상이다. 즉 머리보다 가슴으로 하는 묵상으로, 마음을 변화시키는 힘이 있다.

불완전한 관상은 추리적 묵상과 정감기도를 넘어가는 기도다. 단순화된 수덕적 기도 형태다. 수덕적 기도란 자신의 의지와 지성과 마음을 능동적으로 사용하여 기도에 집중하는 것이다. 이 기도에는 내가 얻어 가는 습득적(active) 요소가 있으며, 성령의 역사가 영혼 안에서 수동적으로 작용하기 직전의 과정이다. 이때는 이미 하나님의 은총이 작용한 시점으로, 기도에 충실하면 하나님이 부어 주시는 주부적인(infused) 요소가 증가하며 마침내 완전 관상으로 나아간다. 완전 관상에서는 인간의 노력이 점점 줄어들고 하나님이 부어 주시는 전적인 은혜가 증가한다. 마침내 인간의 지성은 완전히 정지되고 하나님의 사랑에 흠뻑 젖게 된다. 완전 관상의 특징은 대개 다음과 같다.

- 하나님 현존에 대한 강한 체험을 한다.
- 영혼에 초자연적인 것이 엄습하는 느낌을 받는다.
- 본성적인 노력으로는 할 수 없는 체험을 한다.
- 전적으로 수동적인 자세다.
- 하나님에 대한 체험적 지식은 명확하거나 뚜렷하지 않고 모호하고 혼잡스럽다.
- 하나님의 역사 아래 있다는 확신을 갖는다.
- 신비 체험은 서술이 불가능하다.
- 신비 체험은 흔히 신체적 변화를 불러오며 감각 기능이 정지된다.

- 관상으로 인한 하나님과의 일치 체험은 존재적 변화를 가져온다.
- 실천적 삶에 대한 큰 충동을 주며 삶의 큰 변화를 가져온다.[7]

테레사는 완전 관상을 결혼에 비유했는데,《영혼의 성》에서 이것을 '7궁방'이라고 했다. 이 궁실에서 하나님은 우리 '눈의 비늘'을 떼어 삼위일체 하나님의 영광을 보게 해주시며 동시에 영적 합일을 이루어 주신다. 합일이란 둘이 하나가 되는 결혼의 신비를 말한다. 합일이란 마치 두 자루의 촛불을 한 끝에 대면 하나의 불이 되는 것과 같은 이치다. 또한 하늘의 빗물이 땅에 떨어져 강물과 합쳐져 하나 됨 같이, 하나님과 일치되는 경험이다. 바울은 주와 합하는 자는 한 영이라고 말한다(고전 6:17).

신화(deification) 혹은 영적 결혼으로 표현되는 완전 관상의 특징은 성화된 심령을 소유함으로 자신의 행동과 의식을 하나님 뜻대로 완숙하게 다스릴 수 있다는 것이다. 또한 깊고 순수한 영적 상태로 자유와 평화를 누리며, 초연함을 견지한다. 나아가 하나님과 인간의 완전한 조화를 이루어 깊은 평화를 맛본다. 또 삼위일체 하나님의 영광을 영안으로 명료하게 보며, 하나님과 하나 됨을 통해 신성을 깊이 맛본다.

대부분 사람이 관상 경험을 극적인 신비 체험으로만 이해하려 한다. 그래서 관상 체험을 극적인 황홀경, 탈혼, 환상, 음성 듣기, 영의 비상과 같이 극적인 신비 체험으로 생각한다. 물론 관상 체험에서 이러한 것들은 분명히 중요한 현상이다. 하지만 '영혼의 어둔 밤'도 있음을 알아야 한다. 관상의 양상은 매우 다양해서 단정적으로 말할 수 없지만, 분명한 것은 그 체험이 어떠했든 하나님에 대한 깊은 사랑에서 비롯된 체험이라는 것이다. 또한 관상 체험은 단순히 하나의 체험으로 끝나지 않고 하나님의 뜨거운 사랑 덕분에 우리 삶이 근본적으로 변화되는 힘이 있다.

일반적으로 관상의 감동이 본격적으로 시작될 때를 즈음하여 '영혼의 어둔 밤'이 찾아온다. 영혼의 어둔 밤이란 말은 16세기 신비가이며 영성가인 십자가 성 요한이 주로 사용한 말이다. 언뜻 보기에 영혼의 어둔 밤이라고 하면 뭔가 불길하거나 부정적인 면을 내포한 것처럼 느껴진다. 그러나 결코 그런 것만은 아니다. 어두운 밤은 미지의 두려움을 우리에게 주지만, 하나님은 그 밤을 통하여 많은 선물을 주신다. 밤이 의미하는 것은 불길함이 아니라 우리가 알 수 없는 방식, 즉 우리의 지식을 넘어선 방법으로 하나님의 은총이 임한다는 것이다.

어둔 밤이 갖는 특징은 한마디로 모호성이다. 지금 벌어지는 상황을 정확히 이해하지 못하는 것이다. 그러나 어둔 밤을 통과하고 나면, 집착과 애착에서 벗어나 하나님이 주시는 진정한 자유를 맛보게 된다.

이삭과 함께 모리아산에 오르던 아브라함의 발길은 영혼의 어둔 밤이었다(창 22장 참고). 아들을 주실 때는 언제고, 그 아들을 제물로 바치라고 하시다니 답답했을 것이다. 그 마음으로 산을 오르는 아브라함에게 이삭이 무심코 묻는다. "불과 나무는 있는데 번제물은 어디에 있습니까?" 이 질문에 아브라함은 할 말을 찾지 못한다. 그저 하나님이 친히 준비해 주시리라고 가까스로 말할 뿐이었다. 그러나 마음속에는 짙은 먹구름 같은 어두움이 밀려들었을 것이다.

길고 긴 터널을 지난 아브라함은 비로소 산 정상에서 영혼의 어두움을 벗는다. 아브라함이 이삭을 번제로 드리려 할 때, 하나님은 숨겨 두신 양을 보여 주셨다. 어두울 때에는 그 양이 보이지 않았다. 영혼의 어둔 밤, 그 마지막 끝자락에 이르러서야 비로소 양을 보게 되었다. 양을 보는 순간 아브라함은 깊은 어두움에서 완전히 벗어난다. 여호와 이레! 이 일을 체험한 이후로 아브라함은 이삭을 향한 집착에서 완전히 벗어나 진정한 영적 자유를 맛보게 되었다.

어두운 밤에 영혼은 깊은 메마름을 경험한다. 메마름이란 밤 동안에 하나님이나 세상의 일에서 아무런 감미로움을 맛보지 못하는 것이다. 따라서 영혼은 깊은 불안과 근심에 빠져든다. 이 어두움은 하나님께로부터 올 수도 있고 자신의 부주의나 악한 영으로부터 올 수도 있다. 하나님께로부터 온 어두움은 비록 메마름과 근심이 있지만, 그런 중에도 하나님을 갈망한다. 하나님을 잊을까 봐 애타게 찾는다. 그러나 게으름이나 악한 영에서 온 어두움은 하나님을 찾지 않는다. 오히려 하나님보다는 세상적인 재미나 위로를 찾아 그것으로 근심을 잊으려 든다. 이처럼 두 어두움은 영혼의 지향점이 다르다.

이 밤을 지난 영혼은 자신이 얼마나 연약하고 비참한 존재인지 절감한다. 따라서 절대 교만하지 않고 하나님을 더욱 사랑하며 의지한다. 그리고 하나님을 영으로써 순수하고 명료하게 알아 간다. 하나님은 이 밤의 끝자락에서 하나님을 갈망하는 메마른 영혼에게 영적 위로를 베푸신다. 즉 순결한 사랑과 강렬한 지적 깨달음의 빛을 영혼에게 주신다. 그래서 영혼은 어둠에서 벗어나게 되며 더욱 순결해진다.

이렇게 영의 어두운 밤을 지나고 나면 하나님과의 깊은 영적 합일을 경험하게 된다. 이것을 변모의 일치 혹은 영적 결혼이라 말한다. 이때 우리는 하나님을 있는 그대로 뵙는 지복직관(至福直觀)과 신비한 일치를 경험한다. 또한 화려하고 황홀하다기보다는 고요하고 깊은 친밀함을 맛본다. 살든지 죽든지 앞으로 나아가 하나님의 영광을 높이려는 뜨거운 열망에 사로잡히게 된다. 그리고 지극히 작은 일상의 일이라도 주님께 하듯이 열심히 하며, 겸손한 모습으로 살아간다.

관상 그 이후, 다시 산 아래로

많은 사람이 오해하기 쉬운 일이 있다. 관상 체험을 한 번 하면 자신의 신앙생활이 완전의 경지에 올랐다고 생각할 수 있다는 것이다. 그러나 한 번의 관상 체험으로 신앙이 완성되는 것은 결코 아니다. 관상 체험은 매우 소중한 것이지만, 그것이 그리스도인의 완전을 담보해 주지는 않는다. 관상 체험은 황홀하고 감격적인 것이지만, 그것은 대개 시간적으로 짧다. '인생은 짧고 예술은 길다'라는 말처럼 관상 체험은 짧고 신앙생활은 긴 법이다.

베드로와 세 제자는 변화산 위에서 예수님의 변화한 모습을 보았다. 베드로는 초막 셋을 짓고 오래 머물기를 기대했지만 예수님은 얼마 후에 다시 그들을 데리고 산 아래로 내려오셨다. 그들은 언제까지 산 위에 머물러 있을 수는 없었다. 산 위가 있으면, 산 아래도 있는 법이다.

땅에서 볼 수 없는 황홀한 관상 체험을 산 위에서 했지만, 산 아래에 와 보니 고통스런 현실의 문제가 여전히 있었다. 산에서 내려온 예수님과 제자들을 기다리는 것은 멋진 초막이 아니었다. 그들을 기다리는 현실은 귀신 들려 고통당하는 아들과 아버지, 그리고 문제를 해결하지 못해 쩔쩔매는 제자들이었다. 산 아래 남아 있던 제자들이 애쓰고 수고하였지만, 그들은 귀신을 쫓아내지 못했다. 관상 체험을 한 제자들과 산 아래 제자들은 전혀 다른 세상을 경험하고 있었다. 이처럼 산 위와 산 아래는 항상 큰 차이가 있는 법이다.

주님과 고통당하는 아들과 아버지 사이, 산 위에서 관상을 체험한 제자들과 산 아래 있던 제자들 사이에 긴장이 흐르고 있다. 둘 사이에 팽팽한 긴장과 침묵이 흐르고 있다. 모든 사람의 눈길이 예수님을 향하였다. 이때 예수님은 이렇게 말씀하셨다.

> 믿음이 없고 패역한 세대여 내가 얼마나 너희와 함께 있으며 얼마나 너희에게 참으리요 그를 이리로 데려오라 하시니라 이에 예수께서 꾸짖으시니 귀신이 나가고 아이가 그때부터 나으니라(마 17:17-18).

산 위가 있으면 산 아래도 있는 법이다. 산 위에서는 관상의 황홀함이 있지만, 산 아래에서는 귀신들려 괴로워하는 현실이 있다. 산 위와 아래는 늘 긴장이 있고 서로 다른 부분이 있다. 산 위에 "세상과 나는 간 곳 없고 구속한 주만 보이는" 관상의 세계가 있다면, 산 아래는 귀신들려 괴로워하는 아픈 현실이 엄연히 존재한다. 산 위와 산 아래는 관상 세계와 현실 세계를 나타내 준다. 이 두 세계는 분명히 다르지만 분리할 수 없는 것이다. 산이 있으면 골이 있고 산이 높으면 계곡 또한 깊은 것처럼, 높은 관상 체험은 깊은 현실적 고민을 직면하게 한다.

관상의 체험과 현실의 문제에는 어떠한 관계가 있는가? 여기서 생각할 것은 산 위의 관상 체험이 없다면, 산 아래의 현실 문제를 헤쳐

나갈 수 없다는 것이다. 산 아래의 방법으로는 현실 문제와 고통을 도저히 풀 수 없다. 기본적으로 인간이 당면한 문제는 세상의 모든 사람이 다 달려들어도 해결하지 못한다. 세상 사람이 다 매달린다고 해서 죽음의 문제가 해결되겠는가? 모든 의사가 다 달려든다고 질병의 문제가 해결되겠는가? 땅에 것은 땅의 것이요, 영은 영의 것이다. 산 위의 은혜 체험으로 산 아래의 문제를 풀어 가는 것이 바로 신앙이다. 산 위의 관상 체험이 없이는 산 아래의 문제를 풀어 갈 수 없다. 여기에 관상과 현실의 역동적 관계가 있다.

진정한 사회참여와 변혁은 외형적인 것에 있지 않다. 조직이나 외모를 바꾼다고 속까지 변하는 것은 아니다. 성형수술을 한다고 마음까지 변하는 것은 아니다. 영혼 깊은 곳에서 변화가 있어야만 진정한 인격과 사회변혁이 가능하다. 역사적으로 진정한 관상 체험이 있는 시대에는 늘 개혁과 변혁이 있었다. 그러한 시대에서는 산 위에서 관상을 경험한 이들이 산 아래에서 그것을 실천하며 살아갔기 때문이다.

참된 영성은 현실을 외면하지 않는다. 참된 영성은 현실에 뿌리내린 영성으로 나타난다. 산 위의 체험은 산 아래에서 삶으로 구체화되어야 한다. 관상은 막연히 뜬구름을 잡는 게 아니다. 신선처럼 황홀경을 추구하는 것도 아니다. 진정한 관상은 현실을 무시하지 않는다. 오히려 현실 문제에 관심을 갖고 참여하며 변혁을 시도한다. 하나님의 뜻이 하늘에서 이루어진 것 같이 이 땅에서도 이루어지기를 구한다. 그러나 관상 체험 없이는 현실을 변혁할 능력이 없다. 하나님의 능력이 아니고는 현실을 바꿀 수 없기 때문이다.

가장 영적인 것은 가장 현실적인 것으로 표현된다. 추상적인 것이 구체적인 것이 된다. 이것이 신앙의 신비다. 주님은 말씀이 육신이 되어 이 땅에 오셨다. 영이신 분이 인간의 몸이 되셨다. 신성의 모든 충만이 예수님의 육체에 거하셨다. 가장 영적인 실제가 육적인 것으로 나타났다. 여기에 영적인 신비와 하나님의 비밀이 있다. 이처럼 가장 관상적인 것은 가장 구체적이고 현실적인 것으로 드러나게 된다. 속에서 불타는 것은 밖으로 나타나지 않을 수 없다. 내연(內燃)하는 것은 외연(外燃)하기 마련이다.

한 번의 관상으로 하나님과의 만남이 끝났다고 할 수는 없다. 그것은 시작에 불과하다. 하나님과의 만남은 평생 지속해야 한다. 이제 시작한 관상 체험을 지속하는 일은 매우 중요하다. 관상 체험을 했느냐에 따라 신앙의 성숙도를 이야기할 수 있긴 하겠지만, 좀 더 중요한 것은 한 번 맛본 관상 체험을 얼마나 지속하느냐에 달렸다. 성숙은 일회적인 사건으로 완성되지 않는다. 성숙에 이르는 길은 평생 지속되는 영적 여정이다.

미숙한 사람들의 특징은 한 번의 신비 체험이나 특별한 영적 체험을 자랑하며 거기에 안주한다는 것이다. 그러기에 더는 진보가 없다. 그러나 성숙한 사람은 한 번의 영적 체험에 만족하지 않고, 저 높은 곳을 향해 날마다 꾸준히 나아간다. 누구보다도 많은 신비 체험을 한 바울은 이렇게 고백했다.

> 내가 이미 얻었다 함도 아니요 온전히 이루었다 함도 아니라 오직 내가 그리스도 예수께 잡힌 바 된 그것을 잡으려고 달려가노라(빌 3:12).

육신을 가진 우리이기에 항상 저 높은 곳에 머물러 있을 수는 없다. 우리의 몸은 비록 이 땅에 속해 있지만, 속사람은 신령한 것을 사모해야 한다. 사도 바울은 그리스도와 함께 살리심을 받았다면 위의 것을 찾으라고 권면한다. 왜냐하면 그곳에는 예수님이 하나님 우편에 앉아 계시기 때문이다(골 3:1). 그리스도인은 일상에서 매일 땅의 문제로 고민하며 살지만, 동시에 저 높은 곳을 향하여 나아가야 한다. 산 아래에 살지만 산 위를 바라보며 사는 것, 이것이 바로 그리스도인의 삶이다. 산 위와 산 아래, 관상과 현실, 두 긴장 사이에 신앙의 신비와 영적인 신비가 있다. 그리고 관상과 현실 사이에 말씀묵상기도가 가교(架橋)처럼 놓여 있다.

읽기, 묵상, 기도, 그리고 관상

말씀묵상기도에서 성경 읽기와 묵상, 기도, 그리고 관상은 깊은 유기적인 관계를 이룬다. 이 관계는 서로 떼어놓을 수 없다. 마치 바늘과 실의 관계처럼 서로 긴밀히 연결되어 있다. 아무리 성경을 많이 읽어도 그것이 묵상으로 심화되지 못하면 단순한 독서로 끝나고 만다. 묵상을 아무리 많이 해도 그것이 성경에서 비롯되지 않았다면 공허할 뿐이다. 아무리 기도를 많이 해도 그것이 묵상에서 비롯된 것이 아니라면, 자기의 필요를 아뢰는 청원기도에 불과할 것이다. 말씀에 근거한 묵상이 깊어져서 기도로 심화되고, 깊어지고 단순해진 기도는 관상으로 연결된다. 이러한 각 단계의 긴밀한 관계를, 귀고는 이렇게 말한다.

묵상 없는 독서는 메마르며, 독서 없는 묵상은 오류에 빠지기 쉽습니다. 묵상 없는 기도는 냉담하고, 기도 없는 묵상은 열매를 맺지 못합니다. 기도가 열정적일 때 관상에 이르는 것이지, 기도 없이 관상에 이르는 경우는 거의 없으니, 그것은 기적에 가깝습니다.[8]

영적 사다리의 네 단계인 독서, 묵상, 기도, 관상은 사다리를 타고 아래에서 위로 올라가는 일련의 단계다. 이 과정은 우리를 좀 더 깊이 인도하는 점진적 흐름이다. 그러나 이 네 단계가 일직선상에 있는 것은 아니다. 이 과정은 일직선이라기보다 나선형 모양 또는 십자가를 안에 둔 원형에 가깝다. 이것을 그림으로 그리면, 다음과 같다.

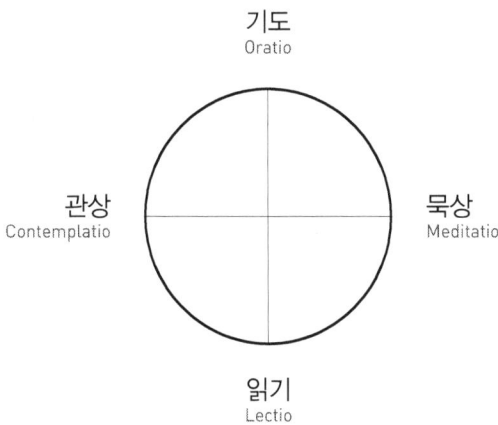

네 단계에는 분명한 연관 관계가 있지만, 수학 공식처럼 딱 맞아 떨어지는 것은 아니다. 위 그림에서 보듯 각 단계는 일련의 연속적인 관

계이면서, 동시에 서로 영향을 주며 진행된다. 이 흐름에서 중요한 것은 일직선의 문제가 아니라, 성령께서 얼마나 이끌어 주시느냐에 있다.

네 단계의 인과관계를 잘 살펴보면, 독서와 묵상은 인간의 능동적인 면이 강조된다. 독서를 하려면 우리가 손을 들어 성경을 펴서 읽어야 한다. 성경책이 우리 눈 앞에서 저절로 펼쳐지고 읽혀지는 법은 없다. 성경을 읽으려면 시간을 내어 책상에 앉아야 한다. 몸으로 직접 물리적인 수고를 해야 한다. 이러한 수고를 하지 않고 성경이 저절로 펼쳐지고 읽혀지기를 기다린다면, 그것은 정상이 아니다. 묵상 역시 우리가 읽은 것에서 기억나는 것을 암송하며 우리 지성과 의지로 되뇌는 수고를 해야 한다. 이러한 수고가 없다면, 묵상이 아닌 공상만 할뿐이다. 마치 마중물을 붓고 펌프질을 하듯, 성경을 읽고 묵상하는 일은 우리가 능동적으로 해야 할 일이다.

그러나 기도와 관상의 단계는 분명히 수동적인 측면이 강하다. 성경을 읽고 묵상하는 일은 어느 정도 우리 스스로 할 수 있지만, 마음을 열어 기도하는 것은 우리 의지대로 되지 않는다. 기도하고 싶은데도 기도가 잘 되지 않을 때가 있다. 우리 영혼이 하늘로 높이 들리는 일은 우리 마음대로 할 수 없다. 오직 하나님의 은혜이자 성령의 인도하심이다. 성령께서 기도를 더 깊이 있게 이끄셔야 관상으로 나아갈 수 있다.

말씀묵상기도의 네 단계를 베네딕트회 아빠스 돔 마르미온(Dom Marmion, 1858-1923)은 이렇게 시적으로 묘사했다.

우리는 읽는다　　　　　　　　(읽기: Lectio)
하나님의 눈 아래서　　　　　　(묵상: Meditation)

| 마음에 와 닿을 때까지 | (기도: Oratio) |
| 그리고 불길 속으로 뛰어든다 | (관상: Contemplatio)[9] |

하나님은 갈망하는 영혼을 무시하지 않으신다. 하나님은 목마른 사슴처럼 갈망하는 영혼을 긍휼히 여기시며 그 목마름을 채워 주신다. 단, 우리는 갈망하는 마음으로 말씀을 읽고 묵상해야 한다. 하나님은 사모하는 영혼에게 만족을 주시는 분이다. 이처럼 하나님의 은혜를 갈망하는 영혼에 대해 귀고는 다음과 같이 말했다.

다른 일에 마음을 빼앗기지 않고, 언제나 이 사다리 위에 자신의 발을 딛고 서 있는 사람은 복됩니다. 그는 모든 재산을 팔아 오랫동안 감추어져 있던 보물이 묻힌 그 밭을 사는 사람입니다. 그는 그 밖의 모든 것으로부터 자유로워지기를 원하며, 주님이 얼마나 감미로운 분인지 보고 싶어 합니다. 이 첫 단계에서 열심히 애쓰는 사람은 둘째 단계에서 더 숙고하게 되고, 셋째 단계에서 열정적인 투신을 하게 되며, 마지막 단계에서는 자신이 하늘로 들리게 됩니다.[10]

결국 은혜를 베푸시는 분은 하나님이다. 하지만 은혜를 받기까지 사다리에 매달려 계속 올라가기를 갈망하며 노력하는 것은 우리 몫이다.

3부

우리
서로 나눈
그 기쁨은

7
묵상을 통해 주님을 만나다

말씀묵상기도를 하기 위한 준비

외적인 준비

고요하고 여유로운 시간 | 현대인은 늘 바쁘고 분주하다. 그러나 말씀 묵상과 기도를 하려면, 최소한의 시간을 확보해야 한다. 우리는 육에 속한 존재이기에 시간에 구속받지 않을 수 없다. 우리가 기도에 집중하지 못하는 많은 이유 중 하나는 여유로운 시간이 없다는 것이다. 현대인치고 바쁘지 않은 사람이야 별로 없겠지만, 하루에 20-30분 아니면, 일주일에 두세 번이라도 30분 이상 시간을 내어 말씀 앞에 서는 시간을 확보해야 한다.

'바쁜 목사는 나쁜 목사'라는 말이 있다. 목회 현장의 다양성 때문에 목회자의 하루는 매우 바쁘다. 어쩌면 가장 많이 기도해야 할 목회자의 기도 시간이 가장 적을지도 모른다. 대개 하루 일과는 새벽기도로 시작된다. 그러나 낮에는 수많은 모임을 소화해야 하기 때문에 충분한 시간을 갖고 기도하기란 쉽지 않다. 심방 가서도 기도하지만 거의 비슷한 레퍼토리로 기도하기가 쉽다. 그러다 보면 스스로 기계적이고 입에 발린 기도를 한다는 느낌이 종종 든다.

나는 이러한 습관적인 기도를 극복하기 위해 나름대로 고심한다. 일례로, 가능하면 오전은 기도 시간으로 보내려고 한다. 이는 일정을 조정하면 가능한 일이다. 나는 홀로 고요히 있기 위해 사무실이나 교회 개인 기도실을 찾는다. 가장 먼저 휴대전화를 끈다. 그리고 모든 것을 뒤로하고 말씀을 읽고 기도한다. 이렇게 일주일에 몇 번이라도 기도한다. 그리고 분기별로 한두 번 수양관에 올라가서 침묵 중에 집중적으로 기도한다. 기도하려면 가장 먼저 시간을 확보해야 한다. 보물이 있는 곳에 마음이 있듯, 마음이 있는 곳에 시간을 사용하기 마련이다.

조용한 장소 | 눈은 어디에서나 감으면 보이지 않지만, 귀는 그렇지 않다. 고요하게 묵상하고 기도하려면 고요한 장소가 필수적이다. 무엇보다도 소음이 없는 장소가 필요하다.

나에게 고요한 장소는 크게 세 곳이다. 한 곳은 사무실로, 오전 시간에는 고요하다. 또 교회 개인 기도실이나 본당이다. 가끔 즐겨 찾는 공간은 차 안이다. 심방하고 나서 주차장의 한적한 곳에 차를 주차하고 기도하면, 그 어느 때보다 집중이 잘된다. 완벽하게 소음이 차단된 공간은 없지만 휴대전화, 텔레비전, 자동차, 사람들의 대화 등 예기치 않은 소음 등을 미리 차단하고 자기만의 공간을 찾아야 한다.

외적 고요 못지않게 중요한 것은 내적 고요다. 밖이 아무리 조용해도 내면이 소란하면, 기도에 집중할 수 없다. 따라서 내면의 고요를 찾아야 한다. 내면의 고요를 깨뜨리는 주된 요인은 염려와 분노다. 이런저런 말로 마음이 흔들릴 때가 있다. 그럴 때마다 나는 시편 16편 8절 말씀을 생각하며 묵상한다.

내가 여호와를 항상 내 앞에 모심이여 그가 나의 오른쪽에 계시므로 내가 흔들리지 아니하리로다.

하나님을 내 앞에 모시려고 마음을 집중하여 그분의 임재를 생각하노라면, 어느새 근심과 염려가 사라지고 주님이 나를 붙들고 계심을 경험한다.

우리가 흔들리는 이유는 요동하는 것을 앞에 놓고 바라보기 때문이다. 사람이나 돈, 권력도 다 흔들리는 것이다. 흔들거리는 것을 계속 보고 있으면 멀미가 난다. 마음이 흔들리지 않으려면, 요동하지 않는 반석이신 하나님을 앞에 모시고 그분에게 집중해야 한다. 그러면 어느새 내면의 소란이 잠잠해지고, 고요가 임하는 것을 경험하게 된다.

필기도구 | 은혜를 사모하는 영혼에게 하나님이 언제 어떻게 은혜를 부어 주실지 우리는 알 수 없다. 우리의 묵상과 기도가 더 깊어지지 못하는 아쉬움이 있다. 그 이유는 대개 일회적으로 묵상하고 기도한 것으로 끝나기 때문이다. 이따금 깊은 깨달음과 은혜를 느낀다. 그러나 이를 기록하지 않으면, 그 깨달음을 지속하기가 어렵다. 우리의 기억력은 그리 대단하지 못하다. 또한 주변의 환경은 우리를 한 가지 일에

계속 집중하도록 그냥 놓아두지 않는다.

나는 묵상하며 깨달은 것들을 작은 노트에 간단히 메모한다. 때로는 성경 여백에 간단히 메모한다. 때로는 포켓용 수첩에 간단히 메모한다. 주로 개념이나 단어 등을 메모한다. 다른 사람은 몰라도 나 자신은 잘 아는 방식으로 적는다. 좀 더 많은 분량은 컴퓨터에 따로 저장해 둔다.

분주하고 복잡한 오늘날의 일상에서 고대나 중세 수도사처럼 한 가지 일에만 몰두하며 살기는 어렵다. 그러므로 가능하면 묵상하고 기도할 때 깨달은 것을 기록으로 남겨 두어야 한다. 기록은 기억보다 오래가기 때문이다. 그 기록들이 모아져 묵상으로 연결되고 더 깊어진다. 지금 우리가 읽는 고전도 다 그렇게 기록된 것이다. 만일 선인들이 그렇게 기록해 두지 않았다면 고전은 존재하지 않았을 것이다. 오늘날 우리는 선배들의 기록물에서 많은 영감을 얻는다. 기록을 하면 먼저 자신에게 유익하다. 그리고 그것이 언젠가는 후배들에게 영적인 도움을 주는 영적 유산이 될 수 있을 것이다.

내적인 준비

사모하는 마음 갖기 | 무슨 일이든 다 그렇지만 말씀묵상기도에서 가장 중요한 것은 사모하는 마음이다. 말씀을 간절히 사모하는 마음이 없다면, 아무리 좋은 성경과 시설이 있다 해도 소용이 없다. 무엇보다 중요한 것은 목마른 사슴처럼 우리 영혼이 주님의 은혜를 사모하며 갈망하는 것이다. 주님은 사모하는 영혼을 만족한 것으로 채워 주신다.

말씀묵상기도에 있어 무엇보다도 중요한 것은 '나는 정말로 배가 고픈가?'라는 질문이다. "시장이 반찬이다"라는 속담이 있다. 배가 부르면, 산해진미도 소용이 없다. 그 어떤 맛있는 음식보다도 시장기가 최고의 반찬이다. 우리 영성 생활도 마찬가지다. 하나님의 은혜를 받는 데 가장 좋은 기본 조건이 되는 것은 영혼의 배고픔이다. 갈망하는 마음이다. 목마른 사슴이 시냇물을 찾는 것 같은, 사모하는 마음이다. 주님도 심령이 가난한 자가 복이 있다고 하셨다.

> 내 영혼이 하나님 곧 살아 계신 하나님을 갈망하나니 내가 어느 때에 나아가 하나님의 얼굴을 뵈올까(시 42:2).

성경을 읽을 때 가끔 느끼는 문제는 성경을 습관적으로 읽는다는 것이다. 습관적으로 읽는 것에는 두 가지 의미가 있다. 좋은 의미는 성경 읽는 것이 몸에 배서 규칙적으로 읽는다는 것이다. 부정적 의미는 습관에 따라 기계적으로 읽는 것이다. 성경을 보고 글씨는 읽는데, 마음은 다른 곳에 가 있을 때가 있다. 그럴 때는 읽던 것을 중단하고, 가난하고 순전한 마음을 달라고 기도한다. 그럴 때는 주로 "목마른 사슴 시냇물을 찾아 헤매이듯이 내 영혼 주를 찾기에 갈급하니이다"라는 찬양을 읊조린다. 찬양 중에 가난한 마음을 주시면, 다시 성경을 읽는다. 그러면 다가오는 맛이 다르다.

몸과 마음 바르게 하기 | 인간은 몸과 마음을 지닌 존재다. 몸과 마음은 서로 영향을 주고받는다. 말씀을 묵상하며 기도하는 것은 순전히 몸의 활동만도 아니고, 그렇다고 순전히 영의 활동만도 아니다. 말씀묵상기도의 모든 과정에는 몸과 마음이 함께 움직여 나간다. 따라서 몸과 마음을 바르게 하는 것이 중요하다.

성경 독서나 묵상을 할 때는 자세를 바르게 해야 한다. 자세가 바르지 못하면 정신을 집중하기 어렵고, 호흡도 부자연스러워진다. 바른 자세는 요가나 선 등이 이야기하는 것을 참고해도 좋다. 결가부좌, 반가부좌, 묵상 의자 등 다양한 자세가 있다. 이러한 자세에는 부분적으로 배울 게 있다. 하지만 무엇보다 중요한 것은 자신이 가장 편안하게 집중할 수 있는 자세를 스스로 찾아 익히는 것이다. 일반적으로 좋은 자세는 반가부좌 또는 너무 푹신하지 않은 의자에 바르게 앉는 것이다.

나는 주로 등받이가 있는 딱딱한 의자를 사용한다. 의자에 등을 가볍게 붙이고 허리를 펴서 고개를 약간 숙인 자세를 취한다. 때로는 조지 뮬러가 기도했듯이 책상에 팔꿈치를 대고 두 손을 모아 가볍게 턱을 바치고 기도한다.

깊이 묵상하다 보면, 가끔 호흡이 힘들 때가 있다. 묵상의 흐름과 호흡이 잘 맞지 않기 때문에 생기는 현상이다. 침묵하면서 묵상에 집중하다 보면, 평소에는 잘 느끼지 못했던 자신의 호흡을 느낄 수 있기 때문이다. 호흡과 마음은 밀접한 관계가 있다. 호흡이 고르면 마음도 안정되고, 호흡이 고르지 못하면 마음도 흔들리기 쉽다. 요가나 선에서 가르치는 많은 호흡법이 부분적으로 호흡을 고르게 하는 데 도움이 될 것이다.

그러나 말씀을 묵상할 때 호흡에 너무 신경 쓰다 보면 오히려 묵상에 방해가 될 수 있다. 편안한 마음으로 자연스럽게 천천히 호흡하다 보면, 자기 나름의 호흡법을 익히게 될 것이다. 가장 좋은 호흡법은 자신이 숨 쉬고 있음을 느끼지 못하는 자연스러운 상태다. 그러다 보면 내 속에 호흡이 있고, 호흡 속에 내가 있음을 알게 될 것이다.

호흡이 깊어지고 고요해질수록 마음도 고요해진다. 깊은 묵상을 하려면, 절대적으로 마음이 고요해야 한다. 마음이 흐트러지고 산만해지면, 깊은 묵상과 기도를 하기 어렵다. 마음 안으로 깊이 들어가지 못하면, 깊은 기도와 묵상을 하기 어렵다. 감정이나 삶의 복잡한 문제를 뛰어넘어 고요한 마음이 될 때, 바른 묵상을 할 수 있다. 맑은 호수에 산이 비치듯이, 맑고 고요한 마음에 하나님이 비치게 될 것이다.

하나님의 임재 의식하기 | 몸과 마음을 바르게 했다면, 이제 하나님의 임재를 기다려야 한다. 하나님의 임재를 깊이 느낄수록 묵상과 기도가 깊어질 수 있다.

하나님의 임재를 인지하고 느끼며 정의하는 것은 사람마다 다르다. 그것이 정상이다. 내가 생각하는 하나님의 임재는 하나님이 나를 사랑의 눈길로 바라보고 계심을 느끼는 것, 하나님이 내 옆에 계시며 "내가 다 안다, 염려하지 마라, 걱정하지 마라"라고 속삭이시는 것, 혹은 내 안에서 까닭모를 소망이 넘쳐나는 것, 읽고 묵상하는 성경말씀이 내게 주시는 하나님의 약속으로 굳게 믿어지는 것 등이다.

하나님의 임재를 느끼는 비법이 따로 있는 것은 아니지만, 나는 주로 세 가지 방법을 사용한다. 첫째는 히브리서 11장 6절 말씀을 묵상하며 살아 계신 하나님을 바라보는 것이다. 둘째는 좋으신 하나님의 성품을 주제로 한 찬양을 조용히 읊조리며, 하나님을 "아빠 하나님"이라고 부르는 것이다. 이때 나는 가까이에 계신 주님을 느낀다. 셋째는 마음을 가다듬고 하나님이 내게 베풀어 주신 은혜를 묵상하는 것이다.

하나님의 임재를 자주 느낀다는 것은 그만큼 하나님께 몰두한다는 것이다. 하나님께 몰두할수록 친밀함이 높아진다. 친밀함이란 나와 하나님 사이에 거리감이 없다는 뜻이다. 둘 사이에 거리감이 없을수록 더 깊은 교제와 대화가 가능하다. 예수님도 이렇게 말씀하셨다.

> 너희가 내 안에 거하고 내 말이 너희 안에 거하면 무엇이든지 원하는 대로 구하라 그리하면 이루리라(요 15:7).

우리는 하나님과 친밀감을 이룬 만큼 더 깊이 있게 기도할 수 있다.

성령의 도우심 간구하기 | 몸과 마음을 고요하게 하고 하나님의 임재를 깊이 느낀다 하더라도 하나님의 말씀을 깨닫고 알게 하는 분은 성령이시다. 성령은 하나님의 깊은 것까지도 통달하시는 분이다(고전 2:10). 그러므로 우리는 겸손히 성령의 인도하심과 조명을 간구하며 기다려야 한다. 진리의 성령이 오시면 그분이 우리를 진리로 인도하시며(요 14:17, 26, 16:13) 좀 더 깊은 기도로 이끄실 것이다.

성령의 도우심을 간구할 때 나는 주로 찬송을 부른다. "성령이여 강림하사 나를 감화하시고 애통하며 회개할 맘 충만하게 하소서"라는 찬송이나 "어두운 내 눈 밝히사 진리를 보게 하소서. 진리의 열쇠 내게 주사 참 빛을 찾게 하소서. 깊으신 뜻을 알고자 엎드려 기다리오니 내 눈을 열어 주소서 성령이여"라는 찬송을 부른다. 찬송을 천천히 반복하여 부르다 보면 어느새 마음이 차분해진다. 또한 갈망하는 나의 마음에 오셔서 부드럽게 어루만지며 인도하시는 성령을 깨닫고 느낀다. 찬송은 정념을 가라앉혀 주며, 육신의 무절제한 충동을 억제해 준다.[1]

묵상을 통해 만나는 주님

주변 여건과 마음의 준비가 끝났다면, 이제 직접 말씀묵상기도를 해보자. 마태복음 4장 1-11절 말씀을 본문으로 내가 묵상하며 기도했던 것을 간단히 나누려 한다. 마태복음 4장은 예수님이 공생애를 시작하시기 전, 40일 동안 광야에서 금식하며 기도하신 모습을 보여 주는 본문이다. 금식하며 기도하시던 예수님의 마음을, 본문을 통해 깨닫고 느끼며 기도해 보기 원한다.

그때에 예수께서 성령에게 이끌리어 마귀에게 시험을 받으러 광야로 가사 사십 일을 밤낮으로 금식하신 후에 주리신지라 시험하는 자가 예수께 나아와서 이르되 네가 만일 하나님의 아들이어든 명하여 이 돌들로 떡덩이가 되게 하라 예수께서 대답하여 이르시되 기록되었으되 사람이 떡으로만 살 것이 아니요 하나님의 입으로부터 나오는 모든 말씀으로 살 것이라 하였느니라 하시니 이에 마귀가 예수를 거룩한 성으로 데려다가 성전 꼭대기에 세우고 이르되 네가 만일 하나님의 아들이어든 뛰어내리라 기록되었으되 그가 너를 위하여 그의 사자들을 명하시리니 그들이 손으로 너를 받들어 발이 돌에 부딪치지 않게 하리로다 하였느니라 예수께서 이르시되 또 기록되었으되 주 너의 하나님을 시험하지 말라 하였느니라 하시니 마귀가 또 그를 데리고 지극히 높은 산으로 가서 천하만국과 그 영광을 보여 이르되 만일 내게 엎드려 경배하면 이 모든 것을 네게 주리라 이에 예수께서 말씀하시되 사탄아 물러가라 기록되었으되 주 너의 하나님께 경배하고 다만 그를 섬기라 하였느니라 이에 마귀는 예수를 떠나고 천사들이 나아와서 수종드니라.

말씀 읽기(Lectio-Reading)

제일 먼저 할 일은 성경 본문을 읽는 것이다.

그러면 어떻게 읽어야 할까? 말씀묵상기도를 할 때 주의할 것은 빨리, 그리고 많이 읽으려고 하지 말아야 한다는 점이다. 우리는 빠른 시간에 많이 읽는 것에 익숙해져 있다. 그래야 유능하다고 여기는 경향이 있다. 그러나 때로는 정독이 더 필요하고, 더 중요하다.

성경을 읽기 전, 마음에 떠오르는 찬송을 약 5-10분 정도 조용히 또는 허밍으로 부른다. 그러면 마음이 차분해지고 집중하게 된다. 그리고 성경을 읽을 때 밑줄을 치거나 메모할 수 있도록 메모지와 연필을 준비한다.

그리고 간절한 마음과 온몸(손, 눈, 입, 귀)으로 성경을 읽는다. 다석(多夕) 유영모 선생은 생전에 성경을 읽을 때 앉은뱅이책상 앞에 앉아 무릎을 꿇고 읽었다고 전해진다. 이는 간절한 마음의 표현이다. 이렇게 성경을 읽으면, 분명히 어떤 말씀이 우리 눈에 새롭게 띄고 마음에 들리게 된다. 사모하는 마음으로 조용히 성경을 읽어 보자. 무엇이든 마음에 와 닿는 부분이 있을 때까지 천천히 읽어 나가라.

마음에 와 닿는 말씀에 머물러 묵상(Meditatio-Meditation)

본문을 읽다가 마음에 와 닿는 것이 있을 때, 밑줄을 치거나 메모하는 것이 좋다. 할 수만 있다면 암송해서 기억에 담아 두라. 그렇게 하면 언제 어디서든 필요할 때 말씀을 되뇌며 묵상할 수 있는 특권을 얻게 된다. 당신은 어떤가? 지금 당신에게 다가오는 구절이 있는가?

이 본문에서 나는 특별히 2절 "사십 일을 밤낮으로 금식하신 후에 주리신지라"는 말씀에 먼저 눈과 마음이 간다. 거친 들판에서 음식을 먹지 못하여 지친 주님의 모습이 참 안쓰럽게 느껴진다. 주리고 쇠잔한 주님의 모습이 떠오르며, 긍휼과 사죄의 마음이 솟아난다. 주님의 주림은 바로 우리를 위한 것이 아닌가. 주리신 그 모습이 마치 거친 광야에 외롭게 서 있는 메마른 나무같다.

말씀이 마음에 와 닿으면, 성경 읽기를 잠시 멈추고 말씀을 음미하며 묵상하는 것이 좋다. 묵상은 때로는 깊은 지적 이해로, 때로는 한 폭의 그림처럼 느낌으로 다가온다. 묵상이 깊어져 성령이 이끄시는 대로 나아가면, 순수기도와 관상으로 나아갈 수 있다. 이때 중요한 것은 시간에 쫓기지 않도록 여유 시간을 확보하는 것이다.

어떤 구절이 마음에 와 닿았는가? 본문 중에 몇 구절 또는 단어도 좋고 전체를 상징하는 이미지도 좋다. 이때 한 가지 알아둘 것이 있다. 마음에 와 닿는 한두 구절을 중심으로 묵상하면 너무 편협한 묵상이 되지는 않을까 걱정하는 이들이 있다. 그러나 염려할 필요가 없다. 비록 한두 마디로 시작하는 묵상일지라도, 그것이 깊어지면 본문 전체가 이어지고 꿰뚫어져 연결된다. 하나가 이해되고 뚫리면, 그다음 것은 저절로 연결되어 이해하게 된다.

마음에 공명된 것을 기도로 아뢰기(Oratio-Prayer)
묵상이 깊어지면 마음에서 하나의 반응이 나온다. 마치 지압을 하면 몸이 아프거나 시원한 것과 비슷한 반응이다. 마음에서 나오는 반응은 공명이라고 할 수 있다. 마음속 깊은 곳에서 느껴지고 공명된 것을 하나님께 오롯이 올려드리는 것이 기도다. 그 공명된 기도가 무엇이든, 성령이 이끄시는 대로 하나님의 보좌 앞에까지 나아가 보라. 이때는 기도의 골방에 하나님과 나와 단 둘이 있는 때이므로 무엇이든 마음에 있는 그대로 다 아뢰는 것이 좋다. 감사든 슬픔이든 애통함이든 소망이든, 어떤 것이라도 좋다. 성령께서 기도를 이끄시면 얼마 동안 기도에 더 머무를 수도 있고 이어서 관상으로 연결될 수도 있다.

광야의 메마른 나무처럼 홀로 서 있는 주님의 모습이 한없이 외로워 보인다. 주님의 고독과 나의 외로움이 공명되어 마음에서 우러나오는 기도를 아뢴다. "주님 많이 외로우시죠. 참 힘들어 보이시네요. 주님 모습이 마치 바짝 마른 나무처럼 보여요. 주님이 광야에 홀로 외롭게 서 계신 것을 보니 제 마음도 쓸쓸합니다. 주님이 외로우실 때, 제가 친구가 되어 드리고 싶어요. 힘내세요. 제가 옆에 서 있을게요." 마음으로 이런 기도를 드리며 주님의 외로움을 느낀다. 기도하면서 주님의 외로움이 나에게 전달되고 나의 애잔한 마음이 주님께 전달되어 서로 하나 됨을 느낀다.

하나님의 임재 안에 머물러 관상을 누리기(Contemplatio-Contemplation)
기도를 하는 동안 성령께서 우리 영혼을 하나님의 보좌 앞으로 이끌어 가시면, 우리는 깊은 임재와 관상적 체험을 하게 된다. 하나님이 우리를 관상의 세계로 인도해 가시면, 우리는 거부할 수가 없다. 그분이 이끄시는 대로 따라가는 수밖에 없다. 이때는 지성도 의지도 모두 무력해지고, 전적으로 수동적인 상태가 되어 버리기 때문이다. 이때 영혼은 위로부터 주시는 하나님의 은총을 감사히 받아 누리며 그 안에 머물러 있으면 된다.

외로운 나무 같은 주님께 나의 외로움을 아뢰며 기도하는 중에 하나의 그림(영상, 깨달음)을 영의 눈으로 보게 되었다. 외롭게 서 있는 주님 나무 옆에 조그만 나무가 한 그루 서 있다. 그 나무 역시 잎사귀 하나 없이 깡말랐다. 두 나무가 광야에 외로이 서 있다. 영혼의 고독을 느끼며 서 있는 동안 나무들에게 서서히 변화가 일어난다. 큰 나무와 작은 나무가 조금씩 자라면서 뿌리와 뿌리가 맞닿고 나뭇가지가 자라나 맞닿는다. 그리고 어느새 나뭇가지에 잎이 피고 무성한 나무로 자라는 모습을 고요한 관상 중에 보게 된다. 뿌리와 가지가 잇닿으면서 두 나무는 고독과 평안, 사랑을 공유한다. 그동안 내 영혼은 주님과 하나 됨을 강하게 느끼며 일치의 공감대를 누린다.

관상의 체험을 하는 동안 영혼은 가만히 있어 하나님이 이끄시는 대로 따라가면 된다. 이때에 우리 영혼은 "내 영혼이 은총 입어 중한 죄짐 벗고 보니 슬픈 많은 이 세상도 천국으로 화하도다"라고 찬양하거나 "세상과 나는 간 곳 없고 구속한 주만 보이도다"라고 고백하게 된다. 이제 하나님 임재 안에서, 세상과 주변에 신경 쓰지 말고 그저 주님이 주시는 은혜에 흠뻑 젖어들어 보라(시 131:1-3 참고).

반추기도와 순종하기

말씀묵상기도를 하는 과정에서 특별한 깨달음을 얻을 때가 있다. 그것도 아주 구체적으로 실천해야 할 깨달음인 경우가 있다. 구체적인 깨달음을 얻었을 때는 바로 실천해야 한다. 실천할 의지 없이 지적인 깨달음만 추구하다보면, 말씀 묵상은 자칫 지적 유희로 끝날 수 있다. 순종이 제사보다 낫다는 말씀처럼 깨달음에 대한 순종이 있어야만, 더 깊은 묵상과 관상이 가능하다. 대개 관상적 상태는 그냥 오지 않는다. 그전 단계에서 실천과 순종의 삶으로 준비되었을 때, 그 연장선상으로 오게 된다. 관상적 은총이 일회적 사건으로 끝나느냐, 아니면 지속적인 성숙으로 이어지느냐 하는 문제는 순종에 달렸다. 관상적 은총에 순종하지 못하면, 지속적인 성숙과 진보가 불가능하다.

성도 중에 외로운 나무 같은 분이 있었다. 어려운 일을 당하여 많은 위로가 필요한 상황이었는데, 주변 사람들이 그를 만나 주지 않았던 모양이었다. 그런데 내가 묵상하고 기도하던 중에 그분이 생각났다. 그분께 전화해서 몇 차례 만나 이야기를 나누었다. 그분은 상황이 너무 어려워서 마치 사막에 혼자 뚝 떨어진 느낌이었다고 했다. 구역과 선교회 친구들이 있었지만, 외로운 상황으로 빠져들기 시작하자 사람들은 멀어지고 걷잡을 수 없는 외로움에 사로잡혀 몸부림을 친 것이다. 그때 그분은 외로움을 처절히 경험했다고 한다. 지금은 대화와 교제를 통해 짙은 외로움에서 조금씩 벗어나고 있다.

말씀묵상기도 하는 중에 특별히 생각난 구체적인 깨달음이나 실천 사항이 있는가? 무언가 특별한 것이 있다면 곧바로 실천해서 순종해야 한다.

묵상기도를 마쳤다 해도 일상에서 틈을 내어 깨달음을 주신 말씀을 계속 묵상해야 한다. 일회적인 은총으로 끝내지 않고, 지속적이고 몸과 영혼에 체화된 은총이 되게 하려면 꾸준한 묵상, 즉 반추기도가 필요하다. 반추기도는 깨어 있을 때나 잠자리에 들 때도 계속되어야 한다.

말씀을 반추하며 잠자리에 든다면, 무의식 속에서라도 영이 묵상하게 될 것이다.

나는 나무를 보면서, 그때 묵상했던 내용을 다시 반추한다. 특별히 겨울철 앙상한 나무를 바라보며 지금도 외로우실 주님을 생각한다. 그리고 어떻게 하면 그분의 친구와 제자가 될 수 있을지 반추한다. 좋은 한약은 처음 달인 것도 약효가 있지만, 여러 번 달일수록 더 그윽한 맛과 향을 낸다. 다함이 없는 하나님의 말씀은 반추할수록 더 깊은 은혜가 된다.

8
하나님을 경험하는 기도의 조건

말씀묵상기도를 하려면

1만 시간의 법칙

하나의 신앙적 습관이 몸에 배려면 오랜 시간이 필요하다. 대부분 신앙생활은 좋은 습관에 의해 유지되고 깊어진다. 습관적인 것이 모두 나쁜 것은 아니다. 매너리즘에 빠지지 않는 좋은 신앙적 습관은 신앙의 뿌리와 같다. 뿌리가 깊어야 나무가 견고히 선다. 말씀묵상기도가 신앙의 습관으로 체질화되려면, 많은 시간과 시행착오 그리고 인내심이 필요하다.

1만 시간의 법칙이라는 것이 있다. 한 분야에서 달인의 경지에 도달하려면 단순히 천재성만으로는 되지 않고 부단한 노력과 반복이 필요하다는 것이다. 적어도 1만 시간을 연속적으로 반복하고 집중해서 실천할 때 그 분야의 달인이 될 수 있다. 말콤 글래드웰은 《아웃 라이어》(김영사 역간)에서 전설적인 록 밴드 비틀즈와 마이크로소프트사의 빌 게이츠 같은 이들을 1만 시간 법칙의 성공적인 예로 들어 설명한다.[1]

축구 선수들은 축구공이 발에 달라붙기까지 수십만 번 이상 공을 찬다. 야구나 골프 역시 그렇다. 피아노나 바이올린 연주자도 마찬가지다. 한 곡을 수천 번 연주하며 연습한다. 한국이 낳은 세계적인 발레리나 강수진의 발 사진을 보면 이를 조금은 알 것 같다.

말씀묵상기도는 하나님의 말씀이 우리 영혼을 만지고 연주하는 것이다. 이 세상에서 가장 복잡하고 심오한 악기가 있다면, 바로 영혼이다. 자기 영혼을 아름답게 연주하려면, 한두 번의 훈련으로는 어렵다. 우리는 말씀과 기도로 영혼을 연주한다. 말씀은 활이고 기도는 울림통이다. 처음엔 신통치 않아도 꾸준히 반복하다 보면, 말씀묵상기도가 몸에 익는다. 무엇보다 애쓰는 모습에 하나님도 감동하셔서 언젠가 은혜를 부어 주지 않으시겠는가. 물론 첫 술에 배부를 수는 없겠지만, 믿음과 인내로 말씀을 묵상하고 기도하면 언젠가 영혼의 아름다운 연주 소리를 듣게 될 것이다.

도움 요청과 은혜 나누기

말씀묵상기도를 하면서 도움을 얻을 수 있는 좋은 방법은 영적 멘토를 만나는 것이다. 나보다 영적으로 성숙한 사람이 기도를 지도해 준다면, 이보다 더 좋은 방법은 없을 것이다. 영적 지도자가 모든 답을 알고 있는 것은 아니지만, 어떻게 기도하고 묵상해야 하는지에 대한 방법과 방향은 알고 있기 때문이다. 사실 영적 지도자는 정답을 주는 게 아니라 방향을 제시해 준다. 이는 별 것 아닌 것처럼 보이지만, 결코 작은 일이 아니다.

요즘 운전자에게는 네비게이션이 필수적이다. 목적지만 입력하면, 가는 길을 척척 안내해 준다. 밤이고 낮이고 도시고 시골이고 가히 전지전능하다. 네비게이션은 운전자에게 편리함과 자신감을 불어넣어 주었다. 그러나 꼭 그것이 좋은 것만은 아니다. 네비게이션과 지도는 비슷하지만 다르다. 네비게이션은 편리함이 있지만 전체 윤곽을 그리는 데 한계가 있다. 네비게이션을 너무 의지하면, 전체적인 방향 감각을 상실할 수 있다. 네비게이션은 편리한지만 한계가 있다. 반면 지도는 전체의 윤곽을 보여 주며 세부적인 것은 스스로 선택하게 한다. 네비게이션이 세세한 길을 안내한다면, 지도는 전체 방향을 가르쳐 준다. 지도와 네비게이션은 서로 보완관계다.

말씀묵상기도에 있어서 지도자의 역할은 네비게이션이라기보다는 지도와 나침반 같다. 당장 필요한 정답을 콕 짚어 주지는 않지만 전체적으로 나아갈 방향을 제시해 주기 때문이다. 말씀묵상기도의 멘토는 묵상자가 어느 방향으로 나아가야 할지 방향을 일러줌으로 스스로 영적 여정을 걸어가도록 돕는다. 우리의 궁극적인 멘토는 하나님과 성경이지만, 내가 신뢰할 만한 믿음의 선배도 구체적인 역할을 해줄 수 있다. 큰 나무와 함께 서 있다 보면 어느새 성장한 나의 모습을 발견할 수 있다. 인간은 나눔과 도움을 통해서 서로 자라간다.

분심 처리하기

어느 기도나 그러하겠지만, 특히 말씀묵상기도를 하면서 실제적으로 어려운 것이 바로 분심이다. 분심 없이 집중할 수 있다면, 거의 성공적인 기도라 볼 수 있다. 누구나 경험적으로, 기도하며 집중하기가 말처럼 쉽지 않음을 안다. 잡념이 생기고 분심이 일어나면 아무리 오랜 시간 앉아 있어도 깊이 있는 기도가 나오지 않는다. 기도하는 기쁨보다는 답답함과 죄책감이 더할 뿐이다. 분심만 잘 처리하고 이겨 내면, 기도가 상당히 진보하게 될 것이다.

먼저 알 것은, 이 세상에 분심으로 고생하지 않는 사람은 아무도 없다는 것이다. 매번 잡념이나 분심 없이 집중하며 기도하는 사람은 없다. 잡념과 분심이 일어나는 것은 지극히 당연한 일이다. 그러므로 분심 때문에 너무 자신을 탓하거나 죄책감에 시달릴 필요는 없다. 그럼에도 기도에 집중하려면, 분심을 극복해 나가야만 한다. 분심에서 벗어날 수 있는 몇 가지 대안을 제안해 보겠다.

첫째, 주변을 잘 정리 정돈하여 잡념이 생기지 않도록 하라. 한번은 말씀묵상기도 모임을 하는데, 권사님 한 분이 시작하고 얼마 지나지 않아 안절부절못하였다. 본인도 문제지만 다른 사람에게도 방해가 될 정도였다. 조용히 밖으로 불러내어 무슨 문제가 있는지 물어 보았다. 권사님이 답하길, 집에 가스레인지 불을 끄고 왔는지, 아닌지 기억나지 않는다는 것이었다. 이런 경우는 어쩔 수가 없다. 집에 가서 확인을 하든지, 아니면 전화를 해서라도 확인해 보는 수밖에 없다. 다행히 집에 사람이 있어서 불을 끈 것을 확인할 수 있었고, 마음 편히 기도에 집중할 수 있었다. 건망증은 기도의 방해꾼이다. 주변을 잘 정돈하는 것은 기도 집중에 큰 도움이 된다.

현대인은 너무 복잡하고 분주하다. 보고 듣는 것이 너무 많다. 묵상하려고 눈을 감으면, 그동안 보고 들었던 일들이 주마등처럼 떠올라 우리를 혼란스럽게 한다. 길에서 언뜻 보았던 간판, 인터넷에서 보았던 자극적인 영상물이 아른거리고, 기분 나쁜 뜬소문이 귓가에 맴돈다. 우리의 무의식 속에 자리 잡았던 것들은 고요한 순간에 활개를 치기 시작한다. 그러므로 할 수만 있다면, 일상을 단순하게 하는 것이 좋다.

둘째, 분심과 잡념을 무시하라. 분심과 잡념이 일어날 때 장님과 귀머거리처럼 되라. 분심을 무시하면 저절로 사라진다. 여름철 조용히 책을 읽으려는데 파리가 얼굴 주변을 맴돌며 왱왱거릴 때가 있다. 파리를 잡겠다고 주먹을 휘두르면 파리는 신이 나서 더 왱왱거린다. 그러나 파리를 무시하고 내버려 두면 어느새 파리가 사라져 버린다. 같이 놀아 주지 않으니까 심심해서 가 버린 것이다. 분심도 마찬가지다. 잡념에 신경을 쓸수록 분심도 더 커진다. 그러나 잡념이 오면 오는 대로, 가면 가는 대로 내버려 두고 무시하면, 어느새 분심이 사라진다. 분심을 무시하는 것도 한 방법이다.

셋째, 묵상할 때 성구를 계속 반복하라. 기도 중에 분심과 유혹이 생기면, 성경말씀에 정신을 집중하여 의식적으로 성구를 반복적으로 되뇌라. 말씀은 능력이 있다. 말씀에 집중하여 되뇌면 분심과 잡념이 사라진다. 사실 묵상의 초기 단계는 말씀을 되뇌는 것이기에 분심이 생기기가 쉽지 않다. 그러나 묵상이 중반에 이르면 고요한 마음에 틈이 생길 수 있다. 그 틈으로 분심과 잡념이 들어올 때 다시 원점으로 돌아가 말씀을 되뇌면, 잡념이 사라지게 될 것이다. 사막 교부 에바그리우스는 "분심 없이 기도하는 것은 위대한 일이다. 그러나 분심 없이 시편을 낭송하는 것은 더 위대한 일이다"라고 말했다.[2]

넷째, 분심이나 잡념이 생길 때, 몸을 사용하여 하나님의 도우심을 간구하라. 이것은 몸을 통해 구체적으로 할 수 있다. 몸과 마음은 서로 연결되어 있기에 몸을 자극하여 분심을 제거할 수 있다. 예컨대, 머리를 흔들어 깨울 수 있다. 손을 들고 기도하거나 일어서서 기도할 수 있다. 눈을 뜨고 묵상하며 기도할 수 있고 천천히 걸을 수도 있다. 경험해 본 이들은 알겠지만, 때로는 눈을 뜨고도 깊은 묵상을 할 수 있다. 이렇게 다양한 방법으로 몸을 흔들어 깨우면, 마음의 잡념이 모두 정리된다. 물론 이때 중요한 것은 단순한 몸놀림이 아니라 하나님을 향한 마음과 갈망이어야 한다는 것이다.

큐티(Q.T)와의 차이점

말씀을 묵상하며 기도한다는 점에서 말씀묵상기도는 큐티와 비슷한 점이 많다. 그래서인지 말씀묵상기도를 가르치다 보면, 은연중에 큐티 하듯 성경을 묵상하는 경우를 자주 본다.

오랫동안 큐티를 해온 집사님과 말씀묵상기도를 시도했다. 말씀묵상기도 나눔을 할 때마다 그분은 주로 본문의 의미와 적용에 집중했다. 그분은 말씀에서 새로운 의미와 뜻을 깨닫고 매우 기뻐했다. 그리고 그 새로운 깨달음을 삶에 어떻게 적용할지 기대했다. 큐티를 하면서 본문에서 새롭게 발견한 것을 삶에 구체적으로 적용하는 것이 몸에 밴 듯했다. 그러한 태도는 참 좋은 것이지만, 한 가지 아쉬움이 있다. 적용에 주된 관심을 두면, 더 깊은 기도와 묵상으로 나아가는 데 한계가 될 수도 있다는 점이다.

큐티와 말씀묵상기도는 비슷하지만 근본적으로 다른 점이 많다.

첫째, 큐티와 말씀묵상기도는 역사적 배경이 다르다. 큐티는 1880년대 영국에서 무디의 영향을 받은 케임브리지 대학생들이 경건 훈련을 위해 시작한 것이다.[3] 말씀묵상기도는 초기 교회시대인 2-3세기에 알렉산드리아 교부들이 성경의 문자적인 의미보다 영적인 의미를 찾기 위해 시작한 것이다. 나아가 4-5세기 사막 교부들이 말씀을 암송하고 묵상하면서 더욱 구체화되었다. 또한 유럽 수도원을 중심으로 더 깊은 말씀묵상기도가 이어졌다.

둘째, 큐티와 말씀묵상기도는 추구하는 모델이 다르다. 큐티는 개인에 따라 방법이 다양하다. PRESS 묵상법은 다음과 같다.

Prayer for a moment(짧게 기도)
Read His Word(말씀 읽기)
Examine His Word(말씀 묵상)
Say back to God(말씀의 결과로 다시 기도)
Share with others what you have found(발견한 사실 나누기)

PRESS 묵상법 이외에도 다양한 묵상법이 있다. 그중 하나인 SPACE 묵상법은 다음과 같다.

Sins to confess(자백해야 할 죄)

Promises to claim(붙잡을 약속)

Actions to avoid(피해야 할 행동)

Commands to obey(순종해야 할 명령)

Examples to fellow(따라야 할 모범)

반면 말씀묵상기도는 읽기, 묵상, 기도, 관상이라는 일련의 영적 사다리 모델을 갖는다.

큐티와 말씀묵상기도의 차이점은 다음의 그림으로 나타낼 수 있다. 땅에 사는 인간이 말씀을 통해서 하늘의 하나님을 바라보는 것은 비슷하지만, 그 방향이 조금 다르다. 다음의 두 사다리 형태와 화살표는 큐티와 말씀묵상기도가 지향하는 목적지가 다름을 보여 준다.

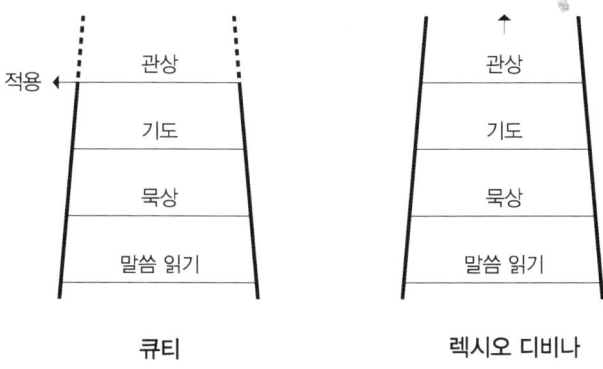

셋째, 큐티와 말씀묵상기도는 지향점이 다르다. 큐티의 지향점은 말씀 묵상과 기도를 통해 깨달은 것을 삶에 적용하고 실천하는 것이다.

반면 말씀묵상기도는 적용보다 더 깊은 기도와 관상을 추구한다. 큐티가 적용을 통해 삶의 변화를 추구한다면, 말씀묵상기도는 하나님과의 일치를 추구한다. 과정은 비슷하나 최종적으로 지향하는 바가 다르다.

큐티가 '적용'이라는 구체성, 즉 사람과 땅을 향해 나간다면, 말씀묵상기도는 '관상'이라는 초월성, 즉 하나님께로 향한다. 큐티가 성경 읽기, 묵상, 기도, 적용의 단계를 통해 아래로 내려간다면, 말씀묵상기도는 성경 읽기, 묵상, 기도, 관상을 통해 위로 올라간다. 어떤 의미에서 큐티가 실용적인 기도라면, 말씀묵상기도는 본질을 추구하는 기도라 할 수 있다.

넷째, 큐티는 몰입 성향의 기도이고 말씀묵상기도는 초월 성향의 기도다. 모든 기도자는 몰입과 초월의 관계로 고민한다. 몰입과 초월의 관계는 한마디로 자기를 뛰어넘느냐, 그렇지 못하느냐의 문제다. 모든 기도가 그렇듯 큐티를 하다 보면 자기 자신에게 몰입하기 쉽다. 성경 말씀 속으로 깊이 들어가기보다는 자신의 문제를 말씀에 투사하여 해석하고 적용하려 든다. 따라서 성경의 본래 의미를 발견하고 따르기보다는 자기 필요를 해결하는 근거로 삼기가 쉽다.

말씀을 묵상하며 기도할 때 가장 주의해야 할 것은 성경을 자의적으로 해석하지 말아야 한다는 점이다. 자의적 해석이란, 자기가 좋아하는 방식으로 해석하는 것이다. 사람에게는 누구나 자신만의 경험과 사고체계, 그리고 성향이 있다. 이러한 것은 각 사람의 독특한 해석체계를 만들어 낸다. 따라서 똑같은 본문에 대한 해석이 각자 다르다. 성경을 자기 방식으로 해석하기 때문이다.

이전에 한 정치인이 로마서 13장의 말씀을 자의적으로 해석하여 논란이 된 일이 있었다. 그는 "각 사람은 위에 있는 권세들에 복종하라"는 말씀을 인용하며 교회는 정부에 순종해야 한다고 강조했다. 정부는 하나님이 세우신 권세이며 기관이라는 것이었다. 당시 이 발언은 교회 안팎에 큰 논쟁을 불러왔다. 실제로 이 본문은 중세 절대군주들이 왕권신수설의 근거로 내세운 말씀이었으며, 가깝게는 제2차 세계대전 중 나치정권의 정당성에 대한 근거로 사용되었다. 성경의 자의적인 해석은 자칫 자기 주장의 정당화를 위한 근거로 오용될 소지가 있다. 자기 입맛에 맞게 해석하기 때문이다.

이처럼 몰입형 기도는 성경을 근거로 자기 생각을 정당화하고 자기 생각에 집착하게 한다. 기도를 할 때 '집중'은 필요하지만 '집착'은 곤란하다. 진정한 기도는 부적절한 집착(inordinate attachment)에서 벗어나 참된 애착(authentic attachment)으로 나아가야 한다.[4]

말씀묵상기도는 자기 몰입 대신 초월적인 태도를 취하게 한다. 주어진 말씀을 읽고 묵상하고 기도하는 가운데 자신의 삶을 초월하여 하나님께로 나아가는 것이 말씀묵상기도다. 즉 말씀을 통해 하나님이 나에게 무엇을 말씀하는지 귀 기울이는 태도다. 하나님 말씀에 귀 기울이는 것은 초월적인 자세다. 하나님이 들려주시는 말씀을 한마디라도 들을 수 있다면 우리는 어떤 난관이든 이겨 낼 수 있다. 이 말씀을 듣는 이들은 자기를 벗어나 하나님의 생각과 뜻에 동참할 수 있다. 따라서 자신에 대해, 환경에 대해 초월적인 태도를 취하게 된다.

큐티와 말씀묵상기도를 하면서 주의할 것은 자기가 좋아하는 유형의 말씀만 골라 선택하지 말아야 한다는 것이다. 우리는 좋아하는 것은 취하고, 부담스러운 것은 멀리하는 경향이 있다. 음식도 편식하면 건강을 해치듯이 말씀도 편식하면 영적 건강을 잃게 된다. 사람은 누구나 고난에 대한 말씀보다는 복에 대한 말씀을 더 선호한다. 당연한 현상이지만, 그 결과 영혼은 균형과 건강을 잃게 될 것이다. 그러므로 쉬운 말씀과 어려운 말씀, 복과 고난 등을 골고루 읽고 묵상해야 한다.

큐티든 말씀묵상기도든 말씀을 읽고 묵상하며 기도한다는 점에서 서로 비슷하다. 말씀묵상기도에서 더욱 중요한 것은 내가 말씀을 쪼개고 해석하는 것보다 말씀이 나를 쪼개고 변화시켜야 한다는 것이다. 말씀을 읽고 묵상하며 기도하는 그리스도인이 많음에도 세상이 변하지 않는 것은 왜일까? 아니, 묵상하는 우리 자신이 변하지 않는 이유는 무엇일까? 나는 말씀을 묵상하고 쪼개지만, 말씀이 나를 쪼개지 못했기 때문은 아닐까? 적용을 넘어 진정한 변화를 추구하려면 말씀이 나를 쪼개고 관통해야만 한다. 말씀과 함께 하나님의 임재 앞에 나아가 깊은 관상적 체험을 해야 한다. 그러려면 큐티를 넘어서 관상적 큐티로 나가는 것이 바람직하다.

맺는말

모든 기도는 우리에게 신앙적인 유익을 준다. 청원기도는 청원기도대로, 중보기도는 중보기도대로, 대적기도는 대적기도대로 유익이 있다. 그러나 말씀묵상기도는 다른 기도와 달리 우리에게 더 많은 유익한 선물을 준다. 그 유익은 다음과 같다.

첫 번째, 말씀묵상기도는 다른 기도와 달리 철저히 성경과 함께한다. 기도 따로 말씀 따로 하는 게 아니라 말씀과 묵상, 기도를 함께하는 것이다. 성경을 덮고 기도하는 것이 아니라 성경을 펴고 기도하는 것이다. 말씀묵상기도는 우리를 말씀 중심으로 살게 한다. 말씀을 읽고 묵상하며 기도할 때, 성경은 단순한 글자가 아닌 살아 있는 말씀으로 다가온다. 이런 경험을 통해 하나님과 인격적인 만남을 누린다. 말씀과 인격적으로 만나는 것은 우리의 몸과 영혼을 치유하여 영적 자유를 맛보게 한다(요 8:32 참고).

두 번째, 말씀묵상기도는 우리 마음을 단순하게 한다. 리처드 포스터는 현대인이 하나님을 만나기 힘든 이유가 시끄럽고 조급하며 복잡하기 때문이라고 했다. 정신분석학자 칼 융(Carl Jung)은 "조급함은 사탄에게서 나온 것이 아니라 그 자체가 사탄이다"라고 말했다.[1] 사막 교부와 같은 고대 수도사들이 행했던 말씀묵상기도는 복잡하지 않은 단순한 기도였다. 특별한 방법이나 테크닉이 필요 없고, 그저 성경을 읽고 마음에 다가온 말씀을 품고 묵상하며 기도하면 된다. 위대한 것은

207

단순하다. 근본적으로 말씀묵상기도는 단순한 기도이기에 이 기도를 오래하다 보면 우리의 마음과 생각 그리고 삶도 단순해진다.

세 번째, 말씀묵상기도는 죄의 유혹과 사탄의 시험에서 우리를 지켜 준다. 주님도 광야에서 시험을 받으실 때 말씀으로 사탄을 물리치셨다. 말씀은 살아 계신 하나님의 능력이다. 또한 방황하는 마음과 정신을 진정시키는 치료제다. 에바그리우스 폰티쿠스(Evagrius Ponticus, 345-399)는 그의 저서 《프락티코스》(Praktikos)에서 8가지 악덕과 맞서 싸우는 여러 방법을 제시했는데, 특히 말씀 묵상은 방황하는 정신의 좋은 치료제라고 했다. 즉, 성경을 읽고 묵상하며 기도하면 산만한 정신이 안정된다고 말했다. 특히 시편을 낭송하면서 인내하며 자비로운 마음을 품으면, 흥분한 영혼에 안정감을 주는 영적 힘을 맛볼 것이라고 강조했다.[2]

네 번째, 말씀묵상기도는 우리를 온갖 분심과 잡념에서 지켜 준다. 우리는 끊임없이 일어나는 많은 분심과 나쁜 생각에 영향을 받으며 살아간다. 악한 생각을 받아들이느냐 그렇지 않느냐는 전적으로 나에게 달려 있다. 그런데 문제는 그것이 내 마음대로 되지 않는다는 데 있다. 내 마음인데도 내 마음대로 되지 않는 것을 우리는 날마다 경험한다. 마음을 다스리는 일은 내 의지나 지성이 아니라, 그것을 뛰어넘는 말씀으로만 가능하다. 묵상한 말씀이 내 영혼으로 스며들면, 그 말씀이 나를 다스리게 된다. 살아 계신 하나님의 말씀은 혼과 영과 및 관절과 골수를 찔러 쪼개며 또 마음의 생각과 뜻을 감찰한다(히 4:12). 또한 내 영혼을 고요하고 평온하게 하여 젖 뗀 아이가 어머니 품 안에 있는 것과 같게 해준다(시 131:2). 쉽게 요동하고 분주한 마음이 고요해지려면 성경을 읽고 끊임없이 묵상해야 한다.

다섯 번째, 하나님과 동행하는 삶을 살며 일치를 이루게 한다. 그리스도인의 가장 큰 바람은 하나님과 동행하는 것이다. 에녹이 평생 하나님과 동행했던 것처럼 우리도 이 땅에 사는 동안 하나님과 매일 동행할 수 있다면 얼마나 좋겠는가. 하나님은 우리와 동행하기를 갈망하신다. 오죽하면 예수님을 '임마누엘'이라는 이름으로 보내셔서 우리와 함께하겠다고 약속하셨겠는가. 하나님과의 동행은 곧 말씀과의 동행이다. "주의 말씀은 내 발에 등이요 내 길에 빛"(시 119:105)이 된다. 우리는 말씀이라는 등대를 보며 거친 세상을 살아가는 순례자(벧전 2:11)이며 주님을 기다리는 거룩한 신부다(계 21:9). 신부의 유일한 소망은 신랑과 하나 되는 것이다.

류시화 시인의 "소금인형"이라는 시는 물과 소금이 하나 되는 것을 상징적으로 잘 보여 준다.

바다의 깊이를 재기 위해
바다로 내려간
소금인형처럼

당신의 깊이를 재기 위해
당신의 피 속으로
뛰어든
나는

소금인형처럼

흔적도 없이

녹아 버렸네.³

말씀묵상기도를 통해 우리는 말씀이 내 안에 있고, 내가 말씀 안에 있는 것을 깨닫고 경험한다(요 15:7, 17:21). 말씀을 통한 하나님과의 동행과 일치를 추구하는 것, 이것이 바로 말씀묵상기도의 본질이다.

부록

✣ 말씀묵상기도를 가르치려면

✣ "귀고 2세의 관상생활에 관한 편지"

말씀묵상기도를 가르치려면

　기도란 각 개인이 하나님과의 만남을 추구하는 방편이다. 기도의 여러 방법 중에서 나는 말씀묵상기도를 가장 사랑한다. 수년 동안 이것을 여러 모임에서 가르치고 나누었다. 이런 경험을 통해 나는 기도가 얼마나 귀하고 복된 일인지 깨닫는다. 이 기쁨을 함께 나누고 싶다.

　다음은 개인이든 공동체에서든, 이 책을 읽고 말씀묵상기도 모임을 시작하기 원하는 이들을 위한 간단한 매뉴얼이다. 몇 년 동안 여러 교회와 신앙공동체에서 말씀묵상기도를 직접 해본 사례를 바탕으로 내용을 정리했다. 여전히 시행착오를 겪고 있지만, 미숙한 진행과 부족한 프로그램을 뛰어넘어 임하는 주님의 은혜와 치유를 매번 경험한다. 말씀묵상기도를 통해 개인과 공동체가 주님과 친밀해지고, 각 개인의 영혼이 치유되는 놀라운 역사가 일어나기를 기도한다.

말씀묵상기도 리트릿

리트릿은 다음과 같은 3단계로 진행된다.

1단계	일주일 전에 모든 참석자가 함께 모여 내면의 준비와 외적인 준비를 하는 시간을 갖는다.
2단계	리트릿 장소에 도착해 간단히 오리엔테이션을 한 뒤, 1인1실로 방을 배정받은 후에 주어진 본문과 함께 침묵 중에 말씀묵상기도를 실시한다. 그 중간에 그룹별로 면담하여 영성 지도를 실시한다.
3단계	기도회를 마치고 모두 모여서 깨닫고 느낀 점을 나누며 전체 정리를 한다.

준비 모임

말씀묵상기도는 간청기도나 중보기도와 달리 개인적인 성경 묵상기도라는 점을 강조한다. 대부분 그리스도인은 기도원에 올라갈 때 그동안 하지 못한 밀린 기도 제목을 들고 간다. 그렇기 때문에 말씀묵상기도는 고요와 침묵 중에 하나님 앞에 단독자로 서는 시간이라는 것을 먼저 이해하는 것이 중요하다.

일정

○○○○년 ○○월 ○○-○○일, 1박 2일 또는 2박 3일

준비물

- 하나님을 사모하는 마음, 가난한 마음, 기도로 준비된 마음
- 긴 옷, 바지, 편한 신발, 방석, 치약, 칫솔, 상비약, 모자, 양산 등
- 성경, 노트, 필기구, 회비(숙식비)

사전 주의사항

- 리트릿 기간에는 휴대전화를 사용할 수 없으므로, 필요한 연락은 미리 해 두세요.
- 리트릿 당일에 피곤하지 않도록 충분한 휴식을 취해 놓아, 좋은 컨디션을 유지하세요.

리트릿을 위한 중보기도

- 모든 참석자에게 가난한 마음과 고요한 영혼을 주시도록
- 하나님의 은혜를 맛보는 시간이 되도록
- 남겨두고 온 가정이 평안하도록
- 일정이 잘 진행되도록
- 건강과 안전, 날씨, 참석자들을 위해

리트릿 오리엔테이션

너희는 여호와의 선하심을 맛보아 알지어다. 그에게 피하는 자는 복이 있도다(시 34:8).

말씀묵상기도는 하나님과 일대일로 만나는 시간입니다. 그래서 이번 리트릿에는 통성기도나 합심기도, 중보기도 시간이 없습니다. 다만 개인이 독방에서 침묵 속에 말씀을 묵상하며 잠잠히 기도하는 것을 훈련하게 될 것입니다.

말씀을 묵상하는 가운데 하나님을 만나고 경험하는 법을 배우게 되시기를 소망합니다.

리트릿의 목적

- 말씀 묵상과 침묵 기도를 통하여 하나님의 임재를 경험하고 그분의 사랑을 느끼며 맛보기 위해서입니다(특히 "여호와의 선하심을 맛보아 알지어다"라는 말씀을 강조한다).
- 말씀 묵상을 통하여 자기 자신의 과거, 현재, 미래를 돌아보아 하나님의 사람으로 온전히 서기 위해서입니다(시 42편).

리트릿 기간 중 지켜야 할 것

- 모든 시간은 침묵으로 진행합니다(긴급한 일 제외).
- 식사하려고 모였을 때나 복도에서 마주쳤을 때는 목례만 합니다.
- 시간은 자율적으로 지키며, 전체 진행에 방해가 되지 않게 합니다(휴대전화 사용 금지).
- 집안일이나 기타 일들은 하나님께 맡기고 말씀 묵상과 기도에만 집중합니다. 모든 마음과 에너지를 사람이나 환경에 빼앗기지 말고 하나님께만 집중하십시오.
- 엘리베이터를 이용하고, 방문은 항상 잠그고 기도합니다.
- 계단 오르기나 등산 같은 과격한 신체 활동은 삼가며, 모든 일을 여유롭게 하십시오.

침묵 기도 방법

- 몸과 마음을 가지런히 합니다.
- 하나님의 임재를 기다리며 찬송에 집중합니다(너무 크지 않게, 소리에서 허밍으로, 약 10-15분 정도).
- 주신 말씀을 통하여 은혜와 깨달음 주시기를 간단히 기도한 후, 성경을 읽습니다. 본문 중에 마음에 와 닿는 본문 하나를 택하여 천천히 눈과 마음으로 3-5번 정도 읽습니다.
- 마음에 다가오는 한 말씀(의미, 단어, 이미지 등)을 마음에 새기고 깊이 묵상합니다.
- 말씀을 묵상하는 동안 마음에 깨달아지거나 느낀 것, 혹은 아픔이나 슬픔, 기쁨

등 공명된 것이 있으면 그것을 오롯이 하나님께 기도로 아룁니다.
- 기도는 대략 50분 정도가 좋고, 마무리할 때 자신의 기도를 반추해 봅니다.
- 기도를 마친 후 노트에 깨달은 것이나 마음의 상태, 느낌을 적습니다(약 10-20분).
- 기도할 때 일어나는 감정적인 변화에 민감하게 반응하지 말고 하나님의 임재를 늘 기억하십시오.
- 기도가 끝난 후 마음의 안정을 유지하며 가벼운 운동과 휴식을 취합니다(기도도 에너지 소모가 큽니다. 다음 기도를 위해 좋은 컨디션을 유지하십시오).

1박 2일 리트릿 일정표

	첫째 날	둘째 날
05:30		기상 및 세면
06:00		묵상기도 3
08:00		아침(휴식 및 산책)
09:00		묵상기도 4
10:30		전체 모임(나눔, 정리)
12:00		점심(식사 후 해산)
15:00	리트릿 장소에 집합, 등록 및 방 배정	
15:30	오리엔테이션	
16:00	묵상기도 1	
18:00	저녁(휴식 및 산책)	
19:30	묵상기도 2	
21:00	휴식과 그룹 면담	
22:30	취침	

1박 2일 리트릿 묵상기도 가이드

묵상기도 1

∽ 야외에서 자연과 말씀을 묵상하며 하나님의 임재를 느껴 봅니다.

- 야외의 적당한 곳에 자리 잡으십시오.
- 새찬송가 79장이나 478장을 조용히 반복해 부릅니다 (10-20분 정도).
- 마음이 차분해지면 시편 19편이나 104편이나 찾아 반복해서 읽습니다(10분 정도).
- 말씀을 읽는 중에 마음에 와 닿는 말씀이나 성구가 있으면 의미를 천천히 묵상하며 숙고합니다(자연을 묵상하도록 눈을 떠도 좋습니다).
- 말씀을 묵상하는 동안 마음에서 우러나는 기도가 있으면, 오롯이 하나님께 올려드리십시오.
- 마음에서 우러나는 기도를 드린 후에 하나님의 임재와 터치를 기다리며 잠잠히 머무십시오.
- 하나님께 감사의 고백을 드린 뒤에 조용히 기도를 마칩니다(30-40분).
- 기도하는 가운데 깨닫거나 느낀 것을 기록하여 다음 반추기도 때 활용하십시오(10분 정도).

묵상기도 2

∽ 자신이 걸어온 생애(과거, 현재)를 돌아보며 지금, 여기까지 인도하신 하나님의 손길을 느껴 봅니다.

- 각자의 방으로 돌아가십시오.
- 새찬송가 254장, 301장, 382장, 415장 중 하나를 골라 조용히 반복해서 부릅니다(10분 정도).
- 마음이 차분해지면 시편 90편이나 139편 중 하나를 골라 천천히 읽습니다.

- 말씀을 읽는 중에 마음에 와 닿는 말씀이나 성구가 있으면, 천천히 묵상하며 숙고합니다.

- 말씀을 묵상하는 동안 마음에서 우러나는 기도가 있으면, 오롯이 하나님께 올려드리십시오.

- 마음에서 우러나는 기도를 드린 후에 하나님의 임재와 만지심을 기다리며 잠잠히 머무십시오.

- 하나님께 감사의 고백을 드린 뒤에 조용히 기도를 마칩니다(30-40분).

- 기도하는 가운데 깨달거나 느낀 것을 기록하여 다음 반추기도 때 활용하십시오(10분 정도).

묵상기도 3

하나님이 나를 부르시고, 나의 모든 형편과 사정을 알고 계심을 믿고, 나를 위하여 예비하신 복과 은혜를 소망으로 바라보며 기도합니다.

- 각자의 방으로 돌아갑니다.

- 새찬송가 442장이나 552장 중에서 하나를 골라 조용히 반복해서 부릅니다(10분 정도).

- 마음이 고요해지면 마태복음 6장 25-34절 또는 이사야 43장 1-7절까지를 천천히 읽습니다.

- 말씀을 읽는 중에 마음에 와 닿는 말씀이나 성구가 있으면, 천천히 묵상하며 숙고합니다.

- 말씀을 묵상하는 동안 마음에서 우러나는 기도가 있으면, 오롯이 하나님께 올려드리십시오.

- 마음에서 우러나는 기도를 드린 후에 하나님의 임재와 터치를 기다리며 잠잠히 머무십시오.

- 하나님께 감사의 고백을 드린 뒤에 조용히 기도를 마칩니다(30-40분).

- 기도하는 가운데 깨닫거나 느낀 것을 기록하여 다음 반추기도 때 활용하십시오(10분 정도).

묵상기도 4

☙ 내가 주님 손에 붙들려 있는 존재임을 깨닫고, 그분이 내게 주신 소명을 인식하고 열매 맺기를 기도합니다.

- 야외나 각자의 방으로 돌아갑니다.

- 새찬송가 24장, 312장, 349장 가운데 하나를 골라 조용히 반복해서 부릅니다(10분 정도).

- 마음이 고요해지면 요한복음 15장 1-8절, 혹은 21장 1-17절까지를 천천히 읽습니다.

- 말씀을 읽는 중에 마음에 와 닿는 말씀이나 성구가 있으면, 천천히 묵상하며 숙고합니다.

- 말씀을 묵상하는 동안 마음에서 우러나는 기도가 있으면, 오롯이 하나님께 올려드리십시오.

- 마음에서 우러나는 기도를 드린 후에 하나님의 임재와 만지심을 기다리며 잠잠히 머무십시오.

- 하나님께 감사의 고백을 드린 뒤에 조용히 기도를 마칩니다(30-40분).

- 기도하는 가운데 깨닫거나 느낀 것을 기록하여 다음 반추기도 때 활용하십시오(10분 정도).

2박 3일 리트릿 일정표

	첫째 날	둘째 날	셋째 날
05:30		기상 및 세면	기상 및 세면
06:00			묵상기도 7
06:30		묵상기도 3	
08:00		아침(휴식 및 산책)	아침(휴식 및 산책)
09:00			묵상기도 8
09:30		묵상기도 4	
10:30			전체모임(나눔, 정리)
12:00		점심(휴식 및 산책)	점심(식사 후 해산)
14:00		묵상기도 5 (필요한 경우 면담)	
15:00	리트릿 장소에 집합, 등록 및 방 배정		
15:30	오리엔테이션		
16:00	묵상기도 1		
18:00	저녁(휴식 및 산책)	저녁(휴식 및 산책)	
19:30	묵상기도 2	묵상기도 6	
21:00	휴식과 그룹 면담		
22:30	취침		

2박 3일 리트릿 묵상기도 가이드

묵상기도 1
- 야외에서 말씀과 자연을 묵상하며 하나님의 임재를 느껴 봅니다.
  - **찬양** 새찬송가 79장, 478장 중 하나
  - **묵상 본문** 시 19편, 104편 중 하나

묵상기도 2
- 자신이 걸어온 생애(과거, 현재)를 돌아보며 지금, 여기까지 인도하신 하나님의 손길을 느껴 봅니다.
  - **찬양** 새찬송가 254장, 301장, 382장, 387장, 415장 중 하나
  - **묵상 본문** 시 23편, 90편, 139편; 렘 18:1-4 중 하나

묵상기도 3
- 예수님은 열두 제자를 부르시듯 나를 부르셨습니다. 나를 부르시는 주님의 음성을 들어 보고, 왜 나를 부르셨는지 그 이유를 기도하며 생각해 보십시오.
  - **찬양** 새찬송가 324장, 526장, 528장, 531장 중 하나
  - **묵상 본문** 막 3:13-19; 눅 6:12-16 중 하나

묵상기도 4
- 언제나 풍성한 은혜와 기쁨을 주시는 능력의 주님이심을 깨닫기 위해 기도합니다. 기도하며 오병이어의 기적 속으로 나아가 보십시오. 믿음의 눈으로 상상력을 동원하여 그 기적의 현장으로 들어가 보시기 바랍니다.
  - **찬양** 새찬송가 198장, 285장, 405장, 540장 중 하나
  - **묵상 본문** 마 14:13-21; 요 6:1-14 중 하나

묵상기도 5
- 하나님은 우리가 주님을 어떤 분이라고 고백하는지 듣고 싶어 하십니다. 예수 그리스도께서 '너는 나를 누구라 하느냐?'고 물으신다면, 무엇이라 말하겠습니까? 그분의 질문에 귀 기울여 보시고 마음 깊은 곳에서 우러나는 자신의 답변을 그분에게 드려보십시오.

- **찬양** 새찬송가 94장, 288장, 314장, 315장 중 하나
- **묵상 본문** 마 16:13-28

묵상기도

주님이 십자가를 지실 때 육체의 고통은 얼마나 심하셨을지, 그 마음은 얼마나 아프셨을지, 조롱당하실 때의 마음은 얼마나 참담하셨을지 기도하며 느껴 봅니다. 나를 위해 그 모진 십자가 고난을 지신 것에 대해 감사하며 죄송스런 마음을 느껴 보도록 기도합니다.

- **찬양** 새찬송가 144장, 149장, 150장, 415장, 461장 중 하나
- **묵상 본문** 마 27:27-31; 요 19:17-42 중 하나

묵상기도

무덤에 머물러 계시던 주님이 새벽에 부활하신 사실을 묵상해 봅니다. 새벽길을 달려가던 두 제자와 마리아의 심정을 생각해 보십시오. 두려움에 떨고 있던 제자들에게 나타나셔서 평안을 빌어 주시던 주님의 모습과 음성, 그리고 제자들의 모습을 기도하며 생각해 보십시오.

- **찬양** 새찬송가 160장, 161장, 164장, 165장, 382장 중 하나
- **묵상 본문** 요 20:1-23

묵상기도

부활의 주님, 재림의 주님을 믿는 우리가 이 땅에서 사는 동안 어떠한 모습으로 살아가기를 주님이 원하시는지 그분의 음성을 듣기 위해 기도합니다. 그리스도인답게 산다는 것은 어떤 삶인지 묵상해 보며, 주님의 마음을 본받는 시간이 되도록 기도합니다.

- **찬양** 새찬송가 338장, 452장, 453장, 455장 중 하나
- **묵상 본문** 마 25:31-46

말씀묵상기도를 돕는 찬양과 성구[1]

읽기 Lectio	● 찬양	나의 사랑하는 책, 달고 오묘한 그 말씀, 주의 말씀 듣고서, 주의 말씀 받은 그 날
	● 성구	시 1:1-6; 요 5:39, 20:30-31; 딤후 3:15-17
묵상 Meditatio	● 찬양	고개 들어, 왕이신 나의 하나님, 예수 우리 왕이여, 나의 입술의 모든 말과, 내 영혼이 은총 입어, 주 음성 외에는
	● 성구	창 24:61-67; 수 1:8; 전 12:9-11; 시 19:7-14, 119:97-104; 행 17:10-15
기도 Oratio	● 찬양	좋으신 하나님, 괴로울 때 주님의 얼굴 보라, 기도할 수 있는데, 너 예수께 조용히 나가, 내 기도하는 그 시간
	● 성구	시 34:15-19, 37:1-7, 42:1-6, 107:23-31; 사 38:1-7; 마 7:7-11; 눅 11:1-4, 5-13, 18:1-8
관상 Contemplatio	● 찬양	평안을 너에게 주노라, 우리에게 향하신, 사랑의 나눔 있는 곳에, 나의 안에 거하라, 내 구주 예수를 더욱 사랑, 주의 친절한 팔에 안기세, 저 높은 곳을 향하여
	● 성구	창 28:10-19; 시 123:1-3, 131:1-3; 마 17:1-8; 고후 12:1-7

귀고 2세의
관상생활에 관한 편지[2]

A Letter of Guigo II,
Prior of the Grand Chartreuse to his friend Gervase

Ⅰ. 인사

친애하는 제르바제(Gervase) 형제에게

주 안에서 기뻐하십시오. 형제여, 저는 당신에게 사랑의 빚을 졌습니다. 왜냐하면 당신이 먼저 저를 사랑하였기 때문입니다. 그리고 지난번 편지에서 제게 회신을 부탁했기에 저는 답장을 해야 할 책임을 느끼고 있었습니다. 그래서 저는 은둔하고 있는 수도승에게 적합한 영적 수행들에 대한 제 견해를 당신에게 써 보내기로 결심했습니다. 그 이유는 이런 영적 수행들을 이론으로 알고 있는 저보다는 경험을 통해 이에 대해 더 잘 알고 있는 당신이 제 생각을 판단하고 수정해 주기를 바라기 때문입니다. 그리고 제가 누구보다도 먼저 당신에게 우리 작업의 이 첫 결과들을 보내는 것은 적절한 일입니다. 그렇게 함으로써 당신은 파라오의 속박에서 당신이 비밀리에 캐낸 그 어린 나무로부터 첫 열매들을 얻을 수 있을 것입니다. 파라오에게서 홀로 자란 그 나무를 당신은 질서 있게 늘어선 나무들 사이에 자리 잡게 해주었습니다. 그리고 당신은 훌륭한 정원사와 같이 야생 올리브에서 정교하게 가지를 잘라 내어(좋은 올리브 나무) 그 줄기에 접목해 주었습니다.

II. 사다리의 네 단계

하루는 바쁘게 손노동을 하다가, 저는 영적인 일에 대해 생각하기 시작했습니다. 그러다가 갑자기 영적 수행의 네 단계가 마음속에 떠올랐습니다. 그것은 독서, 묵상, 기도, 그리고 관상입니다. 이것들은 수도승들이 땅에서 하늘로 올라가게 하는 사다리를 만듭니다. 그 사다리는 계단이 얼마 되지는 않지만, 그 길이는 놀랍고도 엄청납니다. 그 맨 끝은 땅에 내려져 있고, 그 꼭대기는 구름을 뚫고 하늘의 신비에 닿아 있기 때문입니다. 사다리의 계단 혹은 단계들은 이름과 수효도 다르고, 그 순서와 특성도 서로 다릅니다. 만일 누군가가 그 단계들의 특성과 기능, 각 단계가 우리에게 어떤 관련이 있는지, 단계들 간의 차이와 중요성의 순서를 알게 된다면, 그 일이 아무리 수고롭다 할지라도 자신이 얻게 되는 도움과 위안에 비교해 볼 때, 그 수고가 어렵거나 크지 않다고 여길 것입니다.

독서는 온 힘을 집중하여 성경을 주의 깊게 연구하는 것입니다. 묵상은 이성을 가지고 감추어진 진리에 대한 지식을 찾는 정신의 적극적인 활동입니다. 기도는 선을 얻고 악을 막아 내려고 하나님께 드리는 마음의 헌신입니다. 관상은 그 마음이 하나님께로 들어 올려져 거기에 머무는 단계로, 이때 영혼은 한없는 감미로움의 기쁨을 맛보게 됩니다. 이제 네 단계를 설명했으므로, 우리는 우리와 관련하여 그들의 역할이 무엇인지 살펴보도록 하겠습니다.

Ⅲ. 4단계들의 기능

독서는 복된 삶의 감미로움을 추구하고, 묵상은 그것을 인식하고, 기도는 그것을 청하고, 관상은 그것을 맛보는 것입니다. 말하자면, 독서는 음식을 입에다 넣는 것이고, 묵상은 그것을 씹어 분해하는 것이며, 기도는 그 맛을 보는 것이고, 관상은 기쁨과 새로움으로 인한 감미로움 그 자체입니다. 독서가 외부의 일이라면 묵상은 그 중심에서 일하는 것입니다. 기도가 우리의 갈망하는 것을 청하는 것이라면, 관상은 우리가 발견한 그 감미로움을 누리는 것입니다. 이점을 더 분명히 하기 위하여 많은 예들 중 하나를 살펴봅시다.

Ⅳ. 독서의 기능

저는 "마음이 가난한 자는 복이 있나니, 저희가 하나님을 볼 것임이요" 라는 말씀을 듣습니다. 이것은 비록 짧은 성경구절이지만 아주 감미로운 말씀입니다. 이는 영혼을 먹이기 위해 많은 감각들로 가득한 입속에 넣어지는 포도알과도 같습니다. 그 영혼은 그것을 주의 깊게 살펴보면서 스스로에게 말합니다. "여기에 무언가 좋은 것이 있을 것입니다. 나는 내 마음으로 돌아가 이 순수함을 이해하고 발견하려고 노력할 것입니다. 왜냐하면 이것은 참으로 귀중하고 바람직한 것이기 때문입니다. 그것을 소유한 사람들은 복되다고 불립니다. 그것의 보상은 영원한 생명이신 하나님을 뵙는 것입니다. 그리고 그것은 성경의 여러 곳에서 칭송되고 있습니다." 이것을 더욱 완전히 이해하고자 하는 영혼은 마치 포도짜는 기계가 포도를 짜듯이, 이 포도알을 머금고 씹기 시작합니다. 이때 영혼은 이성의 능력을 사용하여, 이 고귀한 순수함이 무엇이며 또 그것을 어떻게 얻을 수 있는지 묻습니다.

V. 묵상의 기능

묵상을 부지런히 수행할 때, 묵상은 밖의 것에 마음을 두지 않고 중요하지 않는 것에 매이지 않으면서, 더 높이 올라가 문제의 핵심에 도달하여 각각의 요점을 철저하게 검토합니다. 묵상은 '몸이 깨끗한 사람들은 복되다'라고 하지 않고 '마음이 깨끗한 사람들이 복되다'라는 성경말씀에 주목합니다. 왜냐하면 우리의 마음이 불순한 생각들로부터 정화되지 않는다면, 악한 행실에서 손을 씻는 것만으로는 충분치 않기 때문입니다. 예언자가 "여호와의 산에 오를 자 누구며 그 거룩한 곳에 설 자가 누군고. 곧 손이 깨끗하며 마음이 정결한 자이니라"고 말할 때, 여기에 예언자의 권위가 있습니다. 또한 이 동일한 예언자가 "하나님이여, 내 속에 정한 마음을 창조하소서", 또 다른 곳에서 "내가 내 마음에 죄악을 품으면, 주께서 듣지 아니하시리라"고 기도할 때, 그가 얼마나 간절히 마음의 순결을 추구하는지를 묵상은 인식합니다. 거룩한 사람 욥이 "나는 어떠한 처녀도 생각하지 않기로 내 눈과 약속하였네"라고 말할 때, 묵상은 욥이 이런 순결을 유지하려고 노력한 것을 생각합니다. 이 거룩한 사람이 어떻게 자신을 보호했는지를 보십시오. 그는 헛된 것들을 보지 않으려고 눈을 감았고, 자신이 갈망하는 것이 후에 그 자신을 경멸하는 꼴을 보지 않으려고 눈을 감았습니다.

마음의 순결에 대해 숙고한 후, 묵상은 그 상급과 간절히 갈망했던 주님의 얼굴을 뵈옵는 것이 얼마나 기쁘고 영광스러운가에 대해 생각하기 시작합니다. 주님은 더 이상 거부나 멸시를 당하지 않고, 어머니가 그에게 입혀 준 지상의 아름다움이 아니라, 아버지께서 주신 왕관과 불멸의 옷을 입고 "주께서 지으신 날", 부활과 영광의 날에 나타나십니다. 묵상은 이런 비전이 "나는 당신 영광이 드러날 때 충만해지리라"고 말하는 예언자의 그 충만함이 어떻게 이루어지는지 생각하게 합니다. 당신은 작은 포도알에서 얼마나 많은 즙이 나오는지, 작은 불꽃에서 얼마나 큰 불이 일어나는지 아십니까? "마음이 청결한 자는 복이 있나니, 저희가 하나님을 볼 것임이요"라는 이 작은 금속(말씀)이 어떻게 묵상이라는 모루 위에서 망치질을 통해 새로운 차원을 얻게 되는지 아십니까? 전문가의 손을 통해서 더 많은 것이 나올 것입니다. 저는 '그 샘이 깊다'는 것은 느끼지만, 여전히 무지한 초심자입니다. 그리고 이러한 몇 방울의 물을 끌어올리는 것도 참으로 어렵다는 것을 발견했습니다. 이러한 빛으로 불타오르고 이러한 열망으로 부추겨질 때, 영혼은 처음으로 감미로움에 대한 암시를 받습니다. 아직 맛보지는 못하지만 옥합이 깨어졌을 때, 후각을 통해 감미로움을 느끼게 됩니다. 묵상만으로도 이렇게 큰 기쁨을 누린다면, 순수한 체험이 주는 감미로움은 얼마나 달콤할지 알게 됩니다.

그러나 영혼은 무엇을 해야 합니까? 영혼은 갈망으로 타오르지만, 자기가 갈망하는 것을 얻기 위한 수단들을 아직은 찾을 수 없습니다. 영혼은 찾고 갈망할수록 더욱더 갈증을 느끼게 됩니다. 묵상을 하는 동안 영혼은 그토록 고통을 받습니다. 그것은 영혼이 마음의 순결에 속해 있기는 하지만, 마음의 순결이 줄 수 없는 그 감미로움을 맛보지 못하기 때문입니다. 만일 이 감미로움이 위로부터 주어지지 않는다면, 독서나 묵상 중에 이것을 체험하지 못할 것입니다. 선인이든 악인이든 모두 독서와 묵상을 할 수 있습니다. 심지어 이교 철학자들조차 이성을 사용하여 가장 고귀하고 참된 선을 발견했습니다. 그러나 '그들이 비록 하나님을 알았다 하더라도, 그들은 그분을 하나님으로 영화롭게 하지 않습니다. 그들은 자신들의 능력을 믿으며 이렇게 말했습니다. "우리 자신을 찬양하는 노래를 부르자. 우리의 말은 우리의 것이다." 그들은 자신들이 볼 수 있는 능력을 가졌음을 이해하는 은총을 갖지 못했습니다. "그들은 그들 자신의 생각 속에서 멸망하였다." 그리고 "그들의 모든 지혜는 삼켜진 바 되었다." 그 지혜는 인간의 학문적인 연구로 얻은 것이지, 참된 지혜를 주는 성령의 지혜가 아닙니다. 영혼을 즐겁게 하고 활기를 주는 감미로운 맛의 지식 안에는 말할 수 없는 감미로움을 가진 지혜의 영이 거하고 있습니다. 이 지혜에 대해 이렇게 말합니다. "지혜는 냉담해진 영혼에게 들어가지 않는다." 이 지혜는 오직 하나님으로부터 옵니다. 주님이 많은 이들에게 세례를 베풀 권한을 허락하셨지만, 세례를 통해 죄를 사하는 능력과 권위는 오직 그분 자신만이 가지셨습니다. 요한은 그의 직무를 "이분이 세례를 주실 분이다"라고 이렇게 정의하였습니다. 그래서 우리는 그분에 대해 이렇게 말할 수 있습니다. 주님은 지혜의 감미로움을 더해 주시는 분이며, 영혼을 위해 지식을 감미롭게 해주시는 분입니다. 그는 많은 사람에게 말씀하지만, 영혼의 지혜는 그분이 원할 때, 그리고 그분이 기뻐하는 몇몇 사람들에게만 나누어 주십니다.

Ⅵ. 기도의 기능

그러므로 영혼은 자신의 힘만으로는 원하는 바, 곧 깨달음과 느끼는 것의 감미로움에 도달할 수 없음을 알게 되었습니다. 그리고 마음을 낮추면 낮출수록 하나님이 더 높이 들리신다는 것을 알고, 스스로 겸손해져 기도에 전념하게 됩니다. "주님, 당신은 오직 순결한 마음으로만 보여지십니다. 저는 독서와 묵상을 통하여 마음의 참된 순수함이 무엇인지, 그리고 어떻게 그것을 얻게 되는지를 찾고 있습니다. 이렇게 함으로 조금이라도 당신을 알고자 합니다. 주님, 당신 얼굴을 뵈옵고자 오랫동안 마음으로 묵상했습니다. 주님, 제가 추구한 것은 당신을 뵙는 것이었습니다. 묵상하는 동안 당신을 더욱 깊이 알려는 갈망의 불꽃이 더욱더 타올랐습니다. 당신이 저를 위해 성서의 떡을 떼실 때, 당신은 그 떡을 떼는 가운데 당신 자신을 저에게 보여 주셨습니다. 그리고 제가 당신을 알면 알수록, 저는 더욱더 당신을 갈망하게 됩니다. 이것은 문자의 껍질인 외적 양식이 아니라, 문자에 숨겨진 참된 의미를 통해 주님을 더 깊이 알고자 하는 갈망입니다. 주님, 제가 이것을 청하는 것은 저의 공로 때문이 아니라 당신의 자비 때문입니다. 무가치한 존재인 저 역시 '아무리 하찮은 개들도 제 주인의 상에서 떨어지는 빵 부스러기를 먹나이다'라고 말했던 그 여인처럼 저의 죄를 고백합니다. 그러하오니 주님, 제가 상속받기를 원하는 것에 대한 보증을 주십시오. 저의 갈증을 해소할 수 있는 천상의 빗물 한 방울이라도 떨어뜨려 주옵소서. 제가 사랑으로 불타오르고 있기 때문입니다."

VII. 관상의 효과

그러므로 영혼은 갈망을 불태우는 말씀에 의해 그 자신의 상태를 알게 되고, 이러한 매력에 의해 그의 신랑을 찾게 됩니다. 그러나 의로운 자들에게 귀를 기울이시고 그들 기도의 말뿐만 아니라, 그 의미까지도 파악하시는 주님은 그 갈망하는 영혼이 모든 것을 다 말할 때까지 기다리지 않으시고 기도 중에 개입하시며, 그 영혼을 만나 주시려고 서둘러 달려오십니다. 이때 주님은 감미로운 천상의 이슬을 뿌리시며 가장 귀중한 향료로 기름을 바르고 계십니다. 또한 그분은 지친 영혼을 회복시키시고, 목마름을 해소시켜 주시며, 굶주림을 채워 주십니다. 그분은 영혼으로 하여금 이 땅의 모든 것들을 잊게 하십니다. 그에게 놀라운 방법으로 새 생명을 주시고, 영혼을 취하게 함으로써 영혼의 참된 감각을 되찾아 주십니다. 영혼이 육적인 욕망에 지배를 당하면, 모든 이성의 능력이 상실되어 인간은 전적으로 육적인 존재가 됩니다. 반대로 고양된 관상 안에서는 모든 육적인 동기들은 정복당하고 영혼 밖으로 밀려나가게 됩니다. 이리하여 육이 결코 영에게 대항하지 못하고 사람은 온전히 영적인 존재가 됩니다.

VIII. 은총이 다가오는 표시들

그러나 주님, 주님께서 언제 이러한 일을 하시는지 우리가 어떻게 알며, 또한 당신의 오심을 알리는 표지는 무엇입니까? 이 위로와 기쁨의 전달자들과 증인들이 한숨과 눈물을 흘릴 때입니까? 만약 그렇다면, 그 위로의 말씀은 일반적으로 함축하고 있는 의미와는 정반대로 전혀 새로운 의미로 사용되는 것입니다. 만일 이러한 것들이 위로부터 부어

져서 넘쳐흐르는 영적 이슬의 풍부함도 아니고, 내적 청결의 표지로서의 외적 정화도 아닌 단순한 슬픔에 불과하다면, 한숨을 동반한 위로와 눈물을 동반한 기쁨은 무엇입니까. 유아세례에서 외적인 씻음이 내적인 씻음으로 표현되듯이, 여기에서는 그 반대로 외적인 씻음은 내적 청결로부터 비롯됩니다. 이러한 복된 눈물에 의해 우리 내면의 더러움은 깨끗해지고 죄에 대한 불길들은 사라집니다. "우는 자는 복이 있나니, 그들이 즐거워하게 될 것이다." 나의 영혼아, 네가 이와 같이 슬퍼할 때 너의 신랑을 알아보고, 네가 갈망하던 그를 포옹하고, 이 넘치는 기쁨에 빠지게 하고, 그리고 가슴으로부터 위로의 젖과 꿀을 빨아라. 한숨과 눈물, 이것이 바로 네 신랑께서 네게 주시는 놀라운 상급과 위로이다. 이러한 눈물은 그분이 네게 마시라고 주시는 은혜로운 음료이다. 이 눈물이 네 일용할 양식이 되게 하여라. 이 양식은 인간의 마음을 굳세게 하며, 꿀과 벌집보다도 더 달콤하다.

오, 주 예수님! 만일 당신에 대한 생각과 갈망 때문에 흘리는 눈물이 이렇듯 감미롭다면, 우리가 당신을 면전에서 뵐 때 갖게 될 그 기쁨은 얼마나 더 감미롭겠습니까? 만일 당신을 위하여 우는 것이 이렇듯 달콤하다면 당신 안에서 기뻐하는 것은 얼마나 더 감미롭겠습니까? 그러나 은밀히 말해야 할 것을 우리는 왜 이렇게 공개적으로 이야기합니까? 우리는 왜 언어로는 묘사할 수 없는 정감(affections)을 일상적인 언어로 표현하려 합니까? 모르는 사람들은 그것들을 도무지 이해하지 못합니다. 왜냐하면 그들은 하나님의 은총이 가르치는 체험의 책을 통해서만 그것들을 분명하게 배울 수 있기 때문입니다. 세속적인 책들 안에서 찾으려한들 아무 소용이 없습니다. 마음으로부터 길어 올린 해석이 그 내적 의미를 밝혀 주지 않는다면, 문자적 의미에 대한 연구는 무미건조할 뿐입니다.

IX. 어떻게 은총이 감추어지는가?

오, 나의 영혼이여! 우리는 이것을 너무 오랫동안 이야기했습니다. 하지만 베드로와 요한과 함께 신랑의 영광을 바라보며 잠시 그분과 함께 머무르기 위하여 우리가 여기 있는 것이 좋은 일입니다. 우리가 여기에 초막 둘이나 셋이 아니라 하나라도 지어서 모두 함께 기뻐하며 거하는 것이 그분의 뜻입니다. 그러나 지금 신랑은 말합니다. "지금 동이 트고 있으니 나를 가게 하라." 이제 당신은 은총의 빛을 얻었고 바라던 방문을 받았습니다. 그분은 당신에게 축복을 내려 주시고, 환도뼈를 다치게 하시고, 야곱이라는 이름을 이스라엘로 바꾸십니다. 그리고 아주 잠시 동안 그는 물러갑니다. 그렇게 오랫동안 기다렸던 이 신랑은 곧 다시 가 버리고 말았습니다. 그것은 사실입니다. 이러한 방문이 끝났을 때, 그것과 더불어 관상의 감미로움도 끝나버리고 맙니다. 그러나 그분은 아직도 머물러 계십니다. 그분은 우리를 인도하시고, 은총을 주시며, 우리를 당신 자신에게 연결시키시기 때문입니다.

X. 은총이 잠시 모습을 감출 때, 이는 우리 안에서 유익을 위해 어떻게 작용하는가?

신부여, 그분이 잠시 당신에게서 그의 얼굴을 숨긴다 해도 두려워하거나 절망하지 말며 당신 자신을 경멸하지 마십시오. 이 모든 것이 합력하여 선을 이룹니다. 당신은 그분의 다가오심과 떠나가심을 통하여 유익을 얻습니다. 그분은 당신에게 다가오시고 다시 떠나가십니다. 그는 당신을 위안(consolation)하기 위해 오시고, 너무 많은 위안으로 당신이 교만하게 될까 봐 떠나가십니다. 신랑이 언제나 당신과 함께 있음으로 인해 당신이 형제들을 업신여기게 되고, 이 위안이 그분의 은총이 아니라 당신의 타고난 능력으로 여길까 봐 염려하기 때문입니다. 신랑은 자신이 원할 때, 자신이 기뻐하는 이에게 이 은총을 주십니다. 이 은총은 합법적인 권리에 의해 소유되는 것이 아닙니다. 너무 친숙하면 업신여김을 받는다는 속담이 있습니다. 그분이 물러나시는 것은 너무 친숙함으로 인해 오히려 소홀히 여겨지는 일이 없게 하려는 것입니다. 오히려 그분이 아니 계실 때(不在) 우리는 그분을 더욱 갈망하게 되고, 갈망함으로써 그분을 더욱 간절히 찾게 되며, 찾음으로써 마침내 그분을 발견하여 더 큰 감사를 드리게 됩니다.

장차 나타날 미래의 영광에 비하면 한낱 그림자요 단편뿐인 이 위안이 부족하지 않았다면, 우리는 여기 이 땅을 영원한 고향으로 여기고 영원한 생명을 덜 찾을 것입니다. 그러므로 우리가 이 현세의 유배지를 우리의 참된 고향으로 여기고 또 이 은총을 우리 상급의 전부인 것으로 간주하지 않도록, 신랑은 오시기도 하고 떠나가시기도 하며, 때로는 위안을 주시다가 이 모든 것을 바꾸어 약하게도 하십니다. 그분은 당신이 얼마나 감미로운가를 맛보도록 잠시 허락하셨다가 우리가 충분히 맛보기도 전에 떠나가십니다. 말하자면 이러한 것입니다. 그분은 날개를 펼쳐 우리 위에서 날며 우리가 날도록 격려하십니다. 그리고 이렇게 말씀하십니다. "이제 보라. 너는 내가 얼마나 감미롭고 매혹적인가 조금 맛을 보았다. 하지만 만일 네가 이 감미로움으로 가득 채워지길 원한다면, 달콤한 향훈(香薰)을 따라서 내 뒤를 부지런히 좇아

라. 그리고 하나님 아버지의 오른편에 있는 나에게로 너의 마음을 들어 올려라. 거기서 너는 거울로 희미하게 보지 않고 얼굴을 맞대고 나를 보게 될 것이다. 그리하여 네 마음은 완전한 기쁨을 누리며, 아무도 이 기쁨을 너에게서 빼앗아 가지 못할 것이다."

XI. 은총을 받은 후, 영혼은 얼마나 조심해야만 하는가?

신부여, 조심하십시오. 그분이 떠나가시더라도 멀리 가시지는 않습니다. 비록 당신이 그분을 뵐 수 없더라도 그분은 언제나 당신을 지켜보고 계십니다. 그분은 당신 앞뒤에서 눈을 크게 뜨고 계시기에 당신은 그 어디에도 숨을 수 없습니다. 그분은 자신의 천사들과 함께 당신 주위에 계십니다. 천사들은 철저히 주님께 보고 드립니다. 천사들은 주님이 거기 계시지 않을 때, 당신이 어떻게 행동하는지 지켜보며, 또 당신에게서 어떤 방탕과 타락의 징조를 발견하면 그분께 당신을 고발하는 임무를 지닌 영들입니다. 주님은 질투심이 강한 신랑이십니다. 만일 당신이 그분보다 다른 어떤 이를 더 기쁘게 하려고 그분을 배신한다면, 그분은 다른 사람들에게 호의를 베푸시며, 즉시 당신을 떠나실 것입니다. 이 신랑은 꼼꼼하며, 좋은 혈통의 출신이며 부유하십니다. 그는 모든 사람의 자녀들보다 공명정대한 분이어서 의롭지 않은 신부를 취하지 않을 것입니다. 만일 그분이 당신에게서 어떤 흠이나 티를 보시면, 즉시 당신에게서 얼굴을 돌리실 것입니다. 그분은 어떠한 불결함도 견디실 수 없으십니다. 만일 당신이 신랑과 함께하는 기쁨을 자주 누리기 원한다면, 진실로 순결하고 겸손하며 온유해지십시오.

이야기가 너무 길어진 듯합니다. 하지만 이 주제의 풍부함과 감미로움이 저로 하여금 그렇게 하도록 하였습니다. 제가 의도적으로 이야기를 오래 끈 것이 아니라, 바로 그 감미로움이 제 의지를 거슬러서 그렇게 하도록 한 것입니다.

XII. 요약

이제 우리 이야기를 요약하고 정리해 보겠습니다. 그 전체를 보면 더 좋은 관점을 가질 수 있을 것입니다. 이미 설명한 예들을 통하여 이 단계들이 서로 어떻게 연결되는지 알 수 있습니다. 순서상으로든 인과관계에서든 하나가 다른 것을 앞섭니다. 독서가 맨 처음에 오는데, 이것은 사실 기초입니다. 독서는 묵상에 사용할 주된 자료를 제공해 줍니다. 묵상은 추구해야 할 것을 더 주의 깊게 숙고하는 것입니다. 묵상은 땅을 파 들어가 보물을 찾고 발견하는 것입니다. 하지만 보물을 갖는 것은 묵상의 능력 밖의 일이기에 묵상은 우리를 기도로 인도합니다. 기도는 온 힘을 다해 자신을 하나님께로 들어 올리며 갈망하던 보물, 즉 관상의 감미로움을 청합니다. 관상은 하늘의 감미로움이라는 이슬로 목마른 영혼을 취하게 함으로 세 가지의 노고에 보답을 해줍니다. 독서는 외적 감각의 훈련이며, 묵상은 내적인 이해와 관계되며, 기도는 갈망과 관련됩니다. 관상은 모든 능력을 능가합니다. 첫 단계는 초심자들의 것이요, 두 번째 단계는 진보한 이들의 것이며, 세 번째 단계는 헌신자들의 것이요, 네 번째는 축복받은 이들의 것입니다.

XIII. 이 단계들은 서로 어떻게 연결되는가?

이 단계들은 함께 연결되어 있어 서로는 서로를 위해 작용합니다. 첫 단계는 마지막 단계 없이는 거의 쓸모가 없고, 마지막 단계 역시 첫 단계 없이는 결코 거의 도달할 수 없습니다. 우리가 성인들의 삶과 말들을 읽고 곱씹어 소화시킴으로 자양분을 뽑아 내어, 그것이 우리 마음 깊은 곳까지 스며들게 하지 못한다면, 독서하며 시간을 보내는 것이 무슨 유익이 있겠습니까? 그들의 모범을 통해 우리 영혼의 상태를 주의 깊게 숙고하고, 또한 우리가 그토록 열심히 읽는 분들의 생애를 우리 자신의 행위 안에서 반영할 수 있을 때에 유익이 있습니다. 그러나 우리가 읽고 듣는 것에 의해 우리의 방향을 정하지 않으면, 우리의 거룩한 교부들이 놓은 한계를 넘어서, 어떻게 헛되고 거짓된 주제들을 묵상하는 것을 피하여 올바로 생각할 수 있겠습니까? 듣는 것도 일종의 독서입니다. 그러기에 우리가 스스로 읽거나 다른 사람들에게 소리 내어 읽어 주는 책들과 스승들이 우리에게 읽어 준 책도 우리가 읽었다고 말하게 됩니다.

다시 말하거니와, 묵상을 통해 해야 할 바를 안다하더라도, 기도의 도움과 하나님의 은총으로 그것을 성취할 힘을 얻지 못한다면, 그것이 무슨 소용이 있겠습니까? 왜냐하면 모든 은사와 모든 완전한 은사는 위로부터 주어지는 것이며, 빛들의 아버지로부터 내려오기 때문입니다. 그분 없이 우리는 아무것도 할 수 없습니다. 우리 안에서 일을 이루시는 분은 바로 그분이십니다. 하지만 우리 없이 일을 이루시는 것은 아닙니다. 사도들의 말씀처럼 우리는 하나님의 동역자들이기 때문입니다. 그래서 하나님께서는 우리가 당신께 기도하기를 원하십니다. 그분의 은총이 임하여 우리의 문을 두드릴 때, 기꺼이 그분께 마음을 열어 들어오시도록 승낙하는 것을 그분은 원하십니다.

그분이 사마리아 여인에게 "당신 남편을 불러오시오"라고 말씀하셨을 때, 그 여인에게 요구하셨던 것도 바로 이 받아들임입니다. 그것은 마치 그분이 "나는 그대에게 은총으로 채워 주기를 원한다. 너는 선택의 자유가 있다"라고 말씀하신 것과 같습니다. 그분은 그녀에게 기도하기를 요구하셨습니다. "만일 네가 하나님의 선물을 알았더라면, 그리고 물을 달라고 너에게 요구하는 사람이 누구인지 알았다면, 너는 그에게 생명수를 청하였을 것이다." 그 여인은 이 말을 마치 주님께서 그녀에게 읽어 주는 것처럼 들었습니다. 그녀는 이 물을 얻는 것이 자기에게 유익하다고 생각하면서 마음속으로 이 가르침을 묵상하였습니다. 그리하여 그 물에 대한 열망으로 불타오른 그녀는 다음과 같이 기도하였습니다. "주님, 제가 더는 목마르지 않도록 저에게 그 물을 주십시오." 그녀가 기도하게 된 것은 주님의 말씀을 듣고 그것을 묵상하였기 때문입니다. 그녀가 먼저 묵상을 통해 불타오르지 않았다면, 어떻게 청을 드릴 수 있겠습니까? 이어지는 기도에서 그녀가 갈망하는 것을 청하지 않았다면, 그녀의 묵상이 무슨 유익이 있겠습니까? 여기서 우리는 묵상이 열매를 맺으려면 간절한 기도가 뒤따라야 하며, 관상의 감미로움은 기도의 결과라는 사실을 배우게 됩니다.

XIV. 몇 가지 결론들

종합해 보면 이렇습니다. 묵상 없는 독서는 메마르고, 독서 없는 묵상은 오류에 빠지기 쉽고, 묵상 없는 기도는 미지근하고, 기도 없는 묵상은 열매를 맺지 못합니다. 기도가 열정적일 때 관상에 이르는 것이지 기도 없이 관상에 이르는 경우는 거의 희박하며, 그것은 기적에 가깝습니다. 하지만 하나님의 능력은 무한하며 그분의 자애로운 사랑은 그분의 다른 모든 피조물들을 능가합니다. 그분은 때때로 돌로 아브라함의 자손들을 창조하십니다. 그리고 마음이 완고한 자들과 거역하는 자들을 제멋대로 하게 놔두십니다. 그분은 탕자의 아버지처럼 행동하십니다. 혹은 잠언에 있듯이 뿔을 잡고 소를 이끈다는 말이 어울리는 분입니다. 초대받지 않은 곳에 들어오시며, 당신을 찾지 않는 영혼 안에 거하기도 하십니다. 우리는 이런 일이 성 바울이나 다른 몇몇 사람들에게 가끔 일어났다는 말을 들을지라도, 그런 일이 늘 일어나리라고 추측해서는 안 됩니다. 이는 하나님을 시험하는 것이 될 수 있기 때문입니다. 오히려 우리는 우리가 해야 할 일을 해야 합니다. 그것은 하나님의 율법을 읽고 묵상하면서 우리의 약함을 도와주시고 우리의 약점을 어여삐 여겨 주시도록 기도하는 것입니다. 그분은 이렇게 가르치십니다. "구하라, 그러면 너희에게 주실 것이요. 찾으라, 그러면 찾을 것이요. 두드리라, 그러면 너희에게 열릴 것이다." 왜냐하면 "천국은 침노를 당하나니 침노하는 자가 빼앗기 때문입니다."

이러한 정의들을 통해, 우리는 각 단계들의 다양한 특성들이 어떻게 서로 연결되는지, 각 단계가 우리 안에서 어떤 결과를 맺는지 볼 수 있습니다. 다른 어떤 것에 마음을 빼앗기지 않고 언제나 이 사다리 위에 바로 서 있는 사람은 복이 있습니다. 그는 모든 재산을 팔아 그가 갈망하던 보물이 감추어져 있는 그 밭을 사는 사람입니다. 그는 다른 모든 것으로부터 자유로워지기를 원하며, 주님이 얼마나 감미로우신 분인지 알고 싶어 합니다. 첫째 단계에서 열심히 노력하고, 둘째 단계에서 충분히 숙고하고, 셋째 단계에서 기도에 헌신하고, 넷째 단계에서 자신을 벗어나 들어 올려짐을 경험한 이 사람은 그의 온 마음이 이러한 상승(ascent)에 의해 점점 굳세어져서 마침내, 시온에서 신들의 신이신 하나님을 뵙게 됩니다. 이 가장 높은 단계에 비록 잠시라도 머물게 된 사람은 복이 있습니다. 진실로 그는 이렇게 말할 것입니다. "지금 나는 참으로 하나님의 은혜를 체험하고 있구나. 진실로 나는 지금 베드로와 요한과 함께 그 산에서 그분의 영광을 바라본다. 이제 야곱과 더불어 사랑스런 라헬을 포옹하는 기쁨을 누리는구나."

그러나 높은 하늘에까지 들어 올려졌던 사람은 관상이 끝난 후에 깊은 구렁텅이로 곤두박질치지 않도록 주의해야 합니다. 그런 커다란 은총 뒤에 다시 세속적인 쾌락과 육체의 즐거움에 빠지지 않도록 조심해야 합니다. 그러나 인간 마음의 눈은 참된 빛의 광채를 오랫동안 견디어 낼 힘이 없기 때문에, 그 영혼은 자기가 올라갔던 대로 세 단계 중 어느 한 단계로 차례차례 내려와야 합니다. 자유의지의 움직임에 따라, 또 시간과 장소를 유념하면서, 때로는 한 단계에서 때로는 다른 단계에서 번갈아 머물도록 해야 합니다. 제가 보기에, 첫 단계로부터 멀리 올라가 그 영혼이 하나님께 더 가까이 가더라도 말입니다. 안타깝지만, 이것이 바로 인간 본성의 나약함과 비참함입니다!

이제 우리는 복된 삶의 완성이 이 네 단계에 담겨 있다는 것과 영적인 사람은 끊임없이 이 일에 전념해야 된다는 것을 이성과 성경의 증언을 통해 분명히 보았습니다. 그러나 이 생명의 길을 꾸준히 걷는 사람이 누구입니까? 그가 누구인지 말해 주면, 우리는 그를 칭송할 것입니다. 그것을 바라는 사람은 많지만, 성취하는 사람은 참으로 적습니다. 우리가 이 적은 무리 안에 속할 수 있다면 얼마나 좋겠습니까!

XV. 이 단계들에 대한 네 가지 장애물

일반적으로 이 단계들에는 네 가지 장애물이 있습니다. 즉 어쩔 수 없는 필연, 생활의 일들, 인간적인 약점 그리고 세속적인 어리석음입니다. 첫째 것은 용서될 수 있고, 둘째 것은 참을 수 있고, 셋째 것은 연민을 불러일으키지만 넷째 것은 비난을 받습니다. 비난받아 마땅한 것은 하나님의 은총을 알면서도 본래의 길로 되돌아간 것이 하나님의 은총을 알지 못해서 세상에 대한 사랑 때문에 목표에 등을 돌린 것보다 더욱 나쁘기 때문입니다. 그 죄에 대해 어떤 변명을 할 수 있겠습니까? 주님께서 그에게 이렇게 말씀하시지 않겠습니까? "내가 너를 위해 무슨 일을 더 해야 한단 말이냐? 네가 존재하지 않았을 때 나는 너를 창조하였고, 네가 범죄하여 악마의 노예가 되었을 때 나는 너를 구해 주었고, 네가 이 세상의 악인들과 함께 사방으로 쏘다니고 있었을 때 나는 너를 불러 내었다. 나는 너를 내 마음에 들게 하였고, 너와 함께 거하기를 원했지만, 너는 나를 경멸할 뿐이었다. 네가 거부한 것은 나의 말뿐만 아니라 바로 나 자신이었다. 그리고 너는 네 욕망을 쫓아 뒤돌아 가 버렸다."

그러나 좋으신 하나님! 온유하고 친절하신 나의 하나님, 사랑스런 친구, 지혜로운 상담자, 강력한 지지자이신 하나님! 당신을 거부하고 그렇게 겸손하시고 온유하신 분을 마음에서 내쫓은 그 사람은 얼마나 냉혹하고 경솔합니까! 창조주 대신 악하고 해로운 생각을 받아들이고, 바로 얼마 전까지도 하늘의 기쁨으로 메아리치던 비밀스런 마음의 장소인 성령의 내밀한 방을 그렇게 부정한 생각에 내주어, 그곳을 돼지 우리로 바꾸어 놓다니, 이 얼마나 비참하고 파멸적인 거래입니까! 신랑의 발자취가 아직도 선명하게 남아 있는 마음에 불의한 욕망이 마구 밀려옵니다. 얼마 전까지도 사람이 표현할 수 없는 말을 들었던 귀가 그렇게 빨리 헐뜯는 비방에 솔깃해지고, 또한 거룩한 눈물로 순결해진 눈이 그렇게 빨리 세상의 헛된 것에 눈을 돌리고, 신랑을 환영하는 감미로운 노래로 그칠 줄 몰랐던 혀는 열정적이고 간절한 웅변으로 그분과 신부 사이에 평화를 이루지 못하고, 오히려 음담과 무례함, 비아냥거림과 헐뜯는 소리를 내다니, 이 얼마나 병적이고 꼴사나운 일입니까! 주님, 우리에게 결코 이런 일이 일어나지 않게 하소서. 우리가 비록 인간적인 약함으로 이런 잘못을 범한다 할지라도 결코 그 때문에 실망하지 않게 하소서. 무기력한 사람들을 굴욕에서 들어 올려 주시고 가난한 이들과 불쌍한 이들을 곤경에서 구해 주시는 자비로우신 치유자에게 속히 돌아가게 하소서. 결코 죄인의 죽음을 원치 않으시는 그분은 끊임없이 우리를 돌보고 치유해 주실 것이기 때문입니다.

이제 편지를 끝맺을 때가 되었습니다. 이제 관상 중에 그분을 뵙지 못하도록 우리를 내리누르는 짐을 가볍게 해 달라고, 그리고 머지않은 날에 그 짐을 완전히 제거해 주시기를 주님께 간청합시다. 그러면 이 단계들을 통하여 우리를 점차 강하게 하시어 우리는 시온에서 신들의 신이신 하나님을 바라보게 될 것입니다. 거기서 그의 선택된 백성은 신적관상의 감미로움을 맛보게 될 것입니다. 그때는 한 방울씩이나 이따금씩 맛보는 것이 아니라, 누구도 빼앗을 수 없는 끝없는 기쁨과 하나님의 변함없는 평화를 누리게 될 것입니다.

그러므로 나의 형제 제르바제여! 언젠가 위로부터 은혜가 임하여 이 사다리의 최고 단계에 오르는 것이 당신에게 허락되어, 이 행복이 당신 것이 될 때, 저를 기억하고 저를 위하여 기도해 주십시오. 그래서 당신과 하나님 사이의 베일이 벗겨질 때, 저 또한 그분을 뵙고, 그분께서 나에게도 또한 '오라'고 말씀하실 수 있도록 말입니다.

주

1장 지금 우리에게 필요한 기도는

1. 메리 로취, 《스푸크》(서울: 파라북스, 2005), p.90-128.
2. 에릭 안슨, 캘리 파킨슨, 그렉 L. 호킨스, 《발견》(서울: 국제제자훈련원, 2008).
3. 설문 조사는 서울과 서울 근교의 40여 교회에서 실시했다. 이 기도 설문에 대한 자세한 내용은 〈목회와 신학〉 2007년 9월호에 "한국교회 성도의 기도 생활"이라는 기사로 요약되어 실렸다.
4. Richard Baxter, *Practical Works* (London: n, p., 1830), p.338-340.
5. 요한 클리마쿠스, 《거룩한 등정의 사다리》(서울: 은성, 2006).
6. 제임스 패커, 《기도》(서울: IVP, 2008), p. 227.
7. 김춘수, 《김춘수 시전집》(서울: 현대문학, 2004).
8. 맥스 루케이도, 《일상의 치유》(서울: 청림출판, 2006), p.53-54.
9. 오방식, "영성과 기도: 야곱의 기도(창세기 32:22-32)를 중심으로", 〈신학이해〉 36호(광주: 호남신학대학교, 2003), p.133-166.
10. 1084년 성 부르노가 설립한 카르투지오회는 독방에서 절대적인 고독을 추구한다. 카르투지오회는 "카르투지오회는 개혁된 적이 없다. 변질된 적이 없기 때문이다"란 말이 있을 정도로 엄격하다. 이들의 영성은 고독과 침묵에 그 기반을 두고, 하루 약 14시간 정도를 방에서 침묵하며 말씀을 묵상하고 기도한다. 깊은 고독 속에서 깊은 영성을 자아올리며 하나님 앞에 나가는 것이다. 이들에게 방에 머문다는 것의 의미는 몸뿐만 아니라 마음과 영혼이 하나님 앞에 있다는 것이다. 최근 카르투지오회의 일상을 담은 〈위대한 침묵〉(Into Great Silence)이라는 다큐멘터리가 많은 사람의 신앙생활에 큰 반향을 불러일으켰다.

2장 말씀묵상기도란 무엇인가

1. 허성준,《렉시오 디비나》(서울: 분도출판사, 2006), p.19-20.

2. 샤이 J. D. 코헨,《고대 유대교 역사》(서울: 은성, 2004), p.203.

3. 엔조 비앙키,《말씀에서 샘솟는 기도》(서울: 분도출판사, 2001), p.44.

4. 같은 책, p.45.

5. 버나드 맥긴《서방 기독교 신비주의의 역사》(서울: 은성, 2000), p.182-183.
   윌리스턴 워커,《기독교회사》(서울: 한국기독교문화원, 1985), p.72.

6. 헌신하는 마음으로 집중해서 성경 읽는 것을 오리겐은 '프로세케인'(prosechein)이라는 동사를 사용하여 설명한다. 이 말의 뜻은 '자기 마음을 돌리다, 주의를 집중하다, 헌신하다, 유의하다'이다. 오리겐은 창세기 주해에서 이삭을 '우물 파는 사람'으로 보는데, 이는 야곱의 사다리가 하늘로 '올라가는 모형'과 반대의 해석학적 패러다임으로써, '내려가는 형태'의 렉시오 디비나로 볼 수 있다. '우물 파는 이삭'은 우리를 심해독서로 초대한다. 이에 관련한 오리겐의 창세기 주해서 내용은 분도출판사에서 펴낸 프랑스와 까생제나-트레베디가 쓴 책《말씀의 불꽃》의 72쪽에 소개되어 있다.
   하나님의 말씀을 관리하는 자는 누구나 우물을 파서, 또 자기 청중들에게 원기를 되찾아 줄 수 있도록 생수를 찾아야 할 것이다. 내가 옛 어른들의 말씀을 설명하고 그 영성적 의미를 궁구하며, 율법의 너울을 걷고서 기록된 것의 우의적 의미를 밝히는 일을 한다면, 나 역시 우물을 파고 있는 셈이다. 만일 우리가 이사악의 종들이라면, 생수가 솟는 우물들과 원천들을 사랑하자. 생수가 솟는 우물들을 파는 일을 결코 중단하지 말자! 우물의 물이 우리의 광장으로 흘러넘치도록까지 우물을 파자. 그리하여 거룩한 책에 대한 학문이 우리 자신에게만 만족을 주는 데에 그치지 않고, 다른 사람들도 가르치며 깨우침을 주어서, 사람들뿐 아니라, 짐승들도 물을 마실 수 있도록 하자.

7. 엔조 비앙키,《말씀에서 샘솟는 기도》, p.50.

8. 같은 책, p.54.

9. 사막 교부들의 영성은 크게 세 가지 형태로 나누어 볼 수 있다. 첫 번째 유형은 홀로 사막에 은둔하며 수도하는 독수도사로 그 대표적인 인물은 안토니다. 두 번째 유형은 여러 수도사가 공동체를 이루며 함께 살며 수도하는 공주수도원으로, 대

표적인 사람은 파코미우스다. 세 번째 유형은 제도권 신학자들이 수도원 운동에 자극을 받아 저술과 수도원 활동을 통하여 영향을 미친 사람들이다. 대표적인 사람은 존 카시안이다. 이들의 수도생활은 특성이 각기 다르지만, 한 가지 공통점은 그들의 영성의 중심에 성경 읽기와 묵상 즉, 렉시오 디비나가 있었다는 것이다.

10. 아타나시우스,《성 안토니의 생애》(서울: 은성, 1995), p.60.

11. 베네딕타 와드,《사막 교부들의 금언》(서울: 은성, 1995). p.43.

12. 에델트라우트 포스터,《교부》(서울: 분도출판사, 2004), p.392-395.

13. 베네딕트는 이탈리아의 수비아코에서 3년 동안 은둔하여 수도생활을 하였고, 이후에는 몬테카시노로 옮겨 평생 말씀을 묵상하고 기도하며 살았다. 지금도 몬테카시노에는 베네딕트 수도회의 총본산 몬테카시노 수도원이 있다.

14. 베네딕도,《베네딕도 수도규칙》(서울: 분도출판사, 1991), p.185.

15. 허성준,《렉시오 디비나》, p.52.

16. 시토회는 프랑스 디종의 남쪽에 있는 시토에 세워졌다. 시토회는 전 유럽에 퍼져 1500년에 738개의 수도원이 생길 만큼 발전하였으나, 이후 초기의 균형이 무너져 긴 쇠퇴기 동안 끊임없는 쇄신의 노력을 거듭했다. 쇄신운동은 17세기에 이르러 프랑스 트라프 수도원의 드 랑세를 중심으로 성공했고, 이 개혁에 따른 수도회를 엄률 시토회라 부르고 그 정신을 받아들인 수도사들은 그 발상지의 트라프의 이름을 따서 트라피스트라는 별명으로 불리게 되었다. 현재 전 세계 170여 개의 공동체를 이루었다.

17. 헤수스 알바레스 고메스,《수도생활 역사 II》(서울: 성바오로출판사, 2002), p.109.

18. 베네딕타 와드,《사막 교부들의 금언》, p.35-36.

19. 헤수스 알바레스 고메스,《수도생활 역사 II》, p.94.

20. 귀고 2세의 생애에 대해서 알려진 것은 거의 없다. 알려진 것은 1173년경 카르투지오회 9대 원장에 선출되었고 1180년 이 소임을 마치고 1188년 세상을 떠났다는 것이다.

21. 제르바제(Gervase)에게 답장하는 형식으로 되어 있는 이 소책자는 이 책의 부록 부분에 번역해 놓았다. 허성준의《렉시오 디비나》와 엔조 비앙키의《말씀에서

샘솟는 기도》 부록에도 번역되어 있다.

22. 허성준,《렉시오 디비나》, 귀고 2세 "수도승의 사다리", p.197.
    독서는 복된 삶의 감미로움을 추구합니다. 묵상은 그것을 깨닫고, 기도는 그것을 청하며, 관상은 그것을 맛보는 것입니다. 바꾸어 말하면, 독서는 음식을 입에 넣는 것이고, 묵상은 그것을 씹어 분해하며, 기도는 그것의 맛을 느끼고, 관상은 그것으로 인해 기쁘고 새롭게 되는 감미로움 그 자체입니다. 독서는 외부에서, 묵상은 중심에서 작용합니다. 기도는 우리가 갈망하는 바를 청하고, 관상은 우리가 발견한 감미로운 환희를 줍니다.

23. 서인석,《말씀으로 기도하기》(서울: 성서와 함께, 2002), p.13.

24. 같은 책, p.27.

3장 하늘사다리의 첫 번째 계단, 읽기

1. 허성준의 책《렉시오 디비나》에서 "수도승의 사다리" 197쪽을 보면, 귀고는 독서에 대해 다음과 같이 말한다.
    "복되도다. 마음이 깨끗한 사람들! 하나님을 뵙게 되리니!"(마 5:8)라는 말씀을 듣습니다. 이것은 짧은 성경구절이지만 한없이 감미롭습니다. 이는 영혼을 기르는 여러 감각들로, 마치 입 속에 가득 넣은 포도알과 같습니다. 영혼이 그것을 주의 깊게 검토하면 영혼은 스스로에게 "여기에 좋은 것이 있다"고 말합니다. 이것은 참으로 귀중하고 원할 만한 것이기에 나는 나의 마음으로 돌아가 이 순수한 것을 발견하고 이해하려고 노력할 것입니다.

2. 알베르트 망구엘,《독서의 역사》(서울: 세종서적, 2005), p.66.

3. 뤼시앵 레뇨,《사막 교부 이렇게 살았다》(서울: 분도출판사, 2006), p.109
    4세기 말부터 하루 한 끼 식사가 일반적인 관습이 되었다. 한 원로는 이렇게 말했다. "하루 한 끼 식사하면 수도승이다. 하루 두 끼 식사하면 육적인 인간이다. 하루 세 끼 식사하면 짐승이다."

4. 향심기도(向心祈禱, Centering Prayer)란 한마디로 자아의 중심에 있는 하나님을 만날 수 있도록 도와주는 기도다. 자아의 중심을 향한다는 의미에서 향심(向心)기도 혹은 구심(求心) 기도로 번역되기도 한다. 기도 방법은 하나님, 예수님, 성령님, 사랑, 평화와 같은 거룩한 단어를 생각하고 그 단어에 집중하는 것이다. 기도에 집중하면서 하나님의 임재를 깊이 깨닫고 느끼게 된다. 자세는 바른 자세가 좋

고 시간은 보통 20분 정도가 적당하다. 기도의 기본적인 아이디어는 "무지의 구름"에서 얻었으며 1970년대 이후 바실 페닝튼, 윌리엄 메닝거, 토마스 키팅 등에 의해 널리 알려졌다.

5. 토마스 키팅,《하느님과의 친밀》(서울: 성바오로, 1999), p.64.

6. 유경환,《시간의 빈 터》(서울: 세손, 2000).
저작권을 관리하시는 분과 연락이 닿지 않아 사용 허가를 받지 못했습니다. 저작권을 관리하시는 분은 출판사로 연락 주십시오. Tel) 031-901-9812

4장 하늘사다리의 두 번째 계단, 묵상

1. 정채봉,《처음의 마음으로 돌아가라》(서울: 샘터, 2006).

2. 유진 피터슨,《이 책을 먹으라》(서울: IVP, 2006), p.169.

3. 허성준,《렉시오 디비나》, 귀고 2세 "수도승의 사다리", p.199-200.
당신은 작은 포도알에서 얼마나 많은 즙이 나오는지, 작은 불꽃에서 얼마나 큰 불이 일어나는지, 혹은 "마음이 청결한 사람은 복이 있나니 저희가 하나님을 볼 것이요"라는 이 작은 '쇳조각'이 묵상을 준비하는 동안 어떻게 두드려 펴져 새로운 차원을 얻게 되는지 아십니까? 진실로 이것은 장인(匠人)의 손에서 더욱 훌륭한 것이 될 수 있습니다. 영혼은 이런 흥분으로 불붙고, 욕망이 그 화염을 부채질 할 때, 감미로움에 대한 첫 암시를 받게 됩니다. 옥합이 깨지면 미각이 아니라 후각을 통해 그 향기를 맡게 됩니다. 이것으로 영혼은 기쁨에 넘친 묵상의 순수한 체험이 얼마나 감미로운지 알게 됩니다.

4. 필립 얀시,《기도》(서울: 청림출판, 2007), p.299.

5. 에델트라우트 포스터,《교부》(서울: 분도출판사, 2004), p.407.
파코미우스는 이집트 남부 나일강 상류 타벤네시스에서 공동체 수도원을 시작한 사람이다. 그래서 그를 '회수도사들의 아버지'라 부른다. 파코미우스의 '참회의 공동체'는 급속히 성장하여 파코미우스의 말년에는 수도원이 11개(이중 2곳은 여자 수도원)에 이르렀고, 그의 규칙 아래 수도하는 남녀 수도사들이 7,000여 명에 이르렀다. 이 규칙서는 최초의 수도원 규칙서로 후대 수도원에 큰 영향을 주었다. 그는 말씀 암송의 중요성을 다음과 같이 강조하였다.
"수도원에 처음으로 입회하려는 사람에게, 먼저 그가 지켜야 할 사항을 미리 알려줄 것이며, 들은 다음 이 모든 것에 동의하면, 시편 스무 개나 (바울로) 사도의 서간 두 개나 나머지

성경의 한 부분을 그에게 주어 (외우게 할 것이다). 만일 글을 모르는 사람이면, 그는 제1시 와 제3시와 제6시에 자기를 가르치도록 배정해 준 이에게 가서 그의 앞에 서서 극진한 감사 의 마음으로 열성을 다해 배울 것이다. 그 다음 (가르치는 이는) 알파벳 글자와 단어와 이름 들을 그에게 써 주고 그가 원하지 않더라도 억지로 읽어 (배우게) 할 것이다."

"수도원 안에는 글자를 배우지 못하거나, 성경의 어떤 것, 적어도 신약성서와 시편들을 암 기하지 못하는 사람들이 절대로 있어서는 안 된다."

6. 허성준,《렉시오 디비나》, p.89.

7. 김형길, 「묵상」 (부산: 가톨릭대학교, 1998), p.10.
이러한 의미는 이미 바르나바의 편지 안에서 나타난다.
"너희는 굽이 두 쪽으로 갈라지고 되새김질하는 모든 동물을 먹을 수 있다"고 모세가 말 한다. 이것은 무슨 의미일까? 모세가 되새김질하는 동물이라고 말할 때 그것은 계명(하느님 의 말씀)을 생각하게 한다.…그것은 하느님을 경외하고 그들이 받은 계명 즉 심판이 되기도 하고 보호가 되기도 하는 계명을 마음 속으로 묵상하는 것을 아는 이들, 즉 그들은 묵상이란 하느님의 말씀을 되새김질하는 일임을 아는 이들이다.

8. 요셉 봐이스마이어,《넉넉함 가운데서의 삶》(서울: 분도출판사, 1996), p.161.

9. 조이 도우슨,《하나님의 음성을 듣는 삶》(경기: 예수전도단, 2002), p.66.

10. 리처드 포스터,《영적 훈련과 성장》(서울: 생명의말씀사, 1996), p.31.

11. 이상근,《신약성서주해 3- 누가복음》(경북: 성등사, 1988), p.66.

12. 아취볼트 토머스 로버트슨,《신약원어 연구해설 8- 누가복음》(서울: 벧엘성서 간행사, 1986), p. 73.

13. 베네딕타 와드,《사막 교부들의 금언》, p.77.

14. 토마스 머턴,《영적 지도와 묵상》(서울: 성바오로, 1998), p.73.

15. 십자가의 성 요한,《어둔 밤》(서울: 바오로딸, 1999), p.38-41.

16. 토마스 머턴,《영적 지도와 묵상》, p. 73.

17. 같은 책, p. 92-93.
묵상을 위해 가장 좋은 자세는 앉는 자세다. 앉는 자세는 어떠한 형태의 관상에도 환영받는다. 한 예로 14세기의 신비가 신비가 리처드 롤(Richard Rolle)의 말이 이 사실을 입증한다.

그는 다음과 같이 말한다. "나는 앉는 자세를 좋아합니다. 고통스럽지도 않고, 그렇다고 괴상스럽지도 않고, 사람들이 나에 대해서 이러쿵저러쿵 말해 주기를 기대해서도 아니고, 그런 일이 없기 때문도 아닙니다. 다만 걷거나 서 있거나 장궤하는 자세보다도 더 오랫동안 사랑의 편안함에 잠겨서 하나님을 더 많이 사랑할 수 있기 때문입니다. 나는 앉아 있을 때, 가장 편안하고 마음을 드높일 수 있습니다. 그렇지만 나처럼 마음이 들지 않는데도 앉는 자세를 취해야 한다면, 그것은 그 사람에게 가장 좋은 자세가 아닐 것입니다."

5장 하늘사다리의 세 번째 계단, 기도

1. 엔조 비앙키,《말씀에서 샘솟는 기도》, p.145.

2. 에델트라우트 포스터,《교부》(서울: 분도출판사, 2004), p.297.

3. 존 칼빈,《기독교강요 제 3권》(서울: 크리스챤다이제스트사, 2004), 9장 1절.

4. 유진 피터슨,《응답하는 기도》(서울: IVP, 2003), p.56-58.

5. 아빌라 테레사는 기도를 영혼의 성에 비유했다. 영혼의 성은 중세 성(城)에 여러 문이 있어서 왕이 있는 안쪽으로 점점 들어가듯이, 우리 기도도 외면적인 기도에서 내면적인 기도로 진행된다고 보는 것이다. 테레사는 그 과정을 1궁방에서 7궁방으로, 점점 안으로 들어가는 것으로 비유하여 기도의 진행 과정을 이해했다. 일반적으로 1궁방에서 3궁방까지는 정화의 과정, 4궁방은 거둠의 기도 혹은 고요의 기도, 5궁방은 연합의 기도와 영적 약혼, 6-7궁방은 어두운 밤과 영적인 결혼, 하나님과의 일치로 인한 황홀과 기쁨을 그린다. 더 자세한 내용을 알고 싶다면 다음의 책을 참고하라. 예수의 테레사,《영혼의 성》(서울: 성바오로, 1993), p.90-97.

6. 같은 책, p.105.

6장 하늘사다리의 네 번째 계단, 관상

1. 예수의 테레사,《완덕의 길》(서울: 바오로딸, 1967), p.190, 221-222.
   여러분들 생각에 구송기도는 아무리 완전히 바쳐보았자 얻는 것이 적다고 할까 봐, 나는 '주의 기도'거나 그 외에 구송기도를 외우는 동안이라도 주님은 여러분을 완전한 관상의 경지에 이끌어 주실 수 있다는 것을 말하고 싶습니다.
   내가 알기로는, 전에도 말한 바와 같이 구송기도를 하는 사람들에게 하나님께서는 그들도 모르게 드높은 관상에로 올려 주시는 경우가 있습니다. 내가 잘 알고 있는 분은 구송기도 외에 다른 기도는 도무지 하지 못하고 거기에만 붙매여 있어서 다르게 해보려고 하면 정신이 어찌나 헷갈리는지 못 견뎌했습니다. 그분은 '주의 기도'를 여러 번 외우면서 그때마다 주님이 흘리신 성혈을 묵상하기도 하고, 몇 시간을 기도로 보내기도 하였습니다.

그 사람이 한번은 나한테 와서 몹시 걱정을 하며 말하기를, 자기는 입으로 외우지 않고는 묵상이고 관상이고 할 수 없다는 것이었습니다. 내가 외우는 기도가 무엇이냐고 물었더니 '주의 기도'라고 했습니다. 그러나 나는 그가 이미 순수한 관상기도를 하고 있고, 주님은 당신과 결합시키려고 그를 드높이 올려 주신 것을 알았습니다.…여러분이라도 조금도 거짓이 없는 깨끗한 양심을 지니고 구송기도를 제대로 드리기만 한다면 관상자가 될 수 있습니다.

2. 허성준,《렉시오 디비나》, 귀고 2세 "수도승의 사다리", p.203.
영혼은 욕구를 불태우는 이 말씀에 의해 그 상태를 알게 되며, 이 매력 때문에 신랑을 찾게 됩니다. 그러나 의인들을 굽어보시고 그들의 말뿐만 아니라 기도의 의미까지 파악하시는 주님은 갈망하는 영혼이 모든 것을 다 말할 때까지 기다리지 않고 기도 중에 개입하시며, 그 영혼을 만나기 위해 서둘러 다가오십니다. 그리고 감미로운 천상 이슬을 뿌리시고 가장 귀중한 향료로 기름을 바르십니다. 그분은 지친 영혼을 회복시키시고, 목마름과 배고픔을 채워 주십니다. 그분은 영혼으로 하여금 모든 지상적인 것들을 잊게 하십니다. 주님은 영혼으로 하여금 스스로 지상적인 것에 죽게 하심으로써 그에게 놀라운 방법으로 새 생명을 주시며, 또한 영혼을 취하게 하심으로써 영혼에 참된 감각을 되찾아 주십니다.

3. 엔조 비앙키,《말씀에서 샘솟는 기도》, p.135.

4. 클리마쿠스는 시내산 입구에 있는 유명한 성 캐더린(St. Catherine) 수도원의 원장으로 봉직하다 생을 마감했다. 이 수도원은 유스티누스 황제의 재임 기간 중인 545년 요새로 지어졌다가 수도원으로 사용된 것으로 알려져 있다. 그 수도원은 불붙는 떨기나무와 변화한 예수님의 모자이크로 유명하다. 그 수도원은 시내산을 등정하는 사람들의 필수 방문 코스로 여전히 사랑받고 있다. 시내산을 등정해 본 사람은 밤새 낙타를 타고 산을 오른 후, 아침에 하산하여 캐더린 수도원을 방문해 보았을 것이다. 더 자세한 내용은 요한 클리마쿠스의《거룩한 등정의 사다리》를 참고하라.

5. 베드로의 "여기가 좋사오니"라는 고백과 겨룰만한 것으로 십자가의 성 요한의 "어둔 밤"(LA NOCHE OSCURA)이 있다. 성 요한은 이렇게 고백했다.

어두컴컴한 밤중에
사랑에 타 할딱이며
좋을시고 아슬아슬
알 이 없이 나왔노라
내 집은 다 고요해지고
변장한 몸, 어둠 속을
비밀 층대로 든든하이
좋을시고 행운이여
어둠 속을 꼭꼭 숨어
내 집은 다 고요해지고
(중략)

너무 깊고 오묘한 영성 시이기에 이 시에 대한 해석도 다양하다. 십자가 요한은 하나님을 만난 관상의 기쁨을 '좋을시고 행운이여'라고 노래한다. 그 의미를 다 설명하기는 어려우나 '좋을시고 행운이여'라고 노래하는 마음과 '여기가 좋사오니'라고 노래하는 베드로의 마음은 서로 통한다. 베드로와 십자가의 성 요한의 고백, '여기가 좋사오니', '좋을시고 행운이여'에 리듬을 넣어 읽으면 감칠맛이 더한다. 이 두 고백에서 우리는 주님의 얼굴을 뵌 관상의 감격과 기쁨이 흘러넘치는 것을 느낄 수 있다.

6. 유해룡, 《하나님 체험과 영성수련》(서울: 장로회신학대학출판부, 1999), p.93.

7. 조던 오먼, 《영성신학》(서울: 분도출판사, 2002), p.384-388.

8. 허성준, 《렉시오 디비나》, 귀고 2세 "수도승의 사다리", p.213.

9. 아빠스라는 말은 하나님을 부를 때 쓰던 성서 용어인 히브리어 '압'(ab, 아버지란 뜻)의 시리아어 형태인 '아빠'(abba)에서 나왔다. 이집트의 옛말인 콥트어로는 '아파'(apa)인데 헬라어와 라틴어로 음역되는 과정에서 명사 아빠스(abbas)가 되었다. 본디 이집트에서 '아빠'란 칭호는 지혜가 있는 연장자나 덕이 뛰어난 수도사를 영적 아버지로 존경하여 부를 때 사용한 것이다. 더 자세한 내용을 알고 싶다면, 텔마 홀이 쓴 책 《깊이깊이 말씀 속으로》의 71쪽을 참고하라.

10. 허성준, 《렉시오 디비나》, 귀고 2세 "수도승의 사다리", p.214.

7장 묵상을 통해 주님을 만나다

1. 아토스 성산의 성 니코디모스, 고린도의 성 마카리오스 공저,《필로칼리아 1》(서울: 은성, 2001), p.79.

8장 하나님을 경험하는 기도의 조건

1. 말콤 글래드웰,《아웃 라이어》(서울: 김영사, 2009), p.51-85.
2. 베네딕타 와드,《사막 교부들의 금언》, p.121
   Evagrius Ponticus, *Praktikos*, p.69.
3. 일반적으로 큐티의 유래는 1880년 대 영국으로 거슬러 올라간다. 당시 케임브리지 대학에 다니던 더글라스 후퍼(Douglas Hooper)는 1882년 무디의 전도 집회에서 회심했다. 그는 겉으로는 화려해 보이나 영적으로는 무기력하고 혼란스럽던 대학 생활에 실망했다. 비슷한 시기에 회심을 경험한 케임브리지 대학생들은 경건하게 살려고 애를 썼다. 이때 그들이 고민하며 연구해 낸 방법이 바로 큐티다.
   그들은 다음과 같이 서약했다. "나는 하나님의 도우심을 위해 아침 일찍 최소한 20분, 가능하면 한 시간씩을 기도와 성경 연구를 위해 따로 떼어 놓으며, 또한 잠 자기 전에도 계속해서 잠깐씩 그러한 시간을 갖도록 노력하겠습니다." 그들은 이 시간을 '경건의 시간'(Quiet Time)이라고 칭했다.
   * 이 내용은 다음 두 권의 책을 참고했다. 켈리 클라크, 존 알렉산더《경건의 시간 첫걸음》(서울: IVP, 1999), 존 폴록,《케임브리지 7인》(서울: ESP, 2009), p.76.
4. 유해룡,《기도 체험과 영적 지도》(서울: 장로회신학대학교출판부, 2007), p.157.

맺는말

1. 리처드 포스터,《영적훈련과 성장》(서울: 생명의말씀사, 1996), p.31.
2. 에바그리우스는 인간이 영적 여정에서 거슬러 싸워야할 여덟 가지 생각(8악덕)을 《프락티코스》(*Praktikos*)에서 처음으로 밝혔다. 탐식, 음욕, 탐욕, 슬픔, 분노, 게으름(영적 태만, 영적 무기력), 헛된 영광, 교만이다. 이 8악덕이 존 카시안을 거쳐 그레고리우스 교황에 의해 7대죄(나태, 탐욕, 폭식, 시기, 분노, 육욕, 자만)로 정리되었다.

3. 류시화,《그대가 곁에 있어도 나는 그대가 그립다》(경기: 푸른숲, 2001).

부록

1. 이 프로그램은 장년성도 위주로 진행된 것이므로, 주로 찬송가를 사용했다. 청년이나 청소년들을 대상으로 진행할 때에는 주제와 각 단계에 어울리는 복음성가나 워십 곡을 사용하라.

2. "귀고 2세의 관상생활에 관한 편지"는 중세 말기에 많은 수도사에게 사랑받은 영성 소품으로 흔히 "수도승의 사다리(계단)"(Scala Claustralium)라는 별칭으로 불린다. 이 부록은 Enzo Bianchi의 *PRAYING THE WORD-An Introduction to Lectio Divina* (Kalamazoo, Michigan: Cistercian Publications, 1998)의 100-114쪽에 있는 내용을 저자가 번역한 것이다.

말씀묵상기도

지은이　　이경용

2010년 2월 16일 1판 1쇄 펴냄
2023년 2월 16일 1판 10쇄 펴냄

펴낸곳　　도서출판 예수전도단
출판 등록　1989년 2월 24일(제2-761호)
주소　　　서울특별시 관악구 신림로7나길 14
전화　　　02-6933-9981 · **팩스** 02-6933-9989
이메일　　ywam_publishing@ywam.co.kr
홈페이지　www.ywampubl.com

ISBN 978-89-5536-337-1

책값은 뒤표지에 있습니다.
잘못된 책은 바꾸어 드립니다.